国外国防科技年度发展报告（2021）

作战实验领域科技发展报告

ZUO ZHAN SHI YAN LING YU KE JI FA ZHAN BAO GAO

中国航天科工集团第二研究院二〇八所

国防工業出版社

·北京·

图书在版编目（CIP）数据

作战实验领域科技发展报告/中国航天科工集团第二研究院二〇八所编著. —北京：国防工业出版社，2023.7

（国外国防科技年度发展报告. 2021）

ISBN 978-7-118-12940-3

Ⅰ. ①作…　Ⅱ. ①中…　Ⅲ. ①作战模拟-模拟试验-科技发展-研究报告-世界-2021　Ⅳ. ①E83

中国国家版本馆 CIP 数据核字（2023）第 117843 号

作战实验领域科技发展报告

编　　者	中国航天科工集团第二研究院二〇八所
责任编辑	汪淳
出版发行	国防工业出版社
地　　址	北京市海淀区紫竹院南路 23 号　100048
印　　刷	北京龙世杰印刷有限公司
开　　本	710×1000　1/16
印　　张	26½
字　　数	306 千字
版 印 次	2023 年 7 月第 1 版第 1 次印刷
定　　价	188.00 元

《作战实验领域科技发展报告》

编 辑 部

《作战实验领域科技发展报告》

审稿人员（按姓氏笔画排序）

卜先锦　方　勇　李　洲　李向阳
杨　凯　杨峻岭　杨镜宇　吴　勤
张晓松　施　荣　贾晨阳　钱鲁锋
卿杜政　高雁翎　黄俊卿　熊新平

撰稿人员（按姓氏笔画排序）

卜先锦　马圣超　王　彤　王国亮
王锐华　井　京　方　芳　刘　晨
刘永艳　刘宏亮　孙兴村　李　彤
李　莉　李　硕　李亚雯　李晓文
李祯静　杨佳会　杨镜宇　肖　翔
张玉婷　张丽平　张宝珍　陈秋瑞
赵国柱　姜　源　郭　宇　梅　铮
董晓明　韩妍娜　焦　丛　谢宝娣
蔡继红　廖南杰　樊　伟

编写说明

科学技术是军事发展中最活跃、最具革命性的因素，每一次重大科技进步和创新都会引起战争形态和作战方式的深刻变革。当前，以人工智能技术、网络信息技术、生物交叉技术、新材料技术等为代表的高新技术群迅猛发展，波及全球、涉及所有军事领域。智者，思于远虑。以美国为代表的西方军事强国着眼争夺未来战场的战略主动权，积极推进高投入、高风险、高回报的前沿科技创新，大力发展能够大幅提升军事能力优势的颠覆性技术。

为帮助广大读者全面、深入了解国外国防科技发展的最新动向，我们以开放、包容、协作、共享的理念，组织国内科技信息研究机构共同开展世界主要国家国防科技发展跟踪研究，并在此基础上共同编撰了《国外国防科技年度发展报告》(2021)。该系列报告旨在通过跟踪研究世界军事强国国防科技发展态势，理清发展方向和重点，形成一批具有参考使用价值的研究成果，希冀能为实现创新超越提供有力的科技信息支撑。

由于编写时间仓促，且受信息来源、研究经验和编写能力所限，疏漏和不当之处在所难免，敬请广大读者批评指正。

军事科学院军事科学信息研究中心

2022 年 4 月

前　言

随着竞争态势愈加复杂，以美军为代表的外军大力发展作战实验，对新概念、新技术进行探索与验证，开发新式作战能力，提升国际竞争力。为便于相关人员快速、全面、系统地了解作战实验领域2021年度的发展情况，中国航天科工集团第二研究院二〇八所组织军事科学院战略评估咨询中心、国防大学联合作战学院、北方科技信息研究所、中国船舶集团第七一四研究所、航空工业信息中心、国家工业信息安全发展研究中心、中国电子科技集团公司电子科学研究院、北京航天长征科技信息研究院、北京海鹰科技情报研究所等多家单位的学者共同编撰了《作战实验领域科技发展报告》。

《作战实验领域科技发展报告》由综合动向分析、重要专题分析和附录三部分构成。年度综述共有1篇总综述、6篇分领域综述，系统介绍了2021年国外陆战、海战、空战、网络空间、指挥控制等领域作战实验的发展动向；重要专题分析包括政策与概念、实验与技术、作战演习三部分，分别对2021年作战实验领域的重点、热点做了专题研究；附录系统罗列了2021年作战领域的重要事件、重要政策、重大项目、重大试验、重大演习等。

尽管参加编撰的人员做了很大努力，但由于时间紧张，同时受到公开信息来源以及分析研究能力所限，错误和疏漏之处在所难免，敬请广大读者批评指正。

编者
2022 年 5 月

目　录

综合动向分析

重要专题分析

政策与概念

实验与技术

作战演习

附录

ZONG HE

DONG XIANG FEN XI

综合动向分析

2021年作战实验领域科技发展综述

在战争中学习战争是人类认识战争的基本经验和方法。随着信息和网络技术的发展，作战实验作为人类认识战争的重要手段登上历史舞台，未来战争将首先从实验室打响。

一、基本情况

作战实验是研究战争问题的“预实践”活动。近年来，作战实验呈现“井喷”式快速发展态势，世界军事强国竞相开展作战实验，在实验室研究、设计未来战争，占领未来战争的制高点。理论上，美国陆续出版了《作战实验最佳实践指南》《实验战役》《国防实验的理解与实施指南》《作战实验原理》《作战实验指南》等著作，并于2021年10月发布《作战实验指南》2.0版，将作战实验视为新型作战能力开发方法。英国国防部于2021年1月发布《兵力开发作战实验手册》，为面向兵力开发的作战实验管理、作战实验方法和作战实验运用提供指南。实践中，外军强化作战实验的验证已知、探索未知、演示未来战争等功能，开展了作战概念验证、实兵演习、联合演训等作战实验活动，联合作战实验体系基本形成。

2021 年以来，以美军为代表的外军，在作战实验领域急速发展，围绕作战概念、作战演习、训练推演、兵力开发、试验验证、关键技术等方面，开展不同类型和规模的作战实验，为作战实验的发展提供了新动力引擎。从实验数量上看，各类装备实验、概念验证实验、关键技术验证，以及战法演训等重要作战实验达数百次，其中美国达 203 次；从实验类型上看，既有新装备特别是无人装备力量使用实验，也有人工智能技术、网络通信技术的运用验证实验等；从实验规模上，基本是以联合、联盟实验为主，且演习规模大、参演兵力多、联合程度高，如美国海军举行的“大规模演习 2021”、美国印太司令部开展的“大规模全球演习 2021”等；从实验目的上，主要针对中国和俄罗斯，例如今年美国、日本、澳大利亚三国海军举行“盟国联合作战问题”演习，美国、澳大利亚等国举行“红旗阿拉斯加 21－3”演习，美军在夏威夷海域进行的反舰打击演习，意图明显。

二、主要特点

纵观 2021 年外军开展作战实验情况，主要有以下特点。

（一）强化新作战概念验证

作战概念是指根据联合作战构想和军种作战构想开发的关于未来战争和作战的前沿理论，作战概念的提出与验证是外军作战实验一项重要任务，2021 年，外军开展了大量作战实验进行作战概念验证。

为验证联合全域作战概念，发展联合全域指挥控制，美国陆、海、空三军分别开展了“会聚工程”“对位压制工程”“先进战斗管理系统”三大实验。

“会聚工程－2021”实验中，美国陆军通过模拟在印太地区的第一岛链和第二岛链执行任务的七大场景，验证挫败对手“反介入/区域拒止”能力、推动联合全域作战概念发展的新型作战技术。其重点关注内容包括联合全域态势感知能力、联合防空反导作战、联合火力行动等。美国空军分别于2021年2月和7月完成了第四、第五次“先进战斗管理系统”实验（图1）。第四次实验验证了联合部队和合成单位共同防御敌方无人机和巡航导弹攻击能力。第五次实验验证了通过快速交叉作战指挥协作加强全球一体化，以及增强信息主导地位，提高敏捷决策的优势的方法。

图1　“先进战斗管理系统”将以数字方式连接美军所有要素

美国除了联合全域作战这样的顶层作战概念外，各军种也提出自己的作战概念，形成作战概念体系，并加以验证。

“大规模全球演习2021”中，美国海军在一系列场景下评估和完善舰队实施“分布式海上作战”“远征前进基地作战”和“竞争环境下的沿海作战”等新作战概念。美国海军陆战队2021年2月发布《远征前进基地作战暂行手册》后，开展了“漂流者21”演习、“斯巴达暴怒21”演习、“护身军刀”演习、“波塞冬的瞭望塔”演习、“诺贝尔联盟”演习等大量作战实验，并对相关概念进行验证。12月，美国海军陆战队又发布“刺探部队”

概念作为“远征前进基地作战”概念的补充，并于同月在与日本陆上自卫队共同开展的“坚毅之龙 2021”演习中对这两个概念进行了验证。此外，美国海军陆战队的三个步兵营正在接受实验来训练操作多种武器，验证新的概念模型——“武器室概念”，该概念将彻底改变海军陆战队的地面作战要素，培养能战会用符合“刺探部队”要求的“多面手”。

2021 年 4 月，美国空军第 19 空运联队在空军国民警卫队基地举行“洛基 21－02”演习，对“先遣联队”概念进行了验证。同月开展的“敏捷旗 21－2”实验更是将“先遣联队”概念融入了“敏捷战斗部署”概念。“敏捷战斗部署”概念是美国空军 2021 年除“联合全域指挥控制”外，验证的最重要的作战概念，在世界各地开展了“马赛克虎”演习、“波罗的海三叉戟”演习、“剃刀利爪”演习、“北方利刃 2021”演习、“太平洋钢铁 2021”演习等十余次实验。其中“太平洋钢铁 2021”演习为首次在印太地区开展的大规模“敏捷战斗部署”概念验证活动，并与 5 次“先进战斗管理系统”实验结合。

（二）实验对象的无人化

外军在开展作战实验中，一个突出的特点是实验对象发生了巨大变化，即增加了无人装备，将有人和无人装备组合，使得作战要素的配置得到了前所未有的优化，大大提高了联合作战能力。

最典型的是 2021 年 4 月，美国海军开展了“无人系统综合战斗问题 21”实验，美国海军集结大量有人、无人装备，实验作战部队如何使用无人机、无人水面艇和无人潜航器支持有人舰队。一方面作战人员通过验证无人指控，凝练战术、技术和程序，以获得海上无人系统使用的经验，另一方面评估情监侦、目标指示、导弹射击三个领域的有人－无人编组能力，以及水面、空中、水下系统或平台的有人－无人编组能力。本次演习装备除了有人各类作战舰船、攻击型核潜艇，P－8A 海上多任务飞机，E－2C 预警机，EA－18G 电子战飞机，以及 MH－60R 和 MH－60S 直升机等，还包括“海上猎手”“海鹰”号中型无人水面艇、“香草”超长航时无人机、MQ－8B 无人直升机、MQ－9“海上卫士”无人机、海洋航空公司水下/水面双模航行器等。

此外，“会聚工程－2021”实验半自主保障补给作战场景中，后方基地 3D 打印维修部件，依托有人车指挥无人车，组建主－从式轮式运输车队，为战损坦克前送维修部件，实现后勤力量的快速机动，支撑联合部队在失联、分散环境下的有效作战。美国海军 2021 年 9 月新成立的第 59 特遣部队在“新视野”演习中，通过开展有人－无人协同试验，加速将无人系统和人工智能整合到复杂的跨域海上行动中，在真实环境中评估无人系统对海域感知的重要性（图 2）。2021 年 10 月，“小精灵”无人机项目实验中，两架 X－61“小精灵”飞行器成功验证了所有自主编队飞行位置和安全功能，其中一架“小精灵”被 C－130 飞机回收，并在 24 小时内进行了第二次飞行，演示了有人驾驶平台利用无人机在对手防御范围外进行作战的方式。

图 2　“新视野”演习中无人水面舰艇与巡逻艇协同作战

（三）突出新技术运用

外军在开展作战实验中，非常注重新技术在作战系统开发和武器装备的嵌入应用。

一是运用先进网络通信技术。在“橙旗”“翠旗”和“黑旗”三个“试验旗”的联合演习中，空军首次尝试用低延迟数据链路网络连接两个以上的远距离地理区域，构建了远程杀伤网。美国 Viasat 公司在美国海军“竞争环境中的海军融合”演习实验中，展示了云通信技术，为海上和地面平台提供移动卫星通信能力，使指挥官能够根据作战需求调整其指挥与控制能力。

二是突出智能技术。在构建实验系统中融入人工智能技术，依托智能化实验平台、数据、模型、作战环境，实现作战态势的自认知、作战意图的自判断、作战计划的自调整，以及作战力量的自组织和自协同，提高对抗的智能化水平。北约“海上演示/强大盾牌 2021”演习中，英国测试了“惊奇”和“系统协调综合效果分配”两个人工智能系统。“惊奇”自主威胁监控系统通过提供实时警报和建议，“系统协调综合效果分配”系统以此为基础，利用自动化平台进行部队威胁评估和火力分配，有效识别来袭导弹并提供最佳打击方案。

三是运用数字孪生技术。2021 年 8 月，DARPA 发布了一份有关“定义和利用数字孪生技术实现水下自主作战”项目，研究数字孪生技术应用于无人水下潜航器（UUV）的可行性。研究人员认为，数字孪生可以在没有通信的情况下，帮助美国海军指挥官了解其无人水下潜航器的运行情况。美国空军利用数字孪生技术，为“金帐汗国”项目建设“罗马竞技场”数字孪生武器生态系统，为以后的演示和试验提供数字化场所。

三、趋势分析

纵观外军作战实验近几十年的发展，伴随智能技术和网络通信技术的进步，作战实验系统完备性、实验结果可信性、实验环境合理性等方面面临新挑战，呈现新趋势。

（一）构建智能平台成为作战实验的主流

外军认为面对未来智能化战争，开展作战实验首先要构建智能化作战平台。一是算法战，美国2017年提出了“算法战”，到2021年9月美国空军将人工智能算法部署至实战杀伤链，算法战进入美实质性验证阶段。美军将“类脑计算”算法嵌入实验系统的作战实体中，学习人类经验，支持指挥员选择战机、筹划决策。二是研发智能模型，DARPA的“必杀绝技”项目，研发了全新智能作战模型，构建了一种超现实的作战仿真器，应用于实时游戏环境中，通过评估其平衡性，寻找其隐藏的不公平优势，自动迭代全新交战模型，探索仿真环境失衡条件下对抗体系演化的新功能。三是研发原型系统，聚焦案例研发原型系统，演示算法、模型和智能水平，2021年6月，美国空军高功率电磁武器兵棋推演实验，构建的原型实验系统，演示了基于人工智能的武器系统交战优化器功能，帮助军事人员实时分析数据，提高指挥决策能力。

（二）推演仍是查找短板弱项的有效途径

仿真和推演作为作战实验的基本方法手段，未来几十年不会过时。外军重视推演实验，通过人机协同互补，可发现作战方案中的问题，辅助指挥筹划决策。一是研发人工智能推演专用工具，2021年5月，美国空军研究实验室签订了相关合同，开展了多域作战中航空航天技术开发与测试，涉及到多域作战建模、仿真与分析专用工具。二是加强网络通信基础建设，美国海军面向分布式作战，在“信息战研究项目”上，主要通过推演，研发5G用户战术通信、抗干扰等系统，确保网络通信能力。三是从推演实验中获得新需求，如2021年3月，美国海军陆战队与美国陆、海、空三军，以及美国太空司令部联合开展“远征前进基地作战”的演习实验，推演海军陆战队未来太平洋岛屿作战应具备的能力、平台和编队方式，寻找演习方案中的问题，提高决策人员认识，同时发现新能力和作战筹划需求。

（三）实验场景由人机结合走向虚实结合

实验室研究战争，属于计算机仿真推演环境下的人－机结合实验，且环境基于LVC、VR/AR等技术，这些技术只有走出实验室、走向战场才能实现真正的价值。2021年8月，波音公司研发团队在虚拟环境中开展了有人/无人编队技术演示实验，该实验采用有人/无人编队技术框架，在实际任务场景中，使用了便携式E－2D预警机、F/A－18战斗机和MQ－25无人机模拟器，构建了数据链通信网络，实现了对MQ－25无人机运行状态的有效监督。在虚拟任务场景中，E－2D实现了同时为MQ－25、F/A－18加油，并在执行情报/监视/侦察任务期间与MQ－25有效协同。

四、结束语

2021年，以美军为代表的世界军事强国，运用多种先进技术手段，针对主要对手和新兴威胁，开展了大量作战实验，从理论到实践多方面推动作战实验的发展，加速作战技术创新与能力生成。未来世界军事强国，将大力开展作战实验建设，持续推进作战实验实践，进行未来战争的超前较量，试图首先在作战实验场打赢未来战争。

（军事科学院战略评估咨询中心　卜先锦　王锐华）

2021 年美军陆战领域作战实验综述

2021 年，美国陆军根据国防战略和陆军战略，紧密围绕未来现代化转型目标，积极响应国防部联合全域指挥控制计划，面向大国竞争背景下的高端战争需求，瞄准陆军建设的6 大优先发展事项开展了一系列作战实验活动。10 月，美国陆军通过“会聚工程 -2021”，将先进技术作战运用、武器装备实战考核、作战概念研究探索融为一体，有力推动力陆军战术、技术、规程的开发，加快了新型武器技术从实验室走向战场的步伐。

一、总体情况概述

（一）基本情况

2016 年，时任美国国防部常务副部长的罗伯特·沃克根据“第三次抵消战略”提出多域战思想。此后，美国陆军先后发布多个战略文件，持续深化对多域战概念的研究，并从组织结构、兵力设计、系统研制等各方面稳步推进。2019 年，训练与条令司令部发布《美国陆军 2028 年多域战》概念，阐述了美军面临问题、多域作战目标、框架以及对美军发展的要求。2020 年，美国陆军未来司令部陆续发布 8 个 2028 年作战概念文件，包括火力、指挥控制、情报、机动、特种作战、防护、网电空间、旅战斗队跨域机动，为美国陆军军队建设、武器研制和作战实验指明了方向。

美军作战实验大致分为三类：一是服务于“会聚工程－2021”的实验活动。“会聚工程”被美国陆军视为今后 10 年最重要的年度大型实验行动，直接支持国防部联合全域指挥控制计划。“会聚工程－2020”结束后，美国陆军设计了一系列规模各异的作战实验活动为 2021 年“会聚工程”进行技术准备，实验内容和对象与“会聚工程”实验直接或间接相关，如“陆军远征勇士 2021”“刀锋 21”“联合作战评估 21”等。美国陆军还在阿伯丁试验场建设联合系统集成实验室，开展了 4 次“通信演习”对“会聚工程 21”备选技术进行考核和筛选，通过由虚到实、由单装到系统的方式，确保相对成熟的技术参加“会聚工程－2021”作战实验。二是参与联合部队、其他军兵种牵头的实验、试验和演习活动。2021 年，美国海军、空军、印太司令部、北方司令部等军兵种和司令部组织了多次联合演习，美国陆军派出相关力量积极参与。三是针对特定领域、特定方向的武器系统、技术、作战概念开展的实验演示验证。美国陆军先后对反无人机技术、未来指挥所、无人战车及武器进行了专项实验。

2021 年，美国陆军公开披露的主要实验活动约 40 项，实验对象包括机器人战车、各种功能的无人系统、未来指挥所、智能弹药、远程精确火力、网络信息系统、防空反导系统、人工智能技术、士兵系统等，探索了以下问题：一是如何建立陆军全球快速响应态势感知能力，从深度和广度上观察和了解多域战场，揭示未来战场对手的威胁意图、策略、能力和战术？二是陆军指挥官如何更快、更好地进行决策，在多域战场上夺取、保持和利用作战主动权，并实现决策主宰？三是陆军如何实现网络空间电磁频谱关键作战能力，以支持多域作战？四是陆军如何融合联合部战场多域火力来打击对手“反介入/区域拒止”能力？

（二）实验内容

2021 年，美国陆军作战实验内容主要集中在以下方面：一是人工智能技术及军事应用。人工智能与机器学习技术是未来军事技术发展制高点，基本贯穿于美国陆军全年的作战实验活动中。从小规模的独立系统演示验证到年末的“会聚工程－2021”大规模演习，人工智能与机器学习技术赋能的系统应用都是重要实验内容，包括态势感知、空中突击、地面突击、目标识别与打击等。二是远程精确火力。作为美国陆军优先发展重点技术之一，远程精确火力实验持续稳步推进，精确打击导弹已完成第 4 次实弹飞行试验，射程突破 500 千米。三是无人自主系统及反无人技术。无人自主系统是改变未来战争样式的重要武器系统，美国陆军对轻型、中型、重型机器人战车进行了实验，验证了其战技性能指标。同时，开展了多次反无人机实验。四是陆战网络与数据。2021 年，美国陆军先后发布《数字化转型战略》和《统一网络计划》，着力打造数字化陆军。网络、信息、通信、数据相关技术实验占很大比例，如“网络现代化”“网络探索”“全球信息优势”“通信演习”等。五是士兵杀伤力。小部队及徒步单兵态势感知、生存性、武器杀伤力、后勤保障一直是美国陆军重点发展和实验的对象。2021 年“远征勇士实验”是美国陆军连续第 15 次开展此项实验，今年内容更加突出数字化、信息化和智能化系统的考察。

（三）实验组织

美国陆军作战实验的组织实施方式由实验性质决定。陆军独立进行的实验活动通常由陆军各级司令部牵头，如未来司令部、训练与条令司令部、欧洲－非洲司令部等。实验实施通过由司令部所属部门、中心负责策划和组织，相关试验靶场基地提供实验场地和试验保障，相关作战部队作为实验部队负责实施，军工企业负责提供系统样机、现场技术支持、系统操作培训等服务。如2021年美国陆军“远征勇士”实验由未来司令部牵头，机动能力发展与集成处策划组织，机动作战实验室负责具体实施，陆军能力开发部门、跨职能团队、项目办公室、科技管理部门派员参加，军工企业提供被试武器和系统，提供技术支持和培训，并全程参与实验流程，及时听取作战人员反馈。对于其他作战司令部、其他军兵种、盟国牵头的实验和演习活动，美国陆军相应职能司令部或作战司令部参与组织，实验所在地或相关作战部队参与实验实施。

（四）实验效果

“会聚工程－2021”结束后，美国陆军多位高级官员对陆军作战实验活动进行了评价。陆军部长克里斯汀·沃姆斯指出，作战实验实际上是在研究陆军如何使用数据，如何使用软件，如何使用算法更好地将传感器连接到射手。陆军参谋长詹姆斯·麦康维尔表示，我们正处于一个转折点，为了阻止战略竞争对手，需要有能力进行大规模作战行动。未来司令部司令约翰·莫里将军称，实验活动事关技术，也事关如何作战，以及如何面向未来重组陆军。第1多域特遣部队指挥官詹姆斯·P·艾森豪威尔准将表示，通过多次演习和定期迭代，我们学到的一件事是互动和理解的价值，哪里有摩擦点，哪里有防火墙，以及如何打破这些。我们可以更快地行动，可以更快地传输数据，可以更快地做出决策。第82空降师师长克里斯托弗·T·多纳休少将称，综合战术网络非常强大，它符合我们的预期。

二、典型实验剖析

（一）“陆军远征勇士实验 2021”

美国陆军《2028 愿景》提出，同时推进六大现代化优先事项的能力研发，使相关技术在 2023 年过渡到采购阶段。

2021 年 2 月 5 日至 3 月 5 日，“陆军远征勇士实验 2021” 在位于本宁堡的陆军机动作战实验室举行，实验场景设定为面向地面小部队的联合全域态势感知，实验想定包含实弹射击和网络化部队间对抗。

“陆军远征勇士实验 2021” 属于陆军小型部队作战概念实验，实验设计为：通过陆军小规模部队使用新型信息化武器系统和指挥控制系统进行对抗演练，检验如何提升空中、地面、网电空间、电磁频谱、信息环境等多个作战域中系统作战效能和部队作战能力。

实验变量包括跨域机动、自主后勤保障、情报监视与侦察平台、人工智能、备用燃料电池、作战人员健康监控六大技术方向的 42 项新技术新系统，如“火力编织者”多域战系统、“长钉”反坦克导弹、e – Novation 单兵系列产品、Palledrone 载重型垂直起降无人机、Mk – 3 小型无人机等系统。

实验效果方面，“陆军远征勇士实验 2021” 为作战人员提供了直接使用陆战单兵信息化武器系统的机会，也为工业部门及时获得反馈创造了条件。实验直接推动了新型班组武器技术向型号转化，与火力卓越中心共同开发数字精确火力系统已纳入陆军正式采办项目，部分成果已经被美国海军陆战队和空军采用，直接促成陆军牵头成立联合反小型无人机办公室。

（二）自主多管火箭发射系统实验

2019 年 12 月，美国陆军《美国陆军 2028 年多域战》提出，联合部队如何在整个支援区纵深渗透敌军“反介入/区域拒止”系统，以实现战略和作战机动的构想。

在此战略背景下，美军自主多管火箭发射系统实验场景设定为“反介入/区域拒止”环境中攻击红方水面舰艇、“反介入/区域拒止”环境中压制红方防空反导能力、自主多域发射系统实施跳岛机动作战。

实验变量为自主多域火箭发射系统、“海玛斯”多管火箭发射系统、有人－无人系统编队技术。实验设计为C－130运输机将自主多域发射系统运输到太平洋岛屿，其他飞机将“海玛斯”系统运输到该岛。两套系统采用主从方式部署到岛上阵地，自主多域发射系统发射一枚精确打击导弹攻击附近海域探测到的一艘敌舰，“海玛斯”发射增程精确打击导弹摧毁敌占岛屿的防空系统。一旦导弹摧毁目标，两辆发射系统立即通过C－130运输机离开阵地，美军战斗机则会在摧毁这些敌人目标所创造的机会窗口期间展开部署。

实验效果方面，考察了自主多域发射系统的战技性能，演练了有人－无人系统编组协同能力，实验了自主多域发射系统精确打击敌方水面舰艇和防空反导系统的可能。

（三）“红龙”演习

美国国防部2018发布的《人工智能战略概要》提出，要提高美军态势感知与决策能力。

“红龙”演习的目的是演示美国陆军人工智能赋能的超视距对地目标攻击能力，考察如何在战场上应用人工智能技术，以及陆军与其他军兵种之间如何快速共享关键信息并完成超视距攻击。演习覆盖了从弗吉尼亚州到乔治亚州的多个靶场。在大约7200千米^{2}的范围内，借助人工智能技术从卫星图像中迅速识别目标，将数据传输给空军F－35战斗机，执行打击任务。

实验变量包括“专家”项目开发的软件系统、GBU－32 联合攻击弹药、F－35 战斗机。

实验成功演示了将人工智能技术应用于多个数据流，以加快发现目标的速度，从而在对手发动入侵行动之前对其目标实施打击的过程。

（四）“雷云”演习

2018 年 12 月，美国陆军发布《多域作战 2028》概念，提出组建多域特遣部队进行作战实验。

“雷云”演习通过实施全域传感器与地面武器协同打击，考察多域特遣部队如何同步跨域行动，实现联合行动自由，以及美国陆军如何在高纬度地区作战等作战问题。

实验场景设定为将多域特遣部队跨越欧洲多个国家运送到挪威境内，与挪威军队配合，通过卫星、高空气球、电子侦察等手段，获得目标信息，并使用美国陆军的远程精确打击火力系统进行实弹射击。

实验变量包括高空气球、“传感器－射手”能力、远程精确火力等。

实验成功演示了 8 套高空气球系统球携带侦察载荷飞到数万米的高度，作为“超低轨道卫星”对数百千米范围内的目标进行光电和电子侦察，同时作为通信节点提供信息联通，获取的情报信息可以直接成为“远程精确打击火力”的瞄准信息，并引导火力打击。

（五）半自主战场保障

2021 年 3 月，美国陆军《多域转型：准备在竞争和冲突中获胜》提出，陆军必须实现后勤力量的快速机动，支撑联合部队在失联、分散环境下的有效作战。

“会聚工程－2021”的一个作战场景是战损坦克的半自主补给保障，目的是实验在作战环境受限的情况下战损坦克如何发出维修需求，后方保障基地如何快速响应需求，无人车如何在一线战场实施自主保障。

实验中，战损坦克发送坐标位置及所需部件详情，后方基地 3D 打印维修部件；依托有人车指挥无人车，组建主－从式轮式运输车队，前送维修部件，交付海军陆战队远征模块化自主车；远征模块化自主车在前线指挥所指挥下，自主寻路、自主运输至约 3 千米外的坦克维修点，完成保障任务后自主返回。

实验变量包括主－从式轮式运输车队、远征模块化自主车、3D 打印、物资与车辆数字跟踪等先进技术系统。

实验围绕提高后勤灵活性、减少士兵暴露风险、节约人力资源，摸索在复杂、危险的环境中演练补给装备和物资的方法，满足作战环境受限的战场对食物、弹药甚至重型机械替换部件的需求。

三、矛盾问题分析

（一）技术风险

美国陆军将远程精确火力作为优先级最高的技术之一进行研制和实验，已经完成射程 500 千米的实弹射击试验，美国陆军目标是发展射程 1600 千米的战略远程火炮和射程 2500 千米的战略火力导弹。虽然战略火炮预研工作已经展开，但是由于技术难度过高，弹体、身管、推进剂等关键技术难以取得突破，导致研制进展不顺利，迟迟不能列入正式采办计划，性能试验和作战实验无法展开。

（二）作战难题

美国陆军未来作战高度依赖网络电磁空间。网络空间作战能力和电磁战能力能够协调和应用各作战域能力，实现所有作战域的作战效能，支持联合全域作战。网络电磁空间还能够集成、同步所有各域作战能力和信息能力，实现可扩展的跨时空融合，创造优势窗口。

同时，网络电磁空间也是对手重点攻击美军的软肋。美国陆军网络电磁空间面临两方面挑战：一是网络电磁空间被对手实施电磁干扰导致网络电磁系统物理降级，从而进一步导致态势感知、指挥控制能力降级。二是敌方所采取的针对性虚假信息活动和欺骗导致美国陆军认知降级。“会聚工程-2021”暴露出美国陆军存在战术网络脆弱性，以及与其他军兵种网络互操作性等问题。在未来复杂战场环境中，美国陆军战术通信、指挥、情侦监网络必将受到自然产生和对手人为因素的干扰，如果不能对抗、缓解各种干扰、欺骗、拦截，美军将不得不在通信受限、网络终端、GPS 拒止环境中作战，将极大影响美国陆军多域作战能力的实现。

（北方科技信息研究所　刘宏亮）

2021年美军海战领域作战实验综述

2021年以来，美国海军聚焦海战问题分析、作战概念验证、战术战法演练、盟军部队协同、作战能力评估、装备性能测试、技术原型验证，统筹策划、密集开展了一系列作战实验活动，旨在完善新型作战概念，发现舰队作战问题，检验新研装备、新兴技术等在真实作战环境下的效能及适用性，发展满足战略及作战需求的核心能力，以应对未来高端海战。

一、总体情况概述

（一）基本概况

在大国竞争背景下，围绕高端海战、高端对手、高端场景、高端威胁等，美国海军在2021年主要开展了30余项作战实验活动，期间试验了“水面作战群”、第一无人潜航器中队、第一水面发展中队、“第59特遣部队”等新型部队，“霸主”大型无人水面舰、CMV－22倾转旋翼机、MQ－25舰载无人加油机、“太阳神”舰载激光武器等新装备系统，“网络之网络”、人工智能、无人自主、跨介质通信、网络化后勤等新技术；动用了隶属不同战区的航空母舰、两栖攻击舰、巡洋舰、驱逐舰、近海战斗舰、攻击型核潜艇、战斗攻击机、直升机、岸基飞机，以及各类无人装备等数十型装备。

（二）实验内容

2021 年，美国海军在作战实验活动中重点探索了多域火力协同、联合全域指控、无人装备运用、立体化反潜、前沿机动作战、典型编队协同、对陆力量投送、反水雷作战、分布式后勤、盟军部队协同等诸多作战问题。

开展跨平台多域火力协同，使打击“不可预测”。8 月 15 日，“卡尔·文森”号航空母舰打击群、太平洋潜艇部队、海军陆战队第 1 远征军等通过水面、水下、空中、岸基平台，从多方向发射导弹，击沉靶船。

试验联合全域指挥控制，统筹调用作战单位。8 月，第 3 舰队指挥官同时指挥其作战区域内的航空母舰打击群、远征打击群、水面作战群和其他编队等，利用全域网络统筹调用分散在各编队中的平台、武器、系统、传感器，以最大化作战效能。8 月，“圣哈辛托”号巡洋舰在美国东部沿海将潜在威胁画面共享给位于挪威沿海的数千名参演人员；第 10 舰队在信息对抗环境、虚拟作战环境下，测试了陆、海、空、天、电、网全域信息集成能力。

探索无人装备创新运用，打造有人无人混编舰队。6 月，“游牧民”号大型无人舰完成第 2 次远程自主航行试验。航程约 4421 海里，其中 98% 是自主模式。8 月，“海上猎人”中型无人艇与近海战斗舰编组，参加美国西海岸作战演习，“霸主”大型无人舰参加美东海岸作战演习；“自主岸舰连接器”无人艇执行岸舰间的后勤保障任务；8 月 15 日，美国海军第 2 机动潜泳打捞队在北加利福尼亚州沿海，利用水下无人潜航器进行了打捞潜泳训练，捞起了一段飞机机身。

试验立体化协同反潜，丰富水下作战样式。4 月，P－8A 海上多任务飞机与 MQ－9 无人机联合广域监视，发现可疑目标后，2 艘“海上猎杀”级中型无人艇利用拖曳声纳阵列实施大范围海域探测并持续跟踪潜艇，潜射 Iver4 无人潜航器前往目标水域，探测、识别水下目标，为反潜打击平台提供目标信息。7 月，美国海军“里根”号航空母舰打击群进行了反潜战战术程序规程演习，主要内容包括精确机动、跟踪对手潜艇、海空分层防御以及远程海上打击等。

机动部署前沿力量，发挥部队灵活性优势。8 月，第 3 舰队仅用 3 天时间搭建了舰队级别的前沿指挥所，即远征海上作战中心，可容纳舰队级别全套指挥人员，并以此指挥前沿舰队；8 月 14 日，美国海军与海军陆战队、海岸警卫队首次在夏威夷地区联合实施“远征前进基地作战”演练。

开展对陆力量投送，支撑两栖登陆作战。5 月，ARC 21 联合演习中，重点演练了登陆作战，旨在提高部队岛屿防御方面的战术能力。8 月 13 日，“基尔萨奇”号两栖戒备群在美国东海岸进行“海滩日”演练，由气垫艇运载装备抢滩登陆。

演练反水雷作战，清理关键海域水雷威胁。8 月 3 日至 9 日，美国海军远征作战司令部下属第 2 排爆大队、第 6 机动排爆队、第 2 和第 3 远征水雷对抗连登上“阿灵顿”号两栖船坞运输舰，执行“航路清扫”任务演练。

运用多种编成方式，提升编队协同作战能力。8 月，美军航空母舰打击群和两栖戒备群，搭载美国海军陆战队的 F－35B 战斗机，实施近海区域制空作战演练，探索未来新型作战样式。“塔尔萨”号近海战斗舰与“基德”号驱逐舰组成的水面作战群在南海开展行动，检验小型水面编队作战效能。

演习不同后勤保障形式，强化舰队持续作战能力。7 月，美国海军和陆军开展“海上联合后勤”（JLOTS）演习，内容包括车辆、物资和其他作战装备运输演练，旨在快速部署具有作战能力的部队，演习也展示了下一代自主岸海连接器（ALC）的能力。8 月5 日，美国海军“马修·佩里”号干货弹药船为“美国”号两栖攻击舰和“新奥尔良”号船坞运输舰提供海上补给；8 月9 日，1 架 MH－60S 直升机向“基尔萨奇”号两栖攻击舰运送物资；8 月13 日，海军陆战队第 1 物资处理营通过软管从油船向滩头“油囊”输送油料，为装备加油。

盟军海上部队协同作战，提升多国舰艇互操作性。10 月，美国、英国、日本、澳大利亚四国舰艇和飞机在东印度洋开展2021 年“海上伙伴关系演习”。演习中，4 支在印太地区的海军部队主要遂行了改进任务规划、先进海上通信、反潜战、空战和实弹射击等任务，并进行了海上补给、飞机跨甲板起降、海上拦截等行动。

（三）实验组织

美国海军开展的实验活动，根据其实验性质、实验规模的不同，组织方式并不相同。一般来说，跨战区、全球性、综合型海上演习由海军作战部统筹策划、组织实施。如“大规模演习2021”由美国海军作战部长牵头，在美国海军舰队部队司令部、太平洋舰队司令部和海军欧洲司令部辖区开展，以海军、海军陆战队为主体，海岸警卫队、空军少量部队参与。

单一辖区内的海上实战演习一般由负责该辖区的舰队司令部牵头组织实施，如2020 年“环太平洋海上军演”由太平洋舰队主办，其下辖的第三舰队司令负责指挥，澳大利亚、文莱、加拿大、法国、日本、新西兰、菲律宾、韩国、新加坡多国参与。聚焦未来海战技术的技术演习，由海军直属科研机构主办，如“先进海上技术演习”系列由海军水下战中心及信息战中心主办，海军研究实验室、水面战中心、空战中心等整个科研海军科研机构参与，拟定演习主题后，发布演习公告，面向高校、防务公司及小型初创企业等社会力量征集技术方案和原型样机，集中进行演示验证。

（四）实验效果

本节通过梳理、分析美国高官围绕海战领域作战实验的重要言论和分析评述情况，总结了美国海军近1年取得的实验成果及效果，主要包括以下几个方面。

初步检验了分布式海战概念在高端作战场景中的适应性和有效性，提升了美国海军在全球同步开展分布式海战的能力。2021年1月海军作战部《海军作战部发展指南》提出“将继续进行实验，通过舰队作战问题研究、兵棋推演和军事演习，完善我们作战概念和能力”；5月，美国舰队部队司令部发言人塔比莎·克林史密斯称，“大规模演习重点不是针对特定威胁或地区，而是围绕挑战指挥官进行全球整合，并做出和协调影响所有领域边界的决策。海军面临日益复杂和动态的作战环境要求演习设计同样复杂和动态”。5月，美国海军舰队部队司令部司令克里斯托弗·格雷迪称，“大规模演习2021”不仅是军事训练，它将发挥杠杆作用，促进美国海上作战部队共享传感器、武器和作战平台。此次演习是一系列演习中的首场演习，将推动美军“卓越海上部队”建设。

初步试验了在不同作战域中无人系统的作战效能，检验了有人－无人编队的可行性和运用前景。4月，太平洋舰队海上司令部司令高彻表示，“演习通过在太平洋作战场景中全方位运用无人系统，直接支持印太司令部通过实验提高杀伤力的作战必要性，总体目标是将我们的无人系统能力整合到所有领域，以证明它们如何解决关键作战问题”。4月，海军研究部主任塞尔比表示，“无人系统综合战斗问题21”演习将不同的无人系统在水下、水面、空中投入使用，展示了美国对自主能力的日益关注，也证明了海军无人系统确实无与伦比。4月，第3航空母舰打击群司令官兼演习技术经理吉姆·艾肯少将表示，“今天演示的无人和有人装备集成为加强我们的有人-无人编组提供了一种作战方法，将最新的技术交到战士手中，可以直接增强我们的舰队战斗力”。4 月，无人与小型战斗舰项目执行官凯西·莫顿少校表示，“我们目前正在利用国会资金开展中型无人水面艇研制工作，我们将拥有可以购买的代表性设备，这些设备可以在岸上进行测试，无须人工干预或矫正维护即可运行，以查看其在独立操作的无人系统上的可靠性”。

初步演示验证了大量的先进海上技术原型，将促进前沿性、颠覆性技术快速交付部队。海军信息战系统司令部司令克里斯丁·贝克尔提出“实验促进最新技术的交付，进而评估其作战效能，快速帮助我们夺取海上优势”。11 月，海军信息战系统司令部科技总监表示，“挑战赛提出了非常具有价值的问题集，通过数字平台驱动的实验模式遴选出了可快速部署的先进网络技术”。

初步检验了分布式舰队、联合及联盟部队的协同指控能力，将促进美国联合部队及其与盟军的一体化作战。5 月，美国海军舰队部队司令部司令克里斯托弗·格雷迪表示，“在具体演习场景中，美国海军将检验其分布式作战及指挥和控制能力等，我们将总结此次演习经验教训，用于未来作战行动，确保在高强度作战中保持优势”。6 月，“坚定捍卫者”演习期间，美国第二舰队担任海上联合司令部，对指定部队进行战术指挥。加拿大海军少将史蒂文·瓦德尔表示“该通信小组基于现有通信架构建立了北约秘密广域网的访问通道，使盟军特遣部队能快速实施有效的指挥控制，而无须昂贵和冗余的前期系统安装工作”。

二、典型实验剖析

本部分选取了“大规模演习 2021”“无人系统综合作战问题 21”“先进

海上技术演习2021”大型无人舰自主航行及导弹发射试验等典型实验活动，从实验依据、作战场景、实验设计、实验变量、实验效果等维度进行了简要剖析。

（一）“大规模演习2021”

2021年8月3日至16日，美国海军组织开展了跨军种、跨战区、跨舰队、虚实结合的全球综合演习——“大规模演习2021”。该演习旨在演练、验证分布式海上作战、远征前进基地作战、对抗环境下的近海作战等新型作战概念，提升海上力量的全球同步行动能力。

2018年12月，美国海军在《维持海上优势规划2.0》中提出计划开展“大规模演习2020”，强调利用“实况－虚拟－构造”（LVC）工具及系统，提供初始跨域解决方案，然而受疫情影响演习未能如期举行。2021年1月，美国海军在《海军作战部发展指南》中提出“开展‘大规模演习2021’，以完善海军作战概念和能力”，“通过演习训练海军备战高端战争，完善新作战概念、明确舰队需求、提升未来海战能力”。2021年8月，美国海军联合海军陆战队、海岸警卫队、空军等，在多个海域同步开展海上演习，评估舰队执行全球性、大规模海战的能力，检验近年来针对性发展的新作战概念、新装备技术等。

此次演习美国海军基于LVC技术构建了一系列虚实结合的场景，是美军LVC体系架构连接用户最多、经受考验最大的一次体系性检验，总体集成36个“实兵”单元、50多个“虚拟”单元、无数个“构造”单元，融合了实时指挥、综合培训功能，创建了一个激烈对抗、虚实闭环的训练环境，有力支撑了战略、战役、战术多层级一体训练。在该虚实结合环境下，各舰队全球同步多域行动，检验分布式海上作战能力。

该实验强调“在日常竞争或高端战争中，以一种更分散的形式作战”。

重点实验舰队指挥官如何统筹指挥跨辖区、跨舰队分散部署的海上力量，如何组建机动灵活新作战编队以满足不同任务需求，新制平台如何快速形成能力并融入分布式舰队等。

实验变量方面，引入 F－35C 战斗机、CMV－22B 倾转旋翼机、“霸主”大型无人舰等大量新制装备；引入“福特”号航空母舰打击群、“的黎波里”号两栖戒备群、“基德”号水面作战群、第一水面发展中队等新建部队，引接美国空军第 505 通信中队、海军陆战队第 1～3 远征军，联合其他 4 个航空母舰打击群、3 个两栖戒备群，分散部署在印太、欧洲等不同战区，中国南海、中国东海、东地中海、波罗的海多条战线，17 个时区多个时段，同步开展作战行动，探索解决多支舰队的广域分散部署、火力统筹调用、全球同步作战、联合部队协作等问题。

演习检验了多支海上力量分散部署、同步作战，分布式作战单元统一指挥、相互协作，有人无人舰艇灵活编组、分布式后勤保障等多方面能力，成为了提升美国海上三军一体化作战能力的重要举措；探索了多战区协同指挥、跨军种多维打击、全域信息集成、作战资源统筹调用等多方面能力，演习成果将有力支撑分布式海上作战等概念及相关战术战法的熟化和落地；首次利用 LVC 技术推演全球性、复杂性海战，大幅降低了演习组织难度和实施成本，检验了 LVC 技术在开展跨作战域、跨时区、跨军种、跨部队大规模演习的运用潜力。

（二）“无人系统综合作战问题 21”

2021 年 4 月 19 日至 26 日，美国海军首次在多作战域开展聚焦无人系统、有人－无人联合实验——“无人系统综合作战问题 21”（UxS IBP 21）。实验由太平洋舰队领导，第三舰队执行；目的是整合有人、无人作战力量，加快建设有人－无人联合舰队，维持并扩大海上优势。

2021 年 3 月，美国海军部《无人系统框架》提出“为应对作战环境挑战和发展无人能力优先事项，海军部将利用分析、实验和反馈回路来提高杀伤力”“目前，海军正在开展多年的实验活动，包括检查和集成各域无人系统”。为了解当前无人系统的能力水平，以进一步明确发展有人－无人联合舰队的重点工作，美国海军开展了“无人系统综合作战问题 21”实验。

实验围绕有人无人联合作战问题，构设了情报、监视、侦察，目标指示与导弹射击，跨域有人－无人编组作战三大作战场景，用于评估有人－无人编队的作战能力。

该实验重点测试无人装备如何快速形成作战能力，演练无人系统指挥控制、凝练战术技术规程，作战人员如何战场环境下熟练使用海上无人系统。

实验变量方面，引入“海上猎人”号和“海鹰”号中型无人艇，融合 P－8A 海上多任务飞机的探测信息，利用拖曳声纳阵列搜索水下威胁，帮助在大范围海域探测并持续跟踪潜艇；引入 MQ－9B 无人机下放声纳浮标，将探测到的数据从浮标传输到其他舰船及岸上的指挥控制节点并对目标水域的水下威胁进行监视；依托“洛杉矶”攻击型潜艇，发射鱼雷型 Iver4 无人潜航器从水下进行目标探测。引入 MQ－9B 无人机、“香草”无人机、MQ－8B 无人直升机、“海上猎手”无人水面艇、“阿达罗”无人水面艇，组建多基地被动传感器网络；依托“约翰·费恩”号驱逐舰，引入先进算法，融合多传感器数据，形成目指信息，引导“标准”－6 导弹击中超视距目标。引入“朱姆沃尔特”级驱逐舰 2 号舰“迈克尔·蒙苏尔”号，作为有人舰艇和无人系统指控平台，参与进行远程、多域打击。引入新型无人水面艇（ADARO），“独立”级近海战斗舰“奥克兰”号进行了协同作战。引入美国海军研究署“超级集群”项目，探索利用防御小型无人机组成的大规模集群的能力。

实验验证了无人系统编入舰队后在目标定位、通信中继、广域联通、抵近侦察等多种任务中的作战运用潜力，以及无人－有人舰艇多域协同作战的能力；为研发人员和作战人员提供相关多次场景下的作战经验，推动了无人作战力量的能力生成，促进了其加快融入舰队。

（三）“先进海上技术演习 2021”

2021 年 4 月，美国海军信息战中心举行本年度“先进海军技术演习”（以下简称“技术演习”），对 60 多项新兴技术进行现场演示、讨论和评估。

2021 年 1 月，美国海军发布《海军作战部发展指南》，提出加强新兴技术在海战中的运用，推动舰队现代化，利用新兴技术维持海上优势。

实验构设了对抗环境下分布式海战中的指控、通信、机动、火力及效能、舰队支援、信息环境等作战场景，演示验证新兴技术原型。

实验旨在探索如何推动尚未成熟的技术实战化，降低技术转化运用风险，快速形成能力优势；如何广泛聚焦工业界、学术界、海军部人员和作战人员聚到一起，协助海军和海军陆战队更快地获得新能力。

实验变量上，聚焦指控、通信、机动、火力及效能、舰队支持和信息环境中操作 6 个能力领域，引入 65 项新技术，进行了现场演示验证，由 160 名技术评估人员进行了研讨评估。

此实验围绕分布式海上作战和对抗环境下的近海作战等新概念带来的指控、通信、打击等方面的挑战，帮助精简技术发现流程，初步搭建了海上作战需求与广泛创新力量的直接对接平台，加速前沿性、创新性技术的实战化运用，促进海战领域新制能力的快速形成。

（四）大型无人舰自主航行试验

2021 年 6 月，美国国防部战略能力办公室和海军联合研发的第 2 艘

“幽灵舰队霸主”大型无人舰和“游牧民”号大型无人舰从墨西哥湾通过巴拿马运河到达美国西海岸，完成第2次远程自主航行试验，航程约4421海里。

2021年3月，美国海军部发布《无人作战框架》，提出大力发展无人作战装备，并将“如何在资源受限条件下快速、有效发展运用无人系统”视为需首要解决的问题。

实验构设了大型无人水面舰艇在真实海况环境下的独立航行的试验场景，试验自主航行能力。

此实验重点探索大型无人舰如何在真实海况环境下自主航行；大型无人舰如何应对海上风浪及避障；大型无人舰如何按路线完成航行。

实验变量上，引入“幽灵舰队霸主”大型无人舰，自主航行试验4421海里，其中98%是自主模式，测试无人艇续航力、自主操控、C^{4}ISR系统、船体机电系统间的互操作性；引入岸上无人操作中心人员负责舰艇远程指控。

此实验初步检验了大型无人舰自主系统的成熟性，演示了系统可靠性，并初步探索了岸上无人操作中心远程指控无人舰艇的可行性。

（五）大型无人舰导弹发射试验

2021年9月3日，美国国防部证实，“幽灵舰队霸主”计划下的“游骑兵”号大型无人舰利用集装箱式四联装导弹发射装置，在航行中成功试射“标准”-6远程防空导弹。

2021年3月，海军部《无人系统框架》提出，“大型无人水面舰将是一型高续航能力的弹药库，其基于商船设计，作为综合型作战舰艇的属舰，在对陆攻击和反舰作战中增加进攻性能力”。

实验构设了在海上强对抗环境下，大型无人舰替代有人舰艇，以较低的伤亡风险，突入对手防区，发射导弹打击目标的场景。

此实验重点探索大型无人舰如何集成配装模块化武器发射装置，如何在通过接收其他平台提供的目标数据发射武器。

实验变量上，引入“幽灵舰队霸主”大型无人舰2号舰“游骑兵”号，集成装箱式四联装导弹发射装置，在航行中试射“标准”-6远程防空导弹。

此实验表明大型无人舰能通过模块化改装，快速具备防空、反舰等作战能力，可在强对抗环境下深入高风险海域，通过接收其他平台提供的目标数据发射武器，有效支持“分布式海上作战”概念，为美军高端战争提供更多选项。

三、矛盾问题分析

（一）技术风险

利用人工智能、有人-无人协同、无人集群、海战体系架构等技术，实现未来舰队的分布式指控和作战，可能面临以下几方面技术风险。一是自主性和测试与评估等领域资源投入最少，取得进展也最小，可能导致关键瓶颈进展缓慢；二是科研机构缺乏与舰队沟通，造成研发与作战需求脱节，技术研发生态并不完全贴合舰队作战需求，常在没有明确指导的前提下盲目研发；三是现有研发生态系统内部并不了解彼此的核心能力和业务专长，当遇到技术挑战时，无法寻求其他组织帮助。

（二）作战难题

一是美国海军认为舰队整体规模不足，较难支撑分布式海上作战；二是航空母舰打击群等核心编队机动性和隐身性差，易成为对手集中打击对象，且作战成本高；三是组建有人－无人混编部队遂行联合作战，仍需大量的概念探索和试验验证；四是作战网络存在可靠性和脆弱性，数据链发展、融合仍需加强；五是分布式海上作战要求统筹调用武器、传感器以发挥最大效能，但面临联合战术指控条令不统一、指控链路不畅通等突出问题；六是反舰手段单一且主要武器射程不足，以及水下对陆打击能力更新换代问题；七是分布式海上作战要求在广域的海上战场空间，快速敏捷保障作战行动，面临着前沿保障基地脆弱、战时投送效率低、后勤物资投送负担重等问题。

（三）体制障碍

一是现有军工企业与海军船厂的造舰及维修保障任务量已经接近其能力极限，不进行调整，较难建造和维护一支更大规模的舰队；二是海军组织结构缺乏灵活性，无法引进企业和大学等机构研发的革命性装备与技术；三是海军内部没有动力创新，且并不具备尖端装备及技术自主研发能力。

（中国船舶集团第七一四研究所　王国亮）

2021年美国海军陆战队作战实验综述

2021年，美国海军陆战队以《兵力设计2030年度更新》《远征前进基地作战暂行手册》《智能自主系统科技战略》等战略为指导，以“分布式海上作战”“对抗环境下的近海作战”“远征前进基地作战”等作战概念为牵引，积极推进作战能力建设，围绕近海区域小规模两栖突击、岛礁夺控等，持续开展大、中、小规模的作战实验和演习演训。

一、总体情况概述

（一）基本情况

2021年以来，美国海军陆战队针对重点项目、主要装备、典型部队、战术战法等内容，频繁开展跨军种联合作战演习实验。根据开源数据统计，美国海军陆战队进行约30余次演习实验活动，动用兵力达万余人，经费投入近亿美元。其中，大规模联合作战演习实验10次左右，常规营级、团级规模演习训练20次左右。

美国海军陆战队作战演习主要围绕远征前进基地作战过程中“夺岛”

“守岛”“用岛”等环节的作战问题展开，重点试验在对手远程精确打击威胁下情报侦察、近海机动、指挥控制、防空反导、致命杀伤等能力。情报侦察方面：主要探索如何增强前沿战场态势感知与共享能力，以及如何实施情报与反情报、侦察与反侦察。近海机动方面：主要探索岛屿争夺过程中如何实现装备快速投送与兵力灵活机动问题。指挥控制方面：主要探索如何融入海军混合作战指挥体系架构，以及如何在强对抗环境中建立弹性抗毁的指挥控制网络，实现对作战部队的敏捷式指挥。防空反导方面：主要探索近海作战部队在夺岛后如何快速建立防空阵地，抵御对手来袭导弹，协助美军联合部队海上部队实施空中支援和制海作战。致命杀伤方面：主要探索近海作战部队如何快速部署远程精确打击武器实施远程反舰。

美国海军陆战队开展的实验主要围绕主战系统测试、重大项目研制、关键技术开发等方面。作战系统方面，主要探索 F－35B“闪电”Ⅱ战斗机与智能弹药的联网打击能力，无人联合轻型战术车与海军打击导弹的反舰能力、无人机载电子干扰吊舱的电磁频谱作战能力、旋翼无人机携带手榴弹的自杀式攻击能力等。重大项目研制实验方面，主要围绕轻型两栖攻击舰、新型两栖战斗车、远征作战能源现代化与技术改进等项目，测试新旧装备的性能对比。关键技术开发方面，主要聚焦人工智能、无人自主系统、网络通信、增材制造、模块化网络等技术，探索其军事应用潜力。

（二）实验内容

2021 年，美国海军陆战队主要进行了“冬季暴怒 21”“漂流者 21.1”“护身军刀 21”“海神守望塔”“大规模演习 21”“贵族怒火 21”“钢铁苍穹 21.2”等重大演习活动。演习内容主要涉及远距离海上打击、空中机动投送、后勤支援补给、远征前进基地作战、建立前沿装弹与加油点、分散式部署、渗透式后勤。

"冬季暴怒 21"演习主要演练大规模远距离投送和远程精确打击科目，提升了陆战队的空地协同能力，推进了以远征前进基地作战为核心的两栖作战转型。

"夏季狂怒 21"演习重点演练了远程海上打击作战，提升了陆战队飞机联队支持联合部队远程反舰和海上作战的能力。

"漂流者 21.1"演习重点演练了两栖夺岛、隐蔽实施后勤保障、建立远征前进基地并发起远程火力打击等科目，提升了陆战队分队在远征前进基地作战中的机动性和灵活性。

"护身军刀 21"演习重点演练了美澳部队规划和实施联合特遣部队行动，提高澳大利亚和美国军队之间的战备和互操作能力。

"海神守望塔"演习重点演练了模拟实施侦察和建立远征前进基地作战的训练，提升了后勤部队和工程部队的后勤和作战勤务支援能力。

"大规模演习 2021"重点演练了野战训练、后勤支持活动、两栖登陆、空中和地面机动、空中作战、海上作战和特种作战活动，旨在加强美国和盟国军事力量间的作战协同合作，共同保护区域利益。

"贵族怒火 21"演习重点演练了海军和海军陆战队利用一体化的指挥控制以及联合部队传感器体系，来拓展战场感知、共享目标定位数据，从而实施远程打击。演习提升了在对抗性和分布海上环境中的海上控制和海洋拒止能力。

"钢铁苍穹 21.2"演习重点演练了陆战队轻型武装侦察连登岛后隐蔽通信，为陆军提供目标指引数据。演习提升了"内线部队"的机动性和跨军种整合能力。

（三）实验组织

2021 年美国海军陆战队作战实验在组织方式上主要分为以下几种。

第一种为常规营/团级规模演习。此类演习通常旨在测试或验证海军陆战队某一特定能力，规模较小，演习周期较短。代表性的演习包括“冬季暴怒 21”演习、“海神守望塔”演习、“夏季狂怒 21”演习、“钢铁苍穹 21. 2”演习等。

第二种为多军种跨域联合演习。此类演习通常旨在促进美多兵种协同作战、相互支援，确保联合部队准备好进行广泛的作战行动。代表性的演习包括“漂流者 21. 1”演习、“贵族怒火 21”演习等。

第三种为多国军事力量联合演习。此类演习通常旨在提升美国与其盟友之间的协同作战、战备能力和互操作性，演习涉及国家多、规模大，演练内容繁多，参与部队和装备众多。代表性的演习包括“护身军刀 21”演习、“大规模演习 21”等。

（四）实验效果

美国海军陆战队举行的各类作战实验和演习训练，对部队发展意义重大。美国海军陆战队副司令史密斯中将表示，这是一个反复的过程，通过对概念和部队进行一系列实验，回答一些问题，从“太平洋闪电”军演、夏威夷训练区演习，到“全球大规模演习”，作战实验和演习训练无处不在，有助于对部队结构和装备进行不断调整。美国海军陆战队司令官大卫伯格也提出，需要对未来部队在现实强对抗环境中进行全面的、基于经验的实验，并不断迭代完善作战概念，同时充分考虑威胁发展和技术进步的因素。

二、典型实验剖析

2021 年 2 月，美国海军陆战队发布《远征前进基地作战暂行手册》，提出着眼于海军一体化作战，聚焦海上控制与海上拒止，发展一系列作战灵活的小规模部队，兼具防空、反舰、反潜能力，能够夺取、固守并补给小型临时性作战基地，可以发射远程反舰导弹，支撑联合部队实施制海作战。美国海军陆战队围绕此战略开展了一系列作战实验。

（一）“钢铁苍穹 21.2”演习

2021 年 11 月 5 日，美国海军陆战队在威克岛开展了“钢铁苍穹 21.2”演习，围绕远征前进基地作战行动，设置了侦察与反侦察的作战场景。此演习主要探索近海对抗环境下内线部队如何实施岛屿机动和跨军种整合。实验变量上，引入了美国海军陆战队第 3 师第 4 团轻型武装侦察连、美国空军第 62 飞机联队和 C－17“环球霸王”运输机。实验中，美国海军陆战队员搭乘美国空军 C－17 运输机投送到威克岛上，利用轻型装甲车辆搭起伪装网，架设通信设施，为美国陆军部队提供目标指引数据。美国海军陆战队轻型武装侦察连扮演了关键信息节点的作用，或许是某种形式的“移动传感器”。此实验充分显示了“刺探部队”的多样化运用。

（二）“漂流者 21.1”演习

2021 年 3 月 9 日，美国海军陆战队于日本冲绳县饭岛市开展了“漂流者 21.1”演习，围绕远征前进基地作战行动设置了联合两栖突击作战场景。此实验主要探索近海对抗环境下美国海军陆战队如何与联合部队一体化作战、如何为未来印太地区任何分布式海上行动提供支援等问题。实验变量上，引入了美国海军陆战队第 3 陆战队远征军第 12 团，美国海军“哈尔西”号导弹驱逐舰（DDG 97），美国空军 C－17“环球霸王”Ⅲ运输机，美国陆军第 1 军多域特遣部队、第 25 步兵师、第 1 防空炮兵团、第 8 战区保障司令部和第 1 特种部队大队（空基），及太空军部队。实验中，美国海军陆战队侦察营（特种部队）的陆战队员、陆军特种部队和空军特种作战部队的成员以隐蔽渗透和插入的方式，实现了联合突袭伊江岛，部分装备在“战场机动”方面扮演了新的角色，例如：陆战队士兵使用搭载于橡皮艇的“标枪”反坦克导弹，来模拟对海上机动目标实施打击；CH－53E重型运输直升机作为空中机动可垂直降落的“机动加油站”，为地面战术车辆即时加油。

（三）“斯巴达暴怒21.1”演习

2021年3月19日，美国海军陆战队于夏威夷地区的瓦胡岛、考艾岛和夏威岛开展了“斯巴达暴怒21.1”演习，围绕远征前进基地作战行动，设置了跨域网络化协同作战场景。此实验主要探索近海对抗环境下如何与联合部队一体化作战、如何为未来印太地区任何分布式海上行动提供支援等问题。实验变量上，引入了美国海军陆战队第12团第1营、美国陆军“多域特遣部队”、美国空军某运输中队。此次演习代表美军在印度－太平洋战区进行的联合作战训练迈出了重要一步，主要体现为在一体化C^4ISR上取得了实质成果，验证了分布式作战中跨军种和平台通信的能力，并通过“网络化”协同实施，演练和验证了在广阔海域分散指挥控制“小规模部队”实施远征前进基地作战的能力。

（四）“护身军刀2021”演习

2021年7月14日至21日，美国、澳大利亚、韩国、日本、加拿大、英国、新西兰等国联合开展了“护身军刀2021”演习。演习中设置了远征前进基地作战行动背景下，联盟化海上联合作战场景。此实验主要探索近海对抗环境下，海军陆战队如何占领并守卫关键海域、如何提供低信号保障与远程精确火力支援等问题。实验变量上，引入了美国海军第7远征打击大队的“美国”号两栖攻击舰、“新奥尔良”号两栖船坞运输舰、“日耳曼城”号两栖船坞登陆舰、“拉斐尔·佩拉尔塔”号导弹驱逐舰、“拉帕汉诺克”号舰队油船、“艾伦·谢泼德”号干货弹药船，澳大利亚海军的“布里斯班”号驱逐舰、“帕拉马塔”号导弹护卫舰，韩国海军的“王建”号导弹驱逐舰，日本海上自卫队的“卷波”号导弹驱逐舰，加拿大皇家海军的“卡尔加里”号护卫舰。本次演习内容以近海地区的两栖作战为主，演习兵力以美军为主，美国海军正式以“远征打击大队”的编组形式参加，即两栖戒备大队 + 防空导弹驱逐舰，进一步明确了“远征打击大队”的基本构成和兵力运用模式。

三、矛盾问题分析

美国海军陆战队频繁开展远征前进基地作战实验，在不断提升近海部队的前沿作战能力的同时，也暴露出作战层面、技术层面、体制层面的诸多问题。

（一）技术风险

一是机弹协同联网通信问题。近海作战部队在前沿战场呼唤和引导火力，实施近距离空中支援，这依赖可靠的保密通信和统一的数据链。例如，F－35B“闪电”Ⅱ战斗机进行智能炸弹的投放测试中，采用了红外成像、毫米波雷达和半主动激光三模导引头，才具备良好的网络通信能力。

二是智能自主系统的可靠性问题。智能自主系统作为一项新兴技术，其可靠性仍有待进一步提高。例如，无人机蜂群存在机动性差、防护力低、网络信号弱等问题，以及如何有效利用当前有限的人工智能水平进行有人无人协同，是美军目前需要解决的一大问题。

（二）作战难题

一是战场远距离通信问题。远征前进基地需要具备在不被探测、识别和瞄准的情况下进行超视距感知和通信的能力，由于在交战区部署的指控和通信资产往往会成为对手重点打击目标，必须配备低成本的传感器和通信设备。

二是后勤投送补给问题。如何在对手远程精确打击武器威胁下，使前沿岛礁在较短时间内迅速转变成前进基地，后勤是关键。后勤物资的投送仍然是一个构想性问题，轻型两栖舰、中型后勤船、下一代补给舰等都还没有成形。

三是远洋快速基建问题。美军不仅要迅速夺占岛礁、固守岛礁，而且需要根据岛礁地形特点，迅速搭建起配套的临时性基础设施，从而为各类阵地构建，以及机动式防空反舰武器的投射创造条件。如搭建临时指挥所、简易机场跑道等。

四是前沿持续生存问题。美国海军陆战队的岛基反舰能力是远征前进基地作战的核心，在各类平台和车辆分散部署的情况下，对战场安全性要求较高，陆战队登陆后也面临火力威胁，极易成为对手反击的目标。

（三）体制问题

一是军种利益之争与预算不足。2021 财年美国国防授权法案显示，美国海军陆战队远程精确打击领域经费预算大幅削减，具体包括：“战斧”巡航导弹预算全额削减，远程精确打击弹药预算削减了四分之一，陆基反舰导弹预算削减一半。

二是跨军种联合统筹协调难。当前，由于军种文化和利益等多种因素，缺乏统一的统筹规划，各军种并未充分达成协调合作，导致各军种和作战部门在联合演习过程中仍使用多个垂直架构的指挥网络，无法实现协调的互操作性和弹性。

（中国船舶集团第七一四研究所　肖翔）

2021 年美军空战领域作战实验综述

在大国竞争背景下，若双方难以在军事硬实力上拉开足够距离，那么作为未来战争测试场的作战实验很可能会对胜负产生决定性影响。美国国防部在 2018 年发布的《国防战略》中提到："成功不再属于首先开发新技术的国家，而是属于更好地整合新技术并调整其作战方式的国家。"美军意图通过作战实验，进行快速概念探索和原型设计，整合各类变革性的方法方案，将最大限度地解决现有和新出现的军事能力问题，提高未来部队的作战能力。

美国空军作为美国军事力量的"刀锋"，正在以敏捷性为核心，面向高烈度、高威胁环境，聚焦实战化、规模化和一体化，开展了大量的作战试验和战术开发工作。以此发掘战斗机、轰炸机、情监侦飞机和保密装备的新能力，测试从传感器到射手的无缝网络，并探索联合全域作战的体系化能力。

一、总体情况概述

（一）基本情况

1. 战略背景

在大国竞争时代的背景下，美国空军认为，空域是未来所有冲突的主战场，一直以引领者的位势推动变革。为此，美国空军正在谋求“在天空、太空、网空自由作战，形成领先竞争对手一代的能力”，并将“敏捷性”作为作战的核心理念。2015 年 9 月，美国空军《空军未来作战概念》文件中提出，“敏捷作战是为应对某个给定挑战快速产生、筛选多种解决方案并快速执行的能力，突出作战灵活性、快速性、协调性、平衡性和融合性，用以为美军提供快速响应且行之有效的全球警戒、全球到达和全球力量。”为达成这些战略发展目标，美国空军在全球多地开展了数量众多的作战实验，以追求作战敏捷性、强加对手复杂性、发展快速多方案解决能力为目标，力图在大国战争中取得战场优势地位。

美国空军作战实验一般从实战需求角度出发，力求在复杂地形、不良天气等复杂多变环境中昼夜连续实施作战行动。随着时代发展，作战实验近年来开始强调跨军种、多域的协同演练，并融合前沿技术与新型作战力量，同时检验兵力快速前线部署的能力，达到以较小的代价取得最佳效果的目的。

2. 实验数量

美国空军作战实验数量众多，种类全面，包括“旗”系列军演、大型联合军演、“先进战斗管理系统”（ABMS）演习实验等，这些作战实验从规模和能力来看各不相同、各有侧重，但是结合在一起是美国空军检验联合作战概念以及调整能力建设方向的重要基石。①“旗”系列军演。美国空军通常将其常态化、品牌化并有明确针对性的作战实验称为“旗”军演（Flag exercise），如“红旗”“蓝旗”“绿旗”等作战演训；“方格旗”“敏捷旗”等空战、“敏捷战斗运用”专项演训；“橙旗”“翠旗”“黑旗”等前沿技术与新型作战概念测试演训。②大型联合军演。在盟友或本土举行的大型联合军演也是美国空军作战实验体系的重要部分。美国空军主办、重点参加的作战实验可主要归纳为在印太地区、中东地区、欧洲地区以及北极地区举行的例行军演。③“先进战斗管理系统”演示实验（图1）。“先进战斗管理系统”项目是美国空军和美国国防部高度重视的优先采办项目，旨在建立“军事物联网”，使美军联合部队在空、天、网、海、陆等全域实现快速互联与作战协同，同时也是美军实现“联合全域指挥与控制”（JADC2）的构想依托和关键支撑。美国空军已组织了5次“先进战斗管理系统”大型演习实验，将为美军建设全新的通信生态系统，使美军和盟军能够实时协调海、陆、空、空和网络等所有作战域的军事行动。

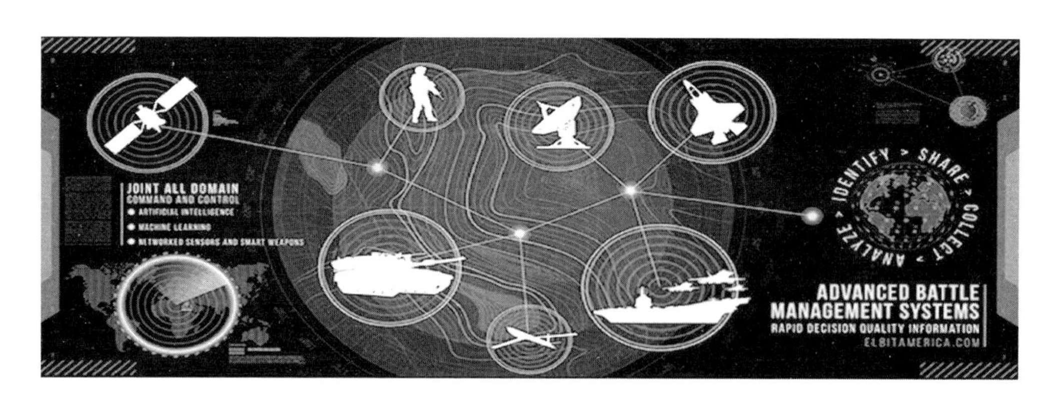

图1　“先进战斗管理系统”（ABMS）

3. 新型技术与新型系统

根据美国空军2019年发布的《科技战略》文件，美国空军意图通过作战实验测试与验证五大新型技术。①态势感知与探测技术，包括分布式多模式传感技术、激光和多基地雷达技术、网络情报、监视和侦察等。②弹性信息共享技术，包括网状组网和拓扑管理软件技术、分布式账本和稳健的加密技术、替代导航技术等。③快速有效的决策生成技术，包括高水平人工智能技术、预测数据分析技术、数据融合和可视化技术、自主的电子战和网络战智能体技术、认知集成和人机协作技术等。④复杂且不可预测的规模化技术，包括低成本航空航天平台技术、合作式自主和蜂群技术、多域指挥与控制技术等。⑤高速大范围杀伤破坏技术，包括高超声速飞行技术、低成本联网巡航导弹和智能弹药技术、微波和激光定向能技术、网络战技术等。

“先进战斗管理系统”是美国空军在作战实验中重点测试与应用的新型系统，是美国空军未来变革的关键一步。该系统旨在将每个射手和传感器连接到云计算环境，解决互操作能力缺陷，实现陆、海、空、天和网络域的信息共享，借助人工智能等先进技术加速指挥控制，获取“决策优势”。“先进战斗管理系统”目前已由军种新一代战场监视与作战管理指挥控制系统，跃升成为实现“联合全域指挥与控制”的首要技术解决方案。

4. 作战问题

自奥巴马政府以来，美国国防部官员曾在不同场合多次指出，潜在对手已形成“反介入/区域拒止”能力，对美军向战区投送力量和战区内自由行动构成严峻挑战。美国空军在指挥控制、预警探测、信息共享、打击能力、兵力部署、成本控制等方面在面临同级别对手时均面临着诸多作战问题（表1）。美国意图通过作战实验，寻找和测试针对性解决方案，持续、快速并可靠地创新作战能力。

表1　美军希望通过作战实验解决的问题清单

指挥控制	如何集成全军的作战力量，形成联合全域指挥控制网络
	如何从海量情报中筛选有用信息，形成有效的可视化战场态势图，辅助决策
	如何提升多域作战中心的决策质量与决策速度，解放人类指挥员执行更重要的作战任务
预警探测	如何在强对抗环境下进行准确且有效的预警探测
	如何满足防区内全面及时覆盖的侦察任务

续表

信息共享	如何对抗对手的网络战和电磁频谱战攻击
	如何消除层级化网络拓扑结构带来的“重要节点破坏，整片区域失能”的情况
	如何形成从传感器到射手的无缝衔接型作战网络
打击能力	如何形成对纵深目标和大规模目标群的打击能力
	如何在弹药有限目标众多的情况下优先打击重要目标
	如何在战场上应用高功率微波、激光等新型武器
兵力部署	如何解决重要后勤保障基地易被摧毁而无法使用的问题
	如何在缺乏大型基地保障的情况下作战
成本控制	如何在大国战争的条件下减少作战消耗，控制战争成本
	如何在强对抗条件下尽可能地减少人员伤亡

5. 动用兵力

近年来，美军频繁调动多地多域部队和机构参与相关作战实验，人员装备数量众多，军民机构纷繁复杂，在参演兵力上就已经呈现“全域”的态势。正如由美国空军上将马克·凯利在2020年讲到，“战斗是关于大规模部队部署与使用，因此作战试验也必须包括大规模部队的部署与使用”。比如美国空军组织开展的“先进战斗管理系统”“高速公路匝道”2号演示实验，就有美国北方司令部、太空司令部、战略司令部3个作战司令部、65个政府团队、约1500名军事人员以及70个工业界团队、35个军事平台参加，并于30个不同地点进行，作战实验的广度和深度都得到了明显的加强。

6. 经费估算

以“先进战斗管理系统”演习实验为例，2020财年实际投入2059万美元进行实验和评估，2021年批准投入3079万美元。但由于受到美国国会质疑和授权削减预算，限制了空军“先进战斗管理系统”演示试验的计划和规模。因此在演习实验期间，美国空军甚至不惜自筹经费提供支持，凸显了对作战实验的重视程度。

（二）实验内容

2021 年，美国空军主要作战实验可分为以下三个主要类别：

（1）“旗”系列军演。各个“旗”系列军演中，如久负盛名的“红旗”军演聚焦大规模空战演习，“蓝旗”“绿旗”军演则针对提升协同作战能力和空地联合作战开展演训。此外，美国空军还定期举行“方格旗”“敏捷旗”等专项演训，提升战备水平。近年来美国空军还着力打造“橙旗”“翠旗”“黑旗”三个联合军演品牌，以测试前沿技术与新型作战概念，从而组成了美国空军现有的完整空战演习谱系。

（2）“先进战斗管理系统”演示实验。“先进战斗管理系统”演示实验在每次演习中均加入了众多项目下的新型技术和产品，以更真实地测试新技术应对不确定的复杂作战环境下的适应性。演示实验一方面通过实战演习的方式测试了其有效性，暴露问题以便于更好地解决问题；另一方面，也让美军各个军种和司令部对“先进战斗管理系统”的能力和水平有了更加直观的认识，利于在美军各部门中的实施。

（3）大型联合军演。美国空军组织的大型联合军演主要关注增加美国与盟国之间的军事互操作性，提高美盟空军联合作战的能力，保持军事战备状态，同时通过将部队不断向各个盟国派遣部署，践行美国空军的“敏捷战斗运用”概念，让人员和装备可迅速在陌生战场形成可靠有效的作战力量。

（三）实验组织

美国空军“旗”系列作战实验主要由美国空军空中作战司令部组织、实施；在印太地区的大型联合军演主要由美国太平洋司令部（印太司令部）规划和组织，美国空军、海军、陆军以及海军陆战队配合实施。“先进战斗管理系统”由美国空军采办办公室领导，首席架构师牵头总体愿景和战略，空军作战集成能力中心协调操作，计划执行办公室具体执行，各军种配合实施。

（四）实验效果

美国空军参谋长大卫·高德费恩在2016年讲道：“美国空军的目标是以足够快的速度和足够多的层次创建系统和能力网络，以生成‘裕度和弹性’。将没有哪个系统是自己战斗，而都是作为某个网络的组成部分。”美军近年的“旗”系列军演、大型联合军演、“先进战斗管理系统”演示等作战实验正是朝着足够“裕度和弹性”的方向迈进，锤炼美军体系化的作战能力。但同时美军仍在居安思危，以大国竞争环境下的急切心态不断加快实验脚步。正如高德费恩所说：“今天我们已比其他任何人更快，但对于未来来说我们还是太慢了。”

二、典型实验剖析

（一）“高速公路匝道”4号演示实验

2021年2月22日至24日，美国驻欧空军司令部完成了“先进战斗管理系统”新一轮“高速公路匝道”4号演示实验（图2）。除美国空军外，美国第6舰队、美国陆军欧洲和非洲部队、美国战略司令部的资产也参与了演示。此外，英国皇家空军、荷兰皇家空军和波兰空军均参与了此次演示活动。

2018年美国《国防战略》提出，要建设一支对敌人更加致命、更具抗毁性、革新更迅速的联合部队，与众多盟友和伙伴开展合作，以保卫美国利益安全。本次“先进战斗管理系统”演示实验首次邀请美国盟友国家参与活动，增强美军与盟友国家的互操作性，提升协同作战能力。

美军与盟友国家组成的联合部队在演示实验期间完成了两个单独的作

战场景。第一个任务场景为在波罗的海海域对特定目标执行空中对面打击作战任务；第二个任务场景为在德国拉姆施泰因空军基地防御无人机和巡航导弹威胁。演示检验了如何将盟友纳入联合全域作战体系、如何防御敌方无人机和巡航导弹攻击、如何为作战人员提供在所有作战域的信息优势等问题。

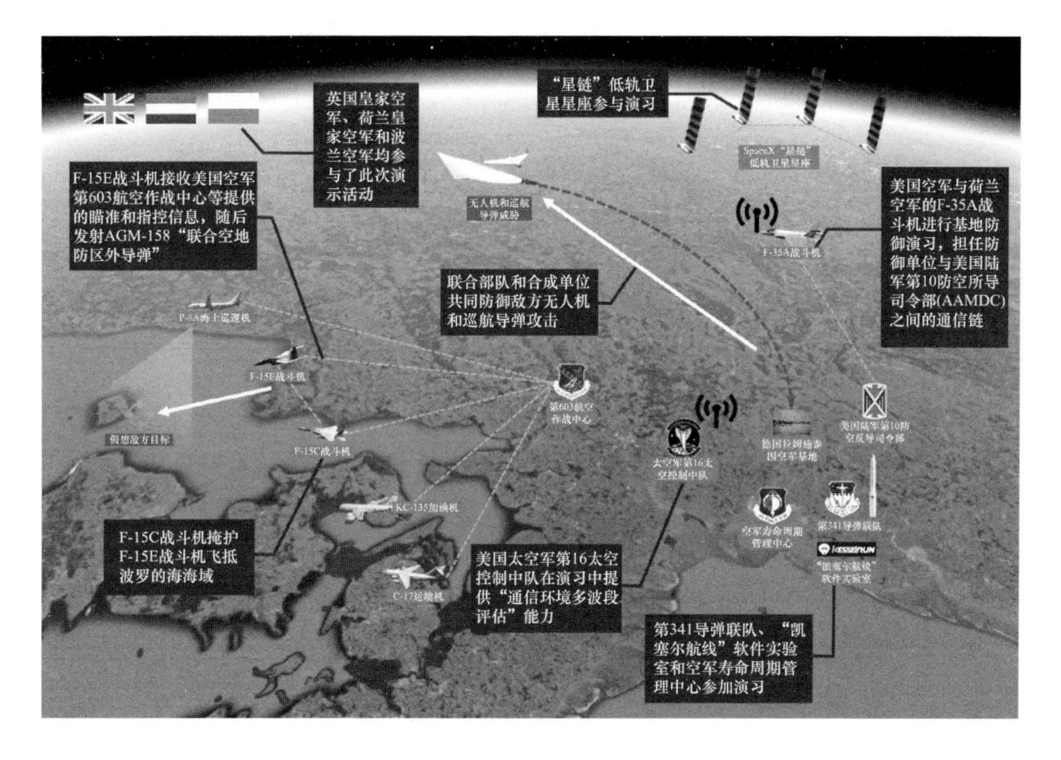

图 2 “高速公路匝道”4 号演示实验场景图

在演习期间，美军进行了以下演示演练：①美国空军 F-15C 战斗机掩护 F-15E 战斗机飞抵波罗的海海域，接收美国空军第 603 航空作战中心等提供的瞄准和指控信息，随后发射 AGM-158“联合空地防区外导弹”(JASSM)。②美国空军与荷兰空军的 F-35A 战斗机在德国拉姆施泰因空军基地进行了基地防御演习，内容包括联合部队和合成单位共同防御敌方无人机和巡航导弹攻击。F－35A 战斗机担任防御单位，以及与美国陆军第 10 防空反导司令部（AAMDC）之间的通信链。③美国太空军第 16 太空控制中队在演习中提供了“通信环境多波段评估”能力，美国太空探索技术公司（SpaceX）的“星链”低轨卫星星座也参与了演习。

实验变量上，本次演示实验首次纳入了美国之外的军事力量，包括英国皇家空军、荷兰皇家空军和波兰空军。这也是“先进战斗管理系统”项目在遭到美国国会大幅削减 2021 财年预算后，举行的首次演示活动。

美国空军欧洲和非洲部队进行的“先进战斗管理系统”演习，强调了联合和联盟部队的聚集能力，证明集成网络解决方案的概念，将尽可能多的传感器连接到一个共同作战网络，为作战人员提供在全域的信息优势。

（二）“城堡锻造”（Castle Forge）演习

2021 年 10 月 18 日至 22 日，美国空军在欧洲多地进行了“城堡锻造”演习（图 3）。“城堡锻造”演习是由美国空军欧洲－非洲司令部牵头的联合多国演习，演练“敏捷战斗部署”相关概念，展示了联合部队在危机时期的综合反应能力。

2015 年 9 月，美国空军《空军未来作战概念》文件中提出，敏捷作战是为应对某个给定挑战快速产生、筛选多种解决方案并快速执行的能力，突出作战灵活性、快速性、协调性、平衡性和融合性，用以为美军提供快速响应且行之有效的“全球警戒、全球到达和全球力量”。美国空军正以敏捷为核心概念，持续不断地组织了多场“敏捷战斗部署”概念相关演习，锤炼部队的快速战力生成能力。

演习进行了多种复杂战术场景下的训练科目，检验了如何做到快速分散部署，并在后勤支持水平不同的各个地点生成战斗力；如何提升危机时期的综合反应能力，确保美国空军能随时应对潜在威胁等能力。

在演习期间，美军进行了以下演练：①美国空军 KC－135 加油机为美国空军 B－1B 轰炸机、MC－130J 特种作战飞机和挪威空军 F－35A 战斗机提供空中加油支持。②美国空军 F－15E 战斗机与保加利亚空军米格－29 战斗机合作执行了战斗机机动、战术拦截等多种复杂战术场景下的训练科目，演习中还涉及了保加利亚地面防空站以及贝兹梅尔空军基地苏－25 攻击机等装备。③美国空军 F－15E 战斗机为美国第 6 舰队进入黑海海域提供护航。

实验变量上，“城堡锻造”演习是美国空军与希腊、保加利亚、挪威等国空军实施的联合演习，需与保加利亚多种苏制装备进行协同作战任务，训练互操作性。美国空军临时部署在希腊、保加利亚空军基地，演练在陌生地域迅速形成有效战斗力的能力。

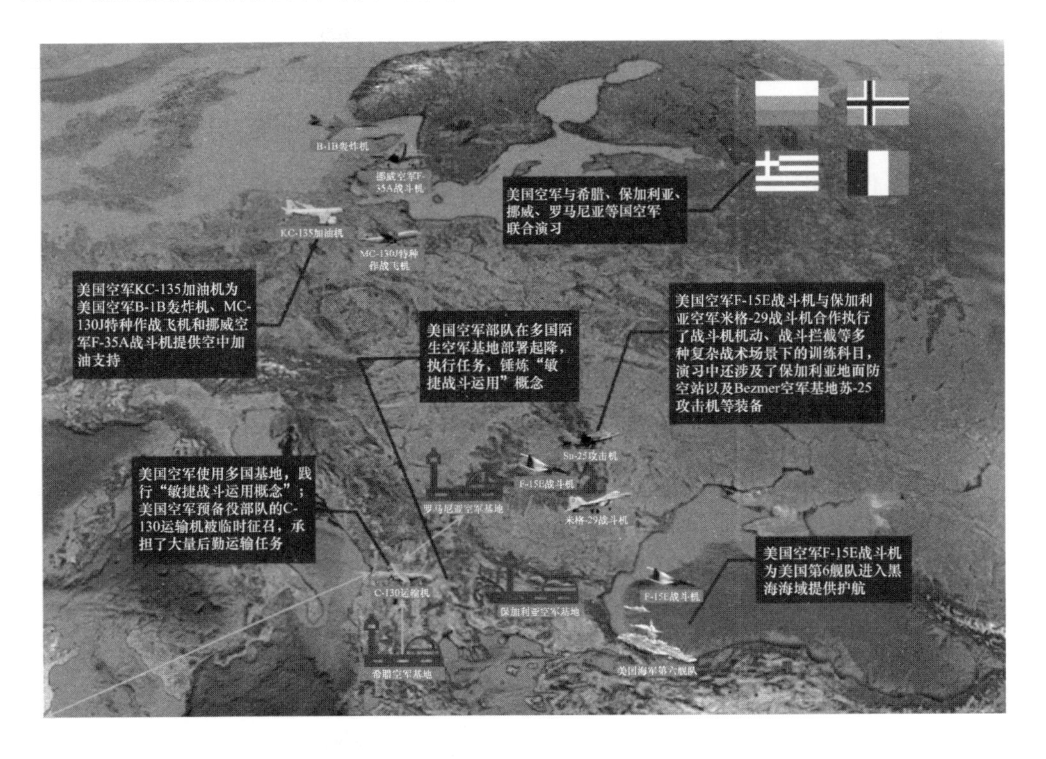

图 3　“城堡锻造”演习场景图

此次演习展示了联合部队在危机时期的综合反应能力，旨在使美国空军部队能够快速分散部署，并在后勤支持水平不同的各个地点生成战斗力，确保美国空军能随时应对潜在威胁。

三、矛盾问题分析

（一）技术风险

技术风险上，目标识别、跟踪系统还未能完全做到智能化，机器智能距离可解释、可信任仍有相当的差距。若利用诸如“深度伪造”等技术手段故意释放迷惑性信息欺骗、篡改人工智能算法，将会使认知决策环节产生致命错误。多域通信的信息安全性问题也不容忽视，若被电磁干扰或信息截获，将对军事行动造成严重阻碍。

（二）作战难题

美国空军认为自身过于依赖天基信息优势，一旦遭遇具有强电子对抗能力的作战对手，其目标探测和信息通信能力将大幅下降，无法形成可靠有效的作战力量。尤其美国空军层级化网络拓扑结构所带来的“重要节点破坏，整片区域失能”等严重缺陷，是美国空军在作战实验中识别出的重大问题之一。同时，分布式传感器虽然带来了全域的感知能力，但海量数据的快速安全传输和准确筛选分析仍是美国空军面临的重大挑战。为此，美国空军在2021年7月向商业公司征集“联合全域指挥控制开放商业解决方案”。在连通性方面，重点关注增加数据速率、降低延迟、提升抗干扰性、低截获概率/低检测概率等。而在数据分析方面，重点需求基于数据分析的机器学习，增强人工智能算法，使决策辅助工具中提供更多军事效用。

（三）体制障碍

美军内部不同军种之间仍存在着军种本位思想，仍不愿放弃在相应作战域的主导权，联合全域的集成要平衡各方利益，还需漫长的整合过程。美国国会还常常就预算问题与美国空军反复拉锯，甚至大幅削减演示验证预算，导致很多新技术集成工作未能得到有效推进。

（航空工业信息中心　马圣超）

2021年美军网络空间领域作战实验综述

美军已将网络空间领域列为继陆、海、空、天之后的第五作战域，是确保国家安全、增强国防实力的重要领域之一，将在未来大国高端军事对抗中发挥着愈发关键的作用。纵观2021年，美军愈发重视如何将网络作战能力整合到传统作战部队体制中，并通过实战化实验，检验新的联合网络作战机制和网络攻防装备，以磨砺全域作战水平。

一、总体情况概述

（一）基本情况

2018年美国提出“重返大国竞争”以来，美国网络司令部以及各军种着眼构建联合网络作战架构，频繁举行网络空间演习演练、武器系统网络安全试验鉴定、网络空间领域兵棋推演等作战实验，意图加快提升美网络部队进攻性网络空间作战能力，强化网络防御能力，夺取网络空间作战主动权。

2021年，美国网络部队组织参加网络空间作战实验至少20余次，借助

“持续网络训练环境”平台、网络靶场等装备技术模拟网络对抗环境，验证了“多域作战”“信息战”“前出防御”“持续交锋”等作战概念；测试了持续网络训练环境、网络反溯源工具、战术网络、多功能电子战吊舱等装备技术；模拟了“美盟后勤保障基地”遭受网络攻击、军民信息系统和关键基础设施网络防护、电磁干扰环境下前向侦查等网络攻防场景；探索了美国网络防护部队成功要素、美盟联合网络防御作战新样式、美国网络部队先进防御措施等作战问题；动用了美国网络司令部、国土安全部、国家安全局等国家网络力量，美国陆军、海军、空军、海军陆战队、太空军、国民警卫队等军种网络力量，以及欧洲防卫局、北约联盟网络小组、英国、加拿大、澳大利亚、日本等盟友网络力量。2021 财年，美国网络领域支出经费 98 亿美元，包括网络安全领域 54 亿美元、网络作战领域 38 亿美元、网络技术领域 6 亿美元，网络空间演训实验经费估计约 1 亿美元。

（二）实验内容

2021 年，美军网络空间领域作战实验主要包含以下五个方面的内容：

（1）网络作战概念开发验证。美军以“联合全域作战”（JADO）为核心，通过演习验证了陆军“多域作战”概念、空军信息战“融合作战”概念，以及“持续交锋”“前出防御”网络空间作战概念等，并探索新型作战概念，以帮助美军更好地实现联合全域作战。

（2）网络攻防专项演训。美国网络部队以“持续交锋”“前出防御”等作战概念为指导，积极开展网络攻防专项演训实验，不断完善美军网络攻防作战方式运用，提升美军及盟军网络作战能力，确保能够应对网络突发事件。

（3）联合网络作战演训。美军依据“联合全域作战”概念，在陆、海、空、天等领域的联合演习中重点模拟网络攻防环境，增加网络训练环节，以提高各空间域联合作战能力；同时，美军与北约、日本等盟友联合举行军事网络演习，增强网络威胁协同应对能力。

（4）网络装备技术测试评估。美军根据“联合网络作战架构”，加快部署“持续网络训练环境”等，并持续研发网络攻防新装备新技术，提高演习/实验环境质量，以满足网络作战训练需求，实现美军网络现代化进程。此外，美军测试多种新型网电技术装备，寻求维持装备技术优势。

（5）武器系统网络试验鉴定。美国国防部完成多个武器系统/装备采办项目的网络安全作战试验鉴定，并开展核指控和通信网络安全评估，启动网络防御工具的网络安全性评估，并将评估目标拓展至国家级复杂网络/电子战系统等。

（三）实验组织

组织单位。美国网络空间领域作战实验主要由美国网络司令部、军种网络司令部、国土安全部、国家安全局、作战试验鉴定局等组织举办。演训实验开始前，主办方成立联合指挥部，下设相应工作小组，如协调组、专家组、技术保障组等。联合指挥部共同商讨确定演训实验方案与规则。

参与单位。美国网络空间领域作战实验主要由国家网络任务部队、网络作战部队、网络防护部队、军种网络作战力量等参与；美国网络空间领域作战实验鉴定主要由军种测试评估中心、美国国家安全局认证的网络红队、桑迪亚国家实验室红队等参与。

二、典型实验剖析

（一）“网络旗帜 21－2”演习

2018 年3 月，美国网络司令部发布《网络司令部愿景文件》，提出“前出防御战略”，旨在通过增强网络任务部队作战能力，在接近对手源头处，对其潜在攻击予以反制。依据此战略，演习模拟了“美盟后勤保障基地”遭受网络攻击的场景，还模拟了美军“印度－太平洋司令部”的常见威胁场景，包括勒索软件、载荷投送等。该演习变量主要包括两个对手网络攻击的方式，其中一个对手具备先进网络技术，以瘫痪目标设施、破坏网络系统为行动目标；另一个对手技术水平相对较低，以窃取技术秘密和用户隐私信息为行动目标。通过演习，美国网络司令部评估了其检测、识别、隔离和对抗网络攻击的能力，确定了网络防护团队的有效构成要素，并将推广演习相关成果和经验教训。同时，演习加强了与盟国网络力量的交流与合作，提高盟国间网络弹性，共同应对趋于复杂的网络安全形势。

（二）“网络探索 21”“陆军远征战士实验”联合实验

2018 年 3 月，美国网络司令部发布《愿景文件》，提出“前出防御战略”，希望通过加强电磁对抗环境下前向侦查能力，在接近对手源头处，对其潜在攻击予以反制。依据此战略，美国陆军设计模拟了电磁干扰环境下的前向侦查场景，以测试反溯源工具等多种网电装备技术、战术无线电、电子战系统等。该演习变量主要包括美国陆军地面层系统、陆军网络反溯源工具、其他电子战、信号情报和网络平台，以及对手采取网电行动所导致的电磁频谱环境变化。演习训练了美国陆军应对网络威胁的能力，测试了战术无线电、电子战系统、反溯源工具等多种装备技术，提高了美国陆军在电磁干扰环境下前向侦查的能力。

（三）“锁盾 21”网络安全演习

2021 年 4 月，北约举办网络防御承诺会议，强调网络空间处于全球竞争加剧的最前沿，增强网络弹性和利用技术将是在竞争激烈的世界中结成强大联盟的关键。以此为依据，美盟设计模拟了军民信息系统和关键基础设施网络防护的场景，通过红蓝对抗模式测试了美盟网络力量应对大规模网络事件的能力。该演习变量主要包括基于场景的战术训练网络环境、关键基础设施控制网络等。演习时发展、培训和演练了针对美国本土多类计算机网络的内部防御措施，检验了国民警卫队系统的网络事件反应力量，能够促进国民警卫队网络防御力量在相关任务中加强任务协调、人员培训。

（四）“网络闪电战”系列演习

2018 年 3 月，美国网络司令部发布《愿景文件》，提出网络空间“持续交锋”作战概念，通过增强网络任务部队作战能力，持续与对手网络交锋，增加其作战行动的不确定因素，夺取网络空间主动权。依据此战略，演习设计模拟了潜在危机环境下网络攻防的场景，重点检验美军多域特种部队的作战能力及相关部队的战备状态，以及在 I2CEWS 分队支持下帮助指挥官掌控作战区域现实及网络态势的能力。该演习变量主要包括“新型网络、情报和电子战装备原型”、陆军作战旅的战术网络活动、电子战规划与管理工具等。演习探索了网络部队与传统作战部队间的协作方式，帮助陆军建立新型网络、情报和电子战的原型，并解决了网络与电子战交互问题。

（五）“网络风暴”系列演习

2018 年，美国国防部发布了《网络安全战略》，提出“保护关键基础设施，避免恶意网络侵害”的战略目标。依据此战略，演习设计模拟了华盛顿特区的地铁运输网络的运维与控制系统突然被关闭、费城和芝加哥的机场控制塔管控飞机起降的系统被关闭、洛杉矶的自来水公司遭受网络攻击等场景，以评估美国多类关键基础设施的网络安全战备状态。该演习变量主要包括网络防御技术等。通过模拟关键基础设施受网络攻击的具体场景，演练了美国国土安全部门及相关网络安全商业伙伴的网络防御力量应对大规模蓄意网络攻击（包括分布式拒绝服务攻击、网络入侵导致的数据泄露和恶意操纵）的能力，突显了美国国土关键基础设施网络系统的防御漏洞与缺陷。

三、矛盾问题分析

（一）技术风险

（1）高烈度网络武器扩散风险。高烈度网络武器杀伤范围广，存在被对手窃取的可能性，增加己方基础设施受网络攻击的可能性。

（2）前沿技术带来颠覆性风险。随着5G建设发展路线分歧，网络空间呈割裂发展态势，运动机动风险更大；量子技术将颠覆破解密码领域，大幅提高网络攻击能力，量子通信技术将降低通信安全风险，阻碍对手网络杀伤链实施。

（二）作战难题

（1）归因溯源难。一方面，网络攻击手段和目标灵活多样，可选用代码预置、分布式拒绝服务攻击、综合网电攻击等多种攻击手段；另一方面，政府机构、军工企业、民用关键基础设施均可作为攻击目标。因此，网络攻击具有低可见性和高抵赖性，对手难以察觉，攻击生效后对手也很难确定攻击来源。

（2）武器平台网络安全风险多。随着武器系统智能化、无人化和软件化等发展趋势，会引入更多网络漏洞并增加攻击向量；战场物联网、天基互联网等初步建成，大规模商业软硬件采办和联网设备的增加会引入更多安全脆弱性。

（3）联合网络作战指控流程复杂。美国各军种间的信息共享不够流畅，各机构之间指令交换不够迅速，各来源信息传输标准不够统一，各部队网络作战装备不够通用，导致联合网络作战指挥控制流程繁琐复杂。

（4）通用网络武器装备缺乏。网络空间领域非独立军种，装备研发经费相对较少，研发力量相对较弱，各军种间网络作战装备通用程度不够，缺乏联合通用网络作战武器装备。

（5）作战效果评估难。扩散效果不可预知，网络攻击杀伤链的侦查漏洞、载荷投送、安装植入等环节涉及工控系统，网络攻击效果存在不可控性，时长效果和杀伤效果难以评估。

（三）体制障碍

“双帽”机制存在争议。美国网络司令部与国家安全局共处一地，共享人员、工具和基础设施，形成网络空间领域“双帽”领导机制。该机制难以匹配两机构笼统和复杂的职责；阻碍网络司令部进一步成熟；导致对国家情报局情报搜集的依赖性。

缺乏国家顶层决策机构。美国网络司令部与国家安全局隶属于国防部，难以进入国家顶层决策圈，导致部分政策出台缓慢，难以满足网络空间作战需求。

采办制度难以满足新研装备的时效性需求。网络空间领域武器装备具有显著的时效性，新研网络装备因采办周期长，从而导致战场使用时无法带来预期效果。

（国家工业信息安全发展研究中心　樊伟）

2021年美军指挥控制领域作战实验综述

2021年，美军以《指挥、控制与通信现代化战略》《联合全域指挥控制战略》等战略为牵引，积极推进联合全域指挥控制能力建设，围绕自主侦察监视、综合卫星通信、人机组队协作等子能力开展多次专项测试，并开展“全球信息主宰实验”“会聚工程-2021”等跨军种、跨国别大型综合演练。

一、总体情况概述

（一）基本情况

2021年以来，美军对重要项目频繁开展演示活动，共开展约21次试验活动，动用兵力上万余人，经费投入近亿。

实验主要围绕联合全域指挥控制过程中各环节中的作战问题展开。态势感知方面，主要探索如何实现较大地理范围、长时间、高精度、低成本的侦察监视，如何增强下车作战单兵的态势感知能力等问题；数据共享方面，探索如何互联、共享不同数据源系统并保障传输中数据安全性；情报处理方面，探索如何存储大批量情报数据，并快速、有效进行整理分析；指挥决策方面，探索如何实现情报信息向决策决定的快速转化并提升决策的正确性；行动控制方面，探索如何实现决策信息向作战行动的快速转化，如何实现大量分布式作战单元的高效协同与人机协作；远征作战方面，主要探索如何在远征战术边缘快速建立地方指挥中心。

开展的实验涉及多项新型技术与系统。态势感知方面，涉及自主协同侦察、长时高空侦察、传感器趋零功耗、智能增强侦察、反无人机等技术，“西风”长航时平流层无人机、“集成视觉增强系统”等系统；数据共享方面，涉及数据织构、零信任参考架构、数据加密传输、5G 通信、自适应通信等技术；情报处理方面，涉及云存储、复杂信息系统网络抗毁、人工智能情报分析等技术，“普罗米修斯”人工智能软件等系统；指挥决策方面，涉及智能辅助决策、自主火力任务规划通用指挥控制基础等技术，“火力风暴”“同步式高作战节奏瞄准”“先进野战炮兵战术数据系统”等系统；行动控制方面，涉及无人集群自主协同、人机组队、分布式作战管理等技术；远征作战方面，主要涉及移动指挥所技术。

（二）实验内容

2021 年，美国空军“先进战斗管理系统”进行了第四、第五次演示，分别验证了美国空军与其他国家军事力量的相互协作技术以及边缘计算能力，并通过“橙旗”“翠旗”和“黑旗”演习验证了空军在不同战场之间的数据共享能力；美国陆军通过实战化演练提升任务伙伴网的互操作性，测试了新的指挥所综合基础设施，并通过“会聚工程 – 2021”大型联合演习验证了 100 余项新技术的功能及互操作性；美国海军在“无人一体化战斗问题 21”演习中试验无源传感器网络，并在“大规模演习”中验证了分布式海上作战、快速建立远征海上作战中心等能力；美国北方司令部开展了第3次“全球信息主宰实验”，测试了各种基于人工智能/机器学习的决策辅助工具，旨在提升指挥官的行动能力。

此外，DARPA装有“天空博格人”自主核心系统的无人机成功完成首飞，展示了基本的航空能力和对导航指令的响应；“机动部队防护”自主反无人机系统通过测试，验证了该系统应对未授权的无人机对军事设施和军事行动威胁的能力。

（三）实验组织

2021年美军指挥控制领域作战实验在组织方式上主要分为3种。

第一种为军种或部门内部独立开展，此类实验通常旨在测试某一特定项目或技术能力，规模较小，周期较短。代表性实验包括DARPA“天空博格人”自主核心系统、“机动部队防护”自主反无人机系统测试等。

第二种为军种联合工业供应商开展，此类实验通常旨在测试此前委托供应商研发的技术或系统项目的进展，规模较小，周期较短。代表性的实验包括亚马逊网络服务公司测试ABMS边缘计算能力、通用原子航空系统公司使用MQ－20“复仇者”演示机载有人－无人组合等。

第三种是跨军种、跨国别的大型联合演习，此类实验旨在测试美军目前联合全域指挥控制的整体能力建设水平，实验规模大，周期长，测试内容繁多，参与人员众多。代表性实验包括“全球信息主宰实验”“会聚工程－2021”等。

（四）实验效果

美军开展指挥控制领域作战实验的首要目的在于通过实际应用，测试技术与系统能力水平，发现问题并促进技术迭代。对于2021年开展的多项实验，美方相关官员均认可了其在该方面的作用。对于“先进战斗管理系统”第4次“架构演示与评估”演习，美国空军欧洲与非洲区计划、项目和分析主管阿德里安·斯班准将表示，美国空军通过此次演习“了解了很多已有成果以及不足之处”；空军和太空军首席架构师普雷斯顿·邓拉普表示，“如果不继续开展测试，就无法发现新见解。”美国陆军作战测试司令部的测试官表示，在测试新的指挥所综合基础设施时，“士兵们就如何改进系统提供了个人意见”；美国陆军未来司令部高层表示，通过“会聚工程-2021”演习可以“尽早把已有成果交到士兵手中，从而使他们尽早了解新的作战概念，同时使技术需求更为明晰。”该高层同时表示，演习“并非一切顺利”，但通过及时发现问题能够促使技术开发“穿过死亡之谷”。

美军2021年开展了多项跨军种、跨国别的大型联合实验，相关官员对此种合作表示了认可。对于“先进战斗管理系统”第5次“架构演示与评估”演习与“全球信息主宰实验”第3次实验的联合开展，美国空军高层表示通过合作使双方“在设计和评估技术架构方面取得了宝贵进展”；“会聚工程-2021”演习过程中，美国陆军部长对军种间的合作表示赞赏，称此种合作表现了“各军种一起应对共同挑战”。

对于针对特定技术或项目开展的专项实验，相关人员也对其技术验证的作用表示了普遍认可。美国空军表示，通过“先进战斗管理系统”第4次和第5次“架构演示与评估”演习，首次看到了“人工智能驱动的算法掌握在士兵手中并帮助处理数据”，有助于“实现人工智能支持的决策优势”；在装有“天空博格人”自主核心系统的无人机成功完成首飞后，该项目执行官表示“这些初始飞行启动了实验活动，后续将继续完善该系统并建立对系统的信任”；美国空军表示，通过在三个旗帜演习中测试跨地域数据共享，展示了如何“在联合全域指挥和控制概念下连接系统”。

二、典型实验剖析

（一）美国空军“先进战斗管理系统”第5次“架构演示与评估”演习

2021年7月8日至28日，美国空军部首席架构办公室进行了第5次架构演示和评估（ADE 5）演示实验（之前被称为ABMS“On ramp”／“高速公路匝道”演示），集成了商业技术以实现决策优势。

2020年3月和6月，美国空军分别发布《空军条令说明1-20美国空军在联合全域作战中的作用》和《空军条令附件3-1联合全域作战中的空军部职责》（简称《条令附件》），阐述美国空军如何在各环节开展联合全域指挥控制及需要发展的能力。2020年9月，美国国防部发布《指挥、控制与通信（C3）现代化战略》，提出提供一体化、可互操作的超视距（BLOS）通信能力。

以此为依据，该实验以“联合作战中的数据融合、集成任务架构”为主要作战场景，采取大规模现场实验形式，探索在多域联合作战的情况下如何使来自不同系统的数据实现共享与交换；如何将适应性强的单个系统集成到“架构之架构”中，建立可获取决策优势的综合任务架构。

实验变量包括各类传感器（F-35机载传感器、AN/TPS-80地面/空中任务导向雷达（G/ATOR）、“哨兵”雷达、“爱国者”雷达）、数据融合工具（“先进战斗管理系统”、异构电子系统之系统技术集成工具链、“星链”卫星互联网）以及通信系统（机载数据链、KC-46加油机的新型吊舱式通信系统、5G网络等）。

实验中，陆、海、空各域传感器探测到威胁目标数据，威胁目标探测数据和跟踪数据通过“先进战斗管理系统”、异构电子系统之系统技术集成工具链（STITCHES）自动进行数据的有效转码与翻译，形成统一数据信息，同时，机载数据链、KC－46 加油机的新型吊舱式通信系统等同步提高带宽、连接的稳定性，以及网络弹性。

通过此次实战环境模拟试验，美国空军完成了数据融合能力相关测试，建立可获取决策优势的综合任务架构，从而以越来越快的速度实现预期作战效果，美军未来将进一步整合商业技术以实现决策优势。

（二）“会聚工程－2021”中人工智能辅助指挥官决策实验

2021 年 10 月 12 日至 11 月 10 日，美国陆军开展了“会聚工程－2021”（PC 21）作战实验，设置了七大作战场景，其中之一就是验证人工智能赋能的攻击能力。

2020 年初，美国联合参谋部发布《联合全域指挥控制高级作战视图》，提出通过人工智能/机器学习、云计算、跨域安全与共享、软件定义组网等先进技术，实现比对手“更快地理解作战空间、更快地指控作战力量、跨多个作战域同步协同作战”，谋求全球一体化作战的信息优势。2021 年 5 月，美国国防部长签署《联合全域指挥控制战略》，推动美军联合全域作战概念向落地实施迈进。

以此为依据，该实验以“人工智能辅助指挥官决策”为主要作战场景，采取大规模现场实验以及人在回路模拟实验形式，探索在复杂战场环境中如何将人工智能技术应用于自主侦察、智能分析处理、智能辅助决策等多个任务阶段。

实验变量主要包括自主侦察监视平台（“西风”超高空无人机、“综合视觉增强系统”、由第三代前视红外探测器支持的威胁识别系统）和人工智能分析决策软件（“普罗米修斯”人工智能软件、“火力风暴”智能辅助决策系统）。

实验中，自主侦察监视平台开展持续监视并获得威胁目标数据，指挥官利用“普罗米修斯”人工智能软件，对比大量数据，从图像中发现目标，甚至是伪装和隐藏的目标，再通过“火力风暴”智能辅助决策系统，利用传感器数据自主判断选择最佳武器系统实现对目标的快速打击。

通过此次实战环境模拟试验，美军完成了人工智能自主侦察监视与辅助决策的初步测试，有力地缩短了决策周期（OODA），获取了战场优势。实验促进了技术迭代与理论完善，进一步推动“联合全域作战”概念落地。

（三）“大规模全球演习”远征海上作战中心实验

2021年8月2日至27日，美国印太司令部举行了“大规模全球演习2021”（LSGE 21）。演习中，美国海军开展了远征海上作战中心实验。

美国国防部2020年9月发布的《指挥、控制与通信（C3）现代化战略》提出：加强国家领导指挥能力，提供具有韧性和响应性的指挥控制系统；加速和同步现代化战术通信系统的部署。

以此为依据，该实验以“远征中快速建立现代化指挥作战中心”为主要作战场景，采取小规模现场实验形式，探索在远征过程中如何快速建立现代化指挥作战中心；如何通过新建立的指挥中心协调兵力。

实验变量包括远征特遣分队、技术专家、通信与指控系统。实验中，派遣前期部队即美国第3舰队将总部部署到珍珠港－希卡姆联合基地，在80小时内建立一个远征海上作战中心（EMOC），作为舰队的指挥和控制中心，进行指控测试，确保指挥中心具备计算机连接、视频电话会议等信息技术能力。

通过此次实验，美军通过远征海上作战中心成功控制10多艘舰艇和潜艇以及3支远征军来支持演习，同时持续监督整个第3舰队在作战区域内的行动，实现舰队间协同作战。

（四）“战士21－4”大型跨国演习

2021年4月1日至15日，美国陆军第3军、英国陆军第3师和法国陆军第3师在得克萨斯州胡德堡实施了30年来最大规模“战士”演习。

2020年9月，美国国防部发布《指挥、控制与通信（C3）现代化战略》，提出提供一体化、可互操作的超视距（BLOS）通信能力。

以此为依据，该实验以“多国军级战斗行动作战场景”为主要作战场景，采取大规模现场实验和人在回路模拟实验形式，探索在多国联合行动中如何使美国与盟军网络通信实现互操作；如何使多国部队协调一致，合理分工，实现无缝协同作战。

实验变量主要是美国陆军网络“能力集21”（CS 21）中的系统和应用程序，包括商用联盟装备网络飞地、通用服务中心、指挥所计算环境等。

实验中，美国陆军将网络“能力集21”中的系统和应用程序部署在遭到高对抗赛博和电磁活动（CEMA）攻击的联盟环境中，分布在多个军事基地的多国部队通过部署的系统与应用程序进行协作，基于实验结果，进一步开发“能力集23”及之后的系统装备。

通过实验实现无缝协同作战能力，帮助陆军更快地实现网络现代化目标，包括增强盟军的互操作性。

三、矛盾问题分析

美军联合全域指挥控制能力的建设是一项牵涉多个军种、数个项目的大型工程，围绕该主题开展的作战实验在近年频繁展开，在推进能力建设的同时，也暴露出技术、作战及体制层面的许多问题。

（一）技术风险

1. 人工智能技术的可靠性有待进一步提高

目前，美军正在大力推进通过人工智能技术增强态势感知、情报分析能力，旨在以此获得信息与决策优势。然而，人工智能作为一项新兴技术，其可靠性仍有待进一步提高。如何有效利用当前有限的人工智能水平，进行合理的人机合作，是美军目前需要解决的一大问题。而在未来，随着数据体量、计算速度的无限上升，则可能出现机器脱离人类控制，导致战场局势失控的问题。

2. 天基激光通信技术有待进一步投入

美军目前在通信方面面临竞争对手电磁战扰乱的威胁，而激光通信技术的抗干扰性较强。激光光束宽极窄，接收器视野狭窄，激光通信链路本身受到保护，不受监测、拦截和干扰，因此能够限制对手通过检测、拦截、干扰或以其他方式干扰传输。激光通信链路最适合需要专用高数据速率链接的点对点通信。通过大气层传输的激光通信链路会受到大气失真和天气干扰的影响，但太空和机载平台之间的激光通信链路可以避开大部分大气层。因此，天基激光通信技术对于美军保持持续通信能力、实现联合全域作战十分关键。

美军对该技术领域的投入尚不足够。美国空军从2003年计划利用其卫星通信系统探索天基激光通信的可行性，但该计划最终在2009年被取消。目前，美国太空发展局正在近地轨道开发一种卫星星座，计划使用激光通信进行高数据速率链接，并资助了两颗具有红外和激光通信有效载荷的卫星，以演示激光通信技术；美国国防高级研究计划局的“黑杰克”项目资助了“曼德拉克”2号任务的激光通信演示，这两组卫星于2021年6月30日共同发射，目前正在进行初步测试和评估。随着联合全域指挥控制大量应用激光通信技术，美国国防部需要在这一技术领域投入更多关注。

3. 统一操作系统有待进一步开发

为实现联合全域指挥控制，美军亟需在关键架构层面决定是强制使用统一的操作系统还是允许战斗网络的不同部分运行单独的操作系统。通常，网络内部和网络之间会使用不同操作系统，该方法的优点是允许系统针对其执行的功能使用的特定硬件进行优化。然而，不同操作系统的应用程序无法进行交互，统一的操作系统则创造了真正开放的软件开发生态系统，可以提高软件的可重用性，以防供应商锁定。然而，由于美军尚不能无法开发出一个能够满足用户多样化和需求的操作系统，因此，当前的联合全域指挥控制仍不能使用统一操作系统。目前，各军种正在建设并实验各自内部的统一操作系统。

4. 内外部关键接口有待进一步定义

联合全域指挥控制架构应识别和定义内部和外部的关键接口。接口是定义系统范围的关键部分，美国国防部应阐明与支持作战网络但不直接属于作战网络的数据系统和网络的接口。接口不仅仅是技术规范，还包括接口如何使用以及由谁使用的策略和流程。外部接口包括维护和库存管理系统、培训系统和人员管理系统等。联合全域指挥控制架构还应定义盟友和合作伙伴作为美国作战网络一部分所需的内部接口和实时共享数据。此外，还需要类似的内部接口来使国防部能够利用商业能力并将商业能力集成到战斗网络中。目前，尽管美军多次开展跨军种、跨国别的联合演习，但在接口识别、定义与规范方面仍存在不足。

（二）作战难题

1. 作战网络面临对手多种威胁

为实现联合全域指挥控制，美军构建了庞大且复杂的作战网络，以便将监视、目标定位、损伤评估和其他信息从一个平台无缝传递到另一个平台，将不同域、盟友和合作伙伴的平台和部队连接在一起。随着作战网络所包含的功能逐渐增多，复杂性提升，其面临的漏洞与威胁也同步增加，其带来的许多作战优势也同时使其成为攻击的目标。例如，美国及其盟军目前的作战网络较为依赖太空领域，而俄罗斯在动能和非动能反卫星（ASAT）武器方面取得了重大进展，可以对其展开破坏。又如，许多反卫星武器设计包含干扰或欺骗卫星通信（SATCOM）和全球定位系统信号的功能，将极大削弱美军太空领域能力。

2. 作战网络弹性亟需增强

美军庞大且复杂的作战网络形成了很大攻击面，一旦网络受损，如果无法及时恢复，将极大影响整体作战能力。因此，必须增强作战网络弹性。弹性涉及多种形式的风险规避、管理和缓解，以使网络能够响应中断并从中断中快速恢复。目前，美军仍在探索通过多种方式提升网络弹性，如通过使用多种方法（红外、光学和雷达）来连接跨多个域的分布式传感器来收集信息，部分实现分布式和多样化；又如，使用网状架构和设计系统，使作战网络在受到攻击时合理降级，在必要时动态分解成更小的子网络，并在机会出现时自动连接到替代网络。

3. 动态互操作性亟需提升

跨平台、域、军事服务和盟国数据的共享能力是联合全域指挥控制概念的基础。这种动态互操作性的愿景需要在多个层次上进行协调，包括数据标准、通信协议、多层安全标准，以及与盟友和合作伙伴之间的实时数据共享和访问的政策协议。目前，美军仍在研发“数据织构”等增强数据互操作性的技术，以期提高军种间及盟军间的动态互操作性。

（中国电子科技集团电子科学研究院　焦丛）

ZHONG YAO

ZHUAN TI FEN XI

重要专题分析

美国国防部《作战实验指南》解读

人工智能、自主系统等新兴技术的迅猛发展，催生了新一轮世界军事革命浪潮。作战实验作为继战争实践、演习训练、军事理论研究之后，研究战争、认识战争的新途径、新方法，近年来，呈现“井喷”式快速发展态势。运用作战实验研究战争、设计战争，已成为世界军事强国实现新军事变革、抢占军事竞争制高点的有效手段。2019 年 8 月，美国国防部发布《作战实验指南》1.0 版，2021 年 10 月发布该指南 2.0 版，旨在寻求一种新型作战能力开发方法，以谋求在大国竞争中获取新的技术优势和军事优势，值得高度关注。

一、发布背景

海湾战争以来，美军开始探索“提出构想 - 作战实验 - 部队演习 - 实战检验”的军队建设转型模式，把作战实验作为军队建设的关键环节，有力促进了美国国防部建设转型和创新发展。

2017 年底以来，美国先后实施国家安全战略、国防战略、国家军事战略三大战略，以中俄为假想敌加速推进高端战争构想设计与战争准备，不断加快军事创新步伐，谋求新的绝对军事优势。

随着技术爆炸性增长，竞争日趋激烈，威胁不断变化，美国的军事竞争优势正在被侵蚀，发展先进作战能力的速度正在被超越。面向大国竞争，美军认为在作战能力开发方面存在三方面主要问题：一是当前过度追求高绩效的采办流程和以速度为代价的规避风险的采办文化，导致决策能力下降，无法为作战部队及时提供作战能力；二是过去装备渐进式兵力开发方法，难以满足未来战争的需要，并且对整合新技术、调整新战法的综合能力发展的重视程度随着时间的推移而减弱；三是反复强调风险规避的文化，使得美军作战实验已经成为既定演示、测试和训练的代名词，导致过去作战实验工作的失败。

2019 年 12 月，美国参联会首次发布《实施联合兵力开发与设计》指令，要求大力推广作战实验这一方法，来确定和改进新兴能力、概念、条令，采取快速迭代的能力方法，以降低成本，避免技术过时和采办风险，加快对安全环境变化的响应；综合运用实验、演习、兵棋推演、分析等手段，构建一套完整的“从概念到能力”的方法。美军各军种、各领域纷纷跟进，以联合军演、军事演训、重大项目技术实验等多种形式开展大量作战实验，加快作战能力开发。《作战实验指南》的发布将进一步指导和规范美军作战实验的开展。

二、主要内容

《作战实验指南》2.0 版由美国国防部研究与工程副部长办公室下属原型与实验办公室组织编写，主要包括前言、简介、目的和范围、实验基础知识、实验活动、总结6 个部分组成，详述了作战实验基本概念、作战实验地位作用、作战实验方法以及7类作战实验活动的最佳做法。

（一）概述了作战实验基础知识

指南提出，作战实验是基于科学实验理念，在一定规则下检验某种假设，探索新威胁、新技术、新概念、新应用之间的未知因果关系，快速探索作战概念、原型设计，整合装备和非装备解决方案，发现、解决作战能力差距。作战实验的基本原理是围绕一个假设“如果－那么”进行，并介绍了自变量、因变量、干扰变量3个实验变量和有效性、可靠性、精度、可信度4大实验标准的含义，以及实验是否评估装备解决方案、实验中固有的真实程度、实验评估解决方案的成熟度3个维度的分类方法。

指南中特别分析了作战实验与作战试验、原型设计、演示验证的区别。作战实验的主要作用是发现变量之间未知的因果关系，以解决不确定性。作战试验需要能验证和确认一种能力是否符合预先定义的要求，即验证已知的指标，以合格和不合格为标准。演示验证要求能展示和确认已知的解决方案。原型设计要求能设计和创建一个代表性模型，用于实验、试验或演示验证。

（二）分析了推行作战实验目的和原因

一是用于识别和阐明当前和未来的作战问题，作战人员、情报专家、技术专家共同讨论和探索当前和未来的作战环境以及现有技术、新兴技术的影响，识别和完善作战能力差距和要求，指导装备和非装备解决方案的开发；二是探索、识别新兴技术和应用现有技术新方法的创新解决方案，解决作战能力差距和要求；三是用于探索在条令、组织、训练、装备、领导力与教育、人员、设施和政策（DOTMLPF－P）等非装备创新方面的解决方案；四是帮助作战人员和技术专家探索作战能力的实用性和局限性，评估作战价值；五是帮助项目实行“以最小的代价快速试错”的理念，通过增量开发和评估，快速确定一个概念或技术解决方案的价值；六是用于接触非传统的国防承包商，扩大颠覆性创新的来源。

（三）总结了作战实验常用方法

主要包括三大类常用方法：一是研讨会，将作战人员、政策制定人员、需求撰写人员、威胁分析人员和技术专家聚集在一起，识别和完善作战能力差距，建立需求，确定新技术可行性，发现和制定作战概念等；二是兵棋推演，在没有军事冲突危险的情况下对技术、概念进行评估，尽可能提高军事问题的物理层面和精神层面的真实性，兵棋推演通过利用桌面推演和虚拟兵棋推演来进行；三是现场作战实验，在预期的作战环境中由军事人员使用设备进行，包括作战人员简单尝试新技术、新概念的小规模现场作战实验和模拟战斗场景的大规模现场作战实验、演习，小规模现场作战实验为参与大规模现场作战实验创造条件，大规模现场作战实验有些作为军事演习的一部分，对解决方案的有效性、实用性和可靠性进行最真实的评估。

（四）明确了作战实验实施流程及最佳做法

指南提出作战实验实施的7个步骤：一是制订实验计划，通过生成问题陈述、建立实验团队以及提出实验假设，明确阐述为什么要进行实验开始，并对如何应用结论进行明确的陈述；二是规划实验内容，在实验开始实施之前，确定并汇编合同策略选择、资金保障、实验设计、想定开发、数据收集和分析、风险管理、实验选址等计划，作为实验路线图为实验提供全方面的指导，且实验规划应是一种动态文件，在实验过程中，可以酌情修改和补充；三是征求实验方案，在生成问题陈述时没有具体解决方案的情况下，可向国防部相关组织、联邦资助的研究和发展中心、大学附属研究中心、工业界和其他学术机构征集能够满足所述需求的潜在解决方案；四是选择实验方案，实验者建立明确针对实验目标的选择标准，以确定最有希望的、创新的和具有成本效益的解决方案；五是准备和实施实验，实验的准备工作在整个实验计划和实施过程中不断迭代，且实验人员落实后勤和时间表设置、参与者前期训练、实验前演练、执行实验、数据收集和管理等方面工作，以准备和实施实验；六是解析实验数据，分析人员使用数据分析计划中的工具和技术对数据进行分析，技术专家和行业专家解析结果，并向决策者提供他们所需的信息；七是应用实验结果，包括数据被用于创建或更新模型，结果生成或完善对新实验的要求，实验结果改变了拟议的方案，通过过滤失败的方案，成功的方案过渡到执行阶段、快速实战阶段、整合到现有的归档项目中，或者启动新的采办计划。

指南还根据文献和美国中小企业已完成的作战实验活动，为作战实验实施的每个步骤的最佳实践提供建议。实验者可根据具体的实验类型、实验范围和实验复杂性，对实验活动进行调整。

（五）强调了数据在作战实验中的重要性

指南提出数据是作战实验中“成功”和“失败”的试金石，作战实验的成功与否，与实验的预期结果关系不大，而与实验产生的数据关系更大。判断实验设计成功的标准为是否能获取支持特定决策的数据集，没有获得数据集的项目是失败的。指南强调收集数据的唯一原因是为了支持数据分析，实验者需要判断对决策者和利益相关者最有用的数据，收集实验所需的数据而不是收集容易收集的数据。指南中还提出最可靠的数据收集方式是自动收集，即由用于驱动实验的系统或操作者的系统收集和储存数据。

三、几点认识

（一）作战实验是美国推进军事创新的主要方法

新一轮科技革命、军事革命加速发展，新技术、新概念快速兴起，以智能化为方向的新一轮世界军事变革，总体呈现加速发展态势。《作战实验指南》中强调了美国《国防战略》提出的观点，即“成功不再属于首先开发新技术的国家，而是属于更好地整合新技术并调整作战方式的国家”。大国竞争时代，美国对军事创新的迫切需求，需要作战实验这种新型能力开发方法，开展概念开发、原型设计及兵力开发，实现“概念－技术－能力”的快速迭代，推进先进技术快速向战场转化，提高在必要时与战略竞争对手打赢战争的能力，谋求智能化时代的绝对军事优势。

（二）美军作战实验理论方法、关键技术和基础设施将迎来新一轮变革

美军将作战实验领域的竞争视为智能化战争的超前较量。随着大数据、人工智能等新一代技术的发展，以无人化、智能化为标志的军事变革即将到来，战场空间越来越呈现跨域、多域、全域的特点。孤立单域的作战实验环境难以满足跨域、多域、全域作战的需求，无法开展真正面向联合作战的实验验证。而面向人工智能、自主系统的不确定性、涌现性和未来战场的复杂性，传统实验方法也难以满足无人化、智能化作战实验要求。可以预见，美军将迎来智能化作战实验理论方法，以数字孪生、增强现实/虚拟现实、LVC、元宇宙等为代表的关键技术，以及未来靶场等基础设施的新一轮变革。

（中国航天科工集团第二研究院二〇八所　张丽平　韩妍娜）

美国《推演、演习、建模仿真》报告解读

推演、演习、建模仿真（GEMS）工具具有广泛性和不同的适用性，在数字工程、训练、实验和演习、战役建模与分析，以及战略博弈等领域已成为重要支撑工具和能力。随着众多领域的技术进步（如高性能/高效能计算、人工智能/机器学习、大数据、5G、云、扩展现实、军事物联网等），美国国防部实践了大量卓越和创新的GEMS项目。在当前大国竞争的新时代，美国国防部（和美国政府）面临着复杂的选择，需要进行适当的分析与选择，同时迫切需要在决策过程中处理更快速和需要敏捷性的多方需求。为了跟上竞争对手的步伐，并有效地应对当前和未来从行政管理到作战等各方面所要面临的威胁与挑战，以美国为代表的仿真优势国家一直持续对GEMS工具进行深化研究与应用，以显著提升其能力。

一、推演、演习、建模仿真简介

GEMS工具提供了一种经济高效和创新的方法，用来测试新的想法和概念、新系统的设计和原型、模拟军事行动、进行地缘政治分析，并提供训

练，从而提高作战人员的战备状态和能力。为此，2018 年 1 月，美国国防科学委员会专门成立了 GEMS 工作组。该工作组的任务是审查美国国防部在使用 GEMS 工具方面的实践现状，并提出改进 GEMS 工具的建议，以充分发挥其在国防部企业范围内从行政管理到作战等各个方面的潜力。在当今高度竞争的战略环境中，同时伴随着愈演愈烈的大国竞争，GEMS 工具也将变得越来越重要，技术进步使该工具比过去具备更加强大并将能发挥更大的作用。2021 年 2 月，美国国防科学委员会发布了 GEMS 最终报告。

二、美国推演、演习、建模仿真报告内容简介

虽然美国国防部实践了大量卓越和创新的 GEMS 项目，但美国国防部仍缺乏必要的项目集成方法、配套资源和后继人才，无法从 GEMS 项目中获得全部收益，特别是从中获得的经验教训还未有效地整合到高级领导层关于国防需求和采办项目决策机制中。同时，考虑到 GEMS 工具的广泛性及其不同的适用性。该最终报告选择将重点放在 5 个广泛的应用领域（数字工程、训练、实验和演习、战役建模与分析，以及战略博弈）以及两个交叉主体领域（使能技术、管理）开展研究，并对它们之间的相互依赖性进行研究（图 1）。

（一）数字工程

美国国防部经过十多年的基础支撑技术建设，如工程弹性系统（ERS）、计算研究与工程采办工具和环境（CREATE）以及数字系统模型（DSM）计划等和先导项目验证的试点应用，并发布了“数字工程战略”。美军正将数字工程融入所有事务流程，主要通过基于模型贯穿于装备全生命周期与全价值链的数字主线技术，以及基于虚拟世界构建真实装备虚拟

模型以达到扩展装备新能力的数字孪生技术，以使全生命周期内的所有相关事务（如升级改造、维护保障等）都变得“事半功倍”且花费更少。因此，数字工程为美国国防部充分利用 GEMS 工具并能够有规模地、有效地生成作战能力提供了必要的基础，且已经采用数字工程的组织获得了相当可观的收益。美国强烈建议在各企业中加速推广数字工程。此外，数字工程依赖于在所有工程活动中均按照严格规程使用已验证的工具以及具有权威来源的数据。这需要美国国防部投资必要的基础设施，从而在一系列工程任务中实现更高程度的自动化。

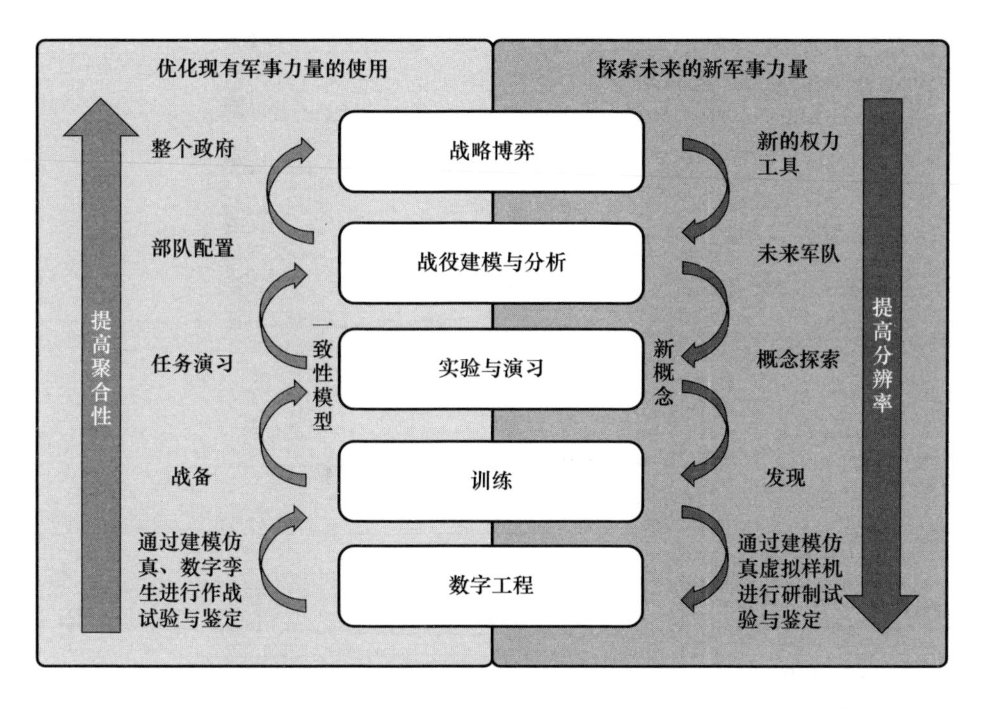

图 1　GEMS 应用领域示意图

（二）训练

各军事部门训练能力的生成长期受益于 GEMS 工具和其他创新工具的使用，这些工具推动了几十年前开始的第一次训练革命，为美国取得军事优势做出了重大贡献。而随着仿真、建模、虚拟现实和人工智能等技术进步的推动，军事部门正在进行第二次训练革命，并且联合部队训练也需要实现能力转型。为此，军事部门应将精力更为集中在使其训练更具联合性，更能代表“我们将如何作战”，并确保军事部门之间支持联合训练所需的网络连接上，以此构建强大的全域联合训练能力。同时，持续加强分布式训练能力，确保在主要训练中心能够提供高质量训练的特定模拟仿真能力，同时在原驻地即可对这种训练进行操作。未来，实现各军种的跨域协同作战需要在数年内执政的领导层持续推进来实现这一能力目标，并提供充足的资源。

（三）实验和演习

美国国防战略委员会的报告呼吁“通过实验、演习和训练来实现战略优势的新作战概念”。美国国防部必须在联合军事部门/合作伙伴层面上振兴基于概念的实验，以应对来自竞争对手的长期挑战。作战实验是世界各军事强国研究战争、设计战争、驾驭对手、抢占先机的有效手段。未来军事转型，更加注重运用作战实验的方法进行战争设计，实验目的从装备层面的作战试验与评估转向作战概念/能力的开发实验。联合概念实验采用基于战役的方法，以更快地迭代产生新的作战方式，并结合新的能力来应对未来作战可能面临的各类挑战。

（四）战役建模和分析

当前美国国防部使用的战役模型在关键领域存在不足，一般仅用于指导对军事部门的投资决策，无法给决策者提供关于战争的快速分析能力。同时，美国国防部领导层对战役建模的置信度认知存在差异。未来，美国国防部应将重点放在开发补充性战役分析，并建立更为简单、高实时性的定性/定量模型，增强对这些工具有用性的认知，同时投资基于人工智能和机器学习等领域技术进步的下一代战役建模能力，并为决策提供支持。还应大力开发基于规划场景想定的联合作战概念，以推动战役建模和分析，并为资源分配提供信息支持。

（五）战略推演

20 世纪 80 年代，美军先后建立了众多专业推演机构，并建立了 19 个兵棋实验室，各军种均有专门推演管理机构。此外，美国知名智库如兰德、海洋分析中心、战略与预算评估中心等也拥有自己的推演平台。在冷战期间，美国曾充分利用战略推演技术，在长期的分析区间内进行了“行动 – 反行动”评估。2019 年 4 月，美国海军陆战队战争学院战略研究所已开展兵棋推演的教学，采用 GMT 公司开发的“下一场战争”系列战略推演系统。

但是，当前的战略推演仅聚焦于短期威胁上（如恐怖主义），对于长期威胁已较少关注。目前，美国正与经济、科技能力能与之匹敌的大国进行博弈，因此需要重新审视战略推演技术。利用新技术对战略推演能力进行分析、发展和重建，以更好地理解地缘政治变化、对手目标以及对手在大国竞争时代对美国所采取行动和举措的潜在反应。还应利用当前技术进步的机会（包括社交、金融和通信网络的算法分析、因子树、定量建模和分布式博弈技术）开发新的博弈推演工具，以更有效地支持战略推演。在与大国竞争对手的有效竞争中，美国国防部需协调整个政府的支持，应带头将战略推演推广到美国政府的相关部门。

（六）使能技术

GEMS 工具的发展受益于许多领域的技术进步（如计算能力提高、人工智能/机器学习），其中最重要的是仿真引擎和合成环境技术。商用仿真引擎可以加速 GEMS 工具的开发，强鲁棒性的合成环境可以增强数字模型的实用性。目前，Unity3D 引擎已经广泛应用于可视化开发和实时三维动画，建筑可视化，虚拟现实、增强现实技术开发，科学实验，军工医疗等领域。

虚拟引擎是由游戏公司EPIC开发，最新版本的虚幻4系列为开发者提供了大量的核心技术、数据生成工具、贴图工具、发布工具和大部分推演制作的基础功能支持。VT MAK公司VR Engage1.0多角色虚拟仿真器，可作为角色扮演工作站、教官辅助设施、桌面模拟游戏独立运行，甚至可进行虚拟现实头盔体验，并通过开放标准与第三方计算机生成兵力系统实现完全互操作。这两项技术已在美国国防部众多组织得到广泛应用，未来将构建可重用的基础设施，以在降低成本的同时加快技术进步。同时，还需充分利用数据分析来生成大规模的事后报告，将有助于从推演、实验、演习和原型系统设计中实现最大价值。

（七）管理

为使GEMS工具在国防领域充分发挥作用，需要推行一种持续的、自上而下的领导和管理方式，鉴于整个国防部需要进行必要的文化和技术变革，因此必须建立一个更加协调一致的治理结构，以促进GEMS工具的互操作性和可重用性，并建立由拥有适当权限和资源的高层领导人领导的治理结构，以指导国防部建模仿真能力建设。

在当前高度竞争、充满不确定性的国家安全环境中，需要一个强大的GEMS工具包来为国防部的决策提供支持。同时，国防部的高级领导层必须负责提供长期的规划、支持和持续资源，以实现所需的变革。如，需要召集美国国内各军事部门的成员为18个月内最具影响力的技术制定标准规范，并推广工具应用；投资并维护参考模型库以及仿真推演的基础设施，在高层领导的直接领导下重组国防部建模仿真管理部门等。该报告为美国国防部提供了一个路线图，通过充分利用GEMS工具，实现更好的决策、更明智的演习和实验，并最终形成更强大的军事力量。

三、报告解读

纵观GEMS报告，美国目前高度重视GEMS工具和能力建设，已在数字工程、训练、实验和演习、战役建模与分析以及战略推演等诸多领域研发、应用与实践其工具和能力，以获得制胜的军事优势。

（一）以需求为牵引推进数字工程实施

数字工程是实现敏捷采办、快速迭代、夯实工业基础、促进制造业变革的关键途径。美军结合新一代试验、训练及仿真支撑环境与平台等建设需求，联合工业界和学术界优势力量开展相关研究和论证工作，通过引入数字模型、数字主线以及数字孪生等创新技术，实现从产品设计、制造、试验到维修保障全过程的数字化，将产品创新、制造效率和有效性水平提升到一个新的高度。同时，外军通过投资建设数字工程基础设施，开展试点项目、工程与应用，持续推进数字工程迭代演进，以构筑更为庞大、线索交错的复杂数字生态系统。

（二）构建更逼真的沉浸式虚实平行战争训练环境，以发展跨域联合训练能力

美军正从以平台为中心的作战转变为更加一体化、以任务为中心的训练方法，并具备分布式任务训练的能力。军方领导层希望各军种使用的各种模拟训练环境能够协同工作，跨域联合训练解决方案成为各军种应对未来挑战的必备工具。例如，美国国防部在军用建模仿真领域的最终目标是创建统一的LVC仿真集成架构（LVC－IA），通过将不同地理位置、孤岛式特定任务模拟器和仿真工具组成综合系统体系，在统一、合成的训练环境中提供网络化、集成和互操作的实时交互式仿真训练。2021年跨军种/行业

训练、仿真与教育会议上30多家参展商展示由虚拟引擎驱动的仿真应用程序，使用高逼真度、动态内容填充虚拟世界来构建更逼真的沉浸式虚实平行战争训练环境，以满足国防客户不断增长、永不满足的需求。

（三）军事概念与作战行动模型综合，提升战役建模和分析能力

战役模型需要综合考虑战役中敌我双方的兵力装备、作战行动、指挥决策和战场环境等，推演整个或阶段作战过程，具有参战力量众多、作战规模较大、体系对抗激烈、作战关系复杂、作战样式丰富、指挥决策重要等特点。由于战役建模的工作量极大，需要军方组织各领域专家协同工作。在构建战役模型总体框架后，由各领域专家、各级指挥员与参谋人员进行军事概念建模，同时各军兵种与业务领域的一线指挥员进行基本作战行动建模，采用具有统一建模规范的建模语义和语法，以及少数典型战役样式作为突破口，逐步扩展到其他战役样式，协调各局部与局部、局部与总体之间的关联关系，确保所建立模型的一致性与完备性。最后，根据规划场景想定开发联合作战概念，以推动战役分析和资源分配。

美国弗吉尼亚大学研究人员提出了一种基于多分辨率建模技术的战役建模方法，旨在解决分布在不同层次上的大量实体高效运行以及相关信息的正确交互问题。美国负责研究和工程的国防部副部长和DARPA拟建立新的研究项目，对包括人工智能/机器学习等技术和工具进行投资，以实现下一代战役建模能力的生成。

（四）重视使能技术进步以实现最大化价值

目前，仿真引擎的开发工作基本依赖于外军几家大型的游戏公司，Unity仿真引擎、虚拟引擎是典型代表。美军重点关注将各类模型、库（模型、纹理、音频库、地形图、行为模式等）和推演作为可重用资产进行维护，并关注仿真引擎关键技术的进步。同时，重视基于仿真引擎的合成环境开发。Unity 仿真软件已实现自动处理地形数据以更快的速度模拟现实世界。南加州大学的创新技术研究所快速集成和开发环境就以 Unity 作为其仿真核心，以支持美国国防部仿真计划（包括单一世界地形项目），对各种想定和技术应用全自动地形数据管道概念和自动分类地形数据等工具实现快速原型化设计。该研究所已实现了用于任务准备的“现实捕捉”，概念示例是与洛克希德·马丁公司合作为美国海军陆战队开发的战术决策工具包。

四、结束语

众所周知，仿真科学技术活力的一个来源，是因为其不断融合来自计算机科学、软件工程、计算机网络、系统工程、自动控制、图形图像、多媒体、虚拟现实、人工智能、运筹学和工程管理等众多学科的新方法/技术。随着众多领域的技术进步，为推演、演习、建模仿真（GEMS）的发展提供了更多的机遇和空间，以美国为代表的仿真优势国家持续关注其发展与演进，其工具将进一步得到拓展应用，其能力将进一步得到提升，所产生的影响和驱动力将加速推进军事各领域的发展与应用。

（北京仿真中心航天系统仿真重点实验室
刘晨　谢宝娣　蔡继红　陈秋瑞　梅铮　李亚雯）
（中国航天科工集团第二研究院二〇八所　李莉）

美军联合全域指挥控制概念及作战实验发展浅析

2018 年，美国国家安全与军事战略发生重大调整，为应对未来大国高端对抗，美军认为必须在各军种和各作战域开展一体化协同作战，通过跨域无缝的指挥控制产生高效的进攻和防御效果。为此，2019 年美军提出建设联合全域指挥控制（JADC2）概念，旨在把各军种指挥控制系统连接成一体化指控网络，在所有作战域之间实现迅速、无缝的信息交流。2020 年，美军从作战条令、系统研制、技术开发和演习试验等各个层面积极推进联合全域指挥控制能力建设，并取得多项突破。

一、美军联合全域指挥控制发展背景

美军认为，信息获取与处理能力在未来作战中发挥至关重要的作用，为应对中国、俄罗斯这样的均势对手，美军需要一种跨军种和作战域的高效信息共享与分析决策能力，支持联合全域作战。美军认为目前使用的指挥控制手段已经丧失优势，主要体现在三个方面。

一是难以实现战场态势感知数据的跨域集成。美军当前的跨域态势感知能力依赖于数量相对较少的昂贵高科技专用系统，不支持在所有作战域充分地交互和数据融合，各军种之间缺乏简便安全的数据共享机制。

二是难以实现跨军种的一体化指挥控制。美军现行跨军种远程目标选取和火力支援过程中，军种之间需要通过持续监控大量基于互联网的多线程沟通程序，再手动将数据转移或输入至军种各自的系统中才能完成任务，这一过程耗时长且易引入人为错误。

三是难以应对未来作战的高速度和复杂性。美军认为当前指挥控制系统的新技术引入程度和速度不足以应对未来高强度、高速度、体系化对抗，如美国国防部“行家”（Maven）智能情报分析系统在应用中需要由专人在每个任务站点安装算法，在算法更新后又需要再次重新安装。

为解决以上问题，美军2019年提出发展联合全域指挥控制能力，集成连接各军种、各作战域的传感器、决策节点和武器系统，支持美军真正实现联合全域作战。

二、美军联合全域指挥控制内涵特点

联合全域指挥控制由美军联合参谋部指挥、控制、通信、计算机和网络部门（J－6）于2019年提出，旨在将美军所有传感器与射手近实时地连接起来，使各军种内部、军种之间以及美军与盟军之间，在陆、海、空、天、网各个作战域，能够无缝通信、协调一致地开展军事行动，核心是使用“全新架构、相同技术”，连接“每一个传感器，每一个射手”，构建面向无人化智能化作战的“网络之网络”，是“后网络中心战”时代美军指挥控制体系的一次巨大飞跃。

核心愿景是将所有分布式传感器与射手近实时地连接起来，遂行跨越所有域的指挥控制。联合全域指挥控制聚焦实现跨军种的无缝“机器－机器”消息转换与通信，从线性、静态和烟囱式的杀伤链向基于所有作战域互联网络的杀伤网演进，使各军种能够灵活调用非自身建制的传感能力，并极大地拓展和丰富了单一军种的打击选项，显著加快 OODA 环，降低目标选取的失误率。

实现途径是利用信息优势产生支持联合全域作战的相对优势，比对手更快地将决策转化为行动。联合全域指挥控制通过分布更广泛的情报收集和处理平台使决策者了解来自不同领域的数据之间的相互关系及其对联合部队活动的影响，从而大大改善 OODA 环中的感知和判断阶段。同时，采用具有多个同步路径的新型通信结构取代传统高度集中的通信节点，实现信息发布扁平化，获取信息优势，进而形成联合全域作战的相对优势。

任务式指挥是执行联合全域指挥控制的有效策略。即使是强大的联合全域指挥控制也无法保证高级别指挥官能够在高对抗环境中持续对战术边缘提供反馈与指挥。实现联合全域作战需要在更大范围内分散执行指挥官意图、更多地下放指挥权限并且更少地依赖对任务的集中规划和指导。任务式指挥、任务型命令和否定式指挥都是执行联合全域指挥控制的有效策略。

三、主要实验

2019 年下半年起，美军联合参谋部、各军种均不遗余力地推进联合全域指挥控制发展，从组建联合跨职能团队到在各军种全面推广训练，再到各军种纷纷在技术与系统装备层面上联合研发、测试各项有可能成为联合全域指挥控制基础的跨域指挥控制与作战管理能力，均体现了美军在联合全域指挥控制概念的指导下进一步深化指挥控制领域的跨军种联合。

（一）空军主导作战实验

2019 年 11 月，美国联合参谋部授权美国空军将“先进战斗管理系统”（ABMS）作为联合全域指挥控制的核心技术架构，陆军、海军、海军陆战队、太空军、网络空间部队分别在多域作战、海上分布式作战、远征前进基地作战等军种概念的框架下，寻求与空军建立联合网络，在共同推动联合全域指挥控制概念发展的同时，实现自身作战概念、指挥控制系统与联合全域指挥控制的充分融合。

美国空军“先进战斗管理系统”是以网络为中心的分布式、互联、协同的综合系统，集成和融合来自五代战斗机、驱逐舰、无人机、太空系统等各个作战域的传感器数据，通过人工智能、自动信息融合等前沿技术，绘制战场统一图景，为联合作战部队提供先进、有效的地面和空中目标指示及多域作战管理与指挥控制能力。2019 年 12 月，该系统进行首次实地测试，成功展示了陆、海、空多种作战平台快速共享模拟巡航导弹袭击相关数据的能力；2020 年 8 月底的第 2 次试验，验证了基于安全云的多域态势共享以及基于人工智能的指挥控制应用，作战域扩大至包括太空和网络空间；2020 年 9 月中下旬的第 3 次试验是在美国本土外的首次大规模联合演习；第 4 次试验于 2021 年 2 月底进行，这是“高速公路匝道”技术演示活动首次纳入非美国军事力量，此次活动的空战场景为美国空军 F－15C 战斗机掩护 F－15E 战斗机飞抵波罗的海海域，随后发射 AGM－158“联合空地防区外导弹”；2021 年 7 月 8 日至 28 日进行了“先进作战管理系统”（ABMS）第 5 次“架构演示与评估”（ADE）演习实验，旨在整合商业技术以实现决策优势。

（二）美国陆军主导作战实验

美国陆军稳步推进“战术情报目标接入点”（TITAN）和“会聚工程”（Project Convergence）联合实验，整合陆军大量分散战术地面站和传输设施，综合利用太空、空中、地面传感器，直接向火力网提供目标数据，并利用人工智能和机器学习技术对海量数据进行筛选处理，使作战人员能在战场上快速做出决策。2020 年 7 月，美国陆军于“会聚工程 -2020”中成功演示了利用太空传感器支援地面火炮实现远程精确打击，显示了“美国陆军在战场任何地方及时准确地开火、打击和摧毁时敏目标的能力”。2021 年10 月12 日至11 月10 日，美国陆军开展“会聚工程 -2021”（PC 21）作战实验，通过模拟七大在印太地区的第一岛链和第二岛链执行任务的场景，验证挫败对手“反介入/区域拒止”能力、推动联合全域作战概念发展的新型作战技术。前 3 个场景将涉及联合部队，而其余 4 个场景将以陆战为重点。

（三）美国海军主导作战实验

美国海军和海军陆战队已经通过“分布式海上作战”和“远征前进基地”作战概念明确了联合全域指挥控制的需求。这些概念构想了一个由舰船、潜艇、飞机和卫星组成的分布式网络，将传感器和射手连接起来，使舰艇能够向自身雷达看不到的目标开火，实现军种内不同武器平台之间的协同。2020 年，美国海军提出“对位压制工程”（Project Overmatch），旨在设计一个能连接武器和传感器的战术数据网络；并与美国空军签订握手协议，就联合开发联合全域指挥控制达成共识。“对位压制工程”的关键是开发网络、基础设施、数据架构、分析工具，以支持使用有人和无人系统实现持续海上优势的作战和开发环境。2021 年 4 月 19 日至 26 日，美国海军开展了“一体化无人作战问题 21”演习。演习期间美国海军集结大量有人、无人装备，验证作战部队如何使用无人机、无人水面艇和无人潜航器支持有人舰队。

四、几点认识

总体上看，在美国国防部高层强力推进与各军种通力配合下，依托技术进步和持续创新，美军联合全域指挥控制体系进展超乎预期。目前，联合全域指挥控制已进入军种条令的初步拟制阶段，正进行大规模的先期技术研发和作战演示验证，预计2022年前后实现部分关键技术部署，2027年前后形成初始运行能力，2035年前后形成完全运行能力。综合研判，联合全域指挥控制将会是美军近年来提出的军种思想最统一、推进速度最快、威胁最大的联合概念之一。

（一）联合全域指挥控制的提出与发展具有独特时代背景

联合全域指挥控制的概念内涵与网络中心战没有本质上的区别，但也并不是对于网络中心战的简单延续或重复，而是具有独特时代背景的。一是网络中心战在实践过程中面临诸多困境。战场现实环境的诸多约束（如带宽资源始终稀缺、数据处理能力大多有限、信息与指令传输必须分层等）让战场网络始终无法满足这一前提条件。二是联合全域指挥控制明确立足大国竞争的现实需求。竞争对手的先进传感器、电子战系统、无人系统、网络空间作战系统等不断发展，给美军的战场控制力带来巨大挑战。三是新型作战域的出现直接驱动了联合全域指挥控制的提出。随着战争形态的演变，军事力量的作战域已从传统的陆、海、空扩展至太空和网络空间，联合全域指挥控制将把太空、网络空间纳入统一的规划周期。四是联合全域指挥控制的发展得益于前沿技术的快速进步。当前，人工智能、云计算、

5G 等前沿技术的快速发展，为联合全域指挥控制奠定了坚实的技术基础。

（二）联合全域指挥控制的组织管理模式与其他作战概念有所不同

由于联合全域指挥控制的代表项目，如“先进战斗管理系统”等，不是传统意义上的单一大型采办项目。为此，美军采取了不同于以往的组织管理模式来推进联合全域指挥控制概念落地。一是重视快速原型系统的开发。如美国空军通过将整个项目开发分成较小的增量，由多个承包商更频繁地竞争合同来促进创新和技术择优；通过使用可负担的商用产品及最佳商用实践来降低成本和技术风险。二是实现“边干边试边用边改”的快速迭代式演进发展。美军对备选技术与产品以及创新性解决方案进行测试，在较短时间内确定哪些需要提高、改进、立即投入使用或直接淘汰，加快迭代更新。三是各军种配合度较高。与以往的“多域作战”“分布式作战”等军种提出的作战概念不同，联合全域指挥控制作为美军顶层提出的概念，得到了各军种的积极响应。

（三）联合全域指挥控制将给美军联合作战能力带来大幅提升

基于联合全域指挥控制，美军未来可获得以下作战优势：一是全域全维信息融合能力。联合全域指挥控制聚焦实现全域无缝“机器 – 机器”消息转换与通信，使各军种能够灵活调用非自身建制的传感能力，形成及时、精确、统一、全域的通用作战图。二是智能主导态势认知能力。决策者能够清晰洞察多域数据之间的相互关系，以及对联合部队行动的影响，极大改善 OODA 环中的感知和判断环节。三是“人在回路上”的高效智能决策。利用人工智能、机器学习等前沿技术，借助持续的信息优势和信息共享，通过任务式指挥，加快决策和多域行动速度。四是按需聚合、智能控制。美军各军种无人作战系统通过在共用“武器池”统一注册，实现身份认同和敌我识别；在对抗作战环境中，根据作战任务可在广域战场空间按需聚合；通过综合运用人工智能、自主性技术等进行人机协作、自主决策，实现智能控制。

（四）联合全域指挥控制的发展仍面临许多挑战和难点

美军要创建一个真正的联合全域指挥控制网络，消除武器系统之间的冲突，并开发一个真正趋同的一体化攻击解决方案是一项艰巨的任务，实现跨军种的联合协作能力还有相当漫长的过程。一是需求范围不明确。如美国空军到目前为止还没有确定的标准化需求，只是非正式地确定了一些广泛的要求。二是面临如何实现开放式架构的挑战。在国防领域，企业必须满足严格的安全标准并保护知识产权，因为共享知识产权可能会给竞争对手带来优势。三是军种之间的利益争夺永远存在。军种之间的利益争夺是美军的顽疾，这个顽疾在海湾战争后就已经被认识到，美军以“武士 C^4I”计划、全球信息栅格计划、联合信息环境计划等整合陆、海、空三军信息系统的努力，都不尽如人意，联合全域指挥控制目标是整合陆、海、空、天、电、网六大领域，面临的困难只会更严重。

（五）联合全域指挥控制在技术机理上存在固有作战弱点

从战术上说，“跨域协同”是联合全域作战的要点，但同时也存在固有的作战弱点，主要体现为：一是全域联通能力难保障。杀伤链闭环对通信网络依赖程度较高，一旦遭到干扰或破坏，失去相应信息支持，对战斗力的影响将会比较严重。二是多域作战行动难同步。联合全域指挥控制需要跨域连接各类作战平台，各作战域资源在规划周期和使用等方面差异很大，达成各作战要素的无缝衔接，其构成复杂、功能要求高、建立运维难度大。三是面临网络安全风险高。美军国防信息系统网不具备针对大型复杂网络的持久监视、威胁响应和一体化安全管理能力，基础设施存在易受攻击点；商用公司被引入项目研发中，也将导致系统中出现大量安全风险点。四是人工智能的可信度存疑。未来人工智能和无人系统大幅应用后，由于数据体量、计算速度的无限上升，机器可能会脱离人类控制，致使战争无序化发展。

五、结束语

美军联合全域指挥控制着眼于大国竞争，致力于改变各军种各自为政的指挥控制模式，提升联合作战规划和执行中的全域融合程度，将催生新的分层、分级的任务式指挥决策模式，牵引指挥控制系统进一步向分布式、模块化和智能化发展，是美军试图维持其全球军事绝对领先地位的杀手锏。但创建一个真正的联合全域指挥控制网络，消除武器系统之间的冲突，实现跨军种的联合协作能力还有相当漫长的过程，需针对其发展开展持续跟踪研究。

（中国电子科技集团电子科学研究院　李硕　方芳　李祯静）
（中国电子科技集团第二十八研究所　李晓文）

美国空军“敏捷战斗部署”概念及实验验证分析

2021 年 12 月，美国空军发布了《敏捷战斗部署》条令说明 1－21，对“敏捷战斗部署”概念进行了详细阐述。近两年，美国空军进行了大量发展“敏捷战斗部署”概念的作战实验，通过这些实验，美国空军逐步实现了“敏捷战斗部署”中，在前沿简易机场作战、在没有成熟支援网络的环境中起降战斗机、在简易机场对战斗机进行快速弹药重装和加油、C－130 运输机与第五代机整合、无人机参与作战、与其他军种合作等能力，并对“敏捷战斗部署”概念进行了进一步论证。

一、基本情况

“敏捷战斗部署”是一个支持联合全域作战的作战概念。反介入和区域拒止威胁、降低的机动自由以及先进技术的快速扩散挑战了美国空军的作战能力。“敏捷战斗部署”可使美国空军在所有作战域内进行观察、定位、决策和协调行动，从而实现行动自由，并减缓对手行动速度，使对手的应对手段复杂化或无效化，使联合部队能够在对手的决策周期内进行作战。

（一）提出背景

美国空军自成立以来就肩负着向全球投射战斗力的任务。从历史上看，美国空军主要在美国大陆和海外空军基地进行部署，并执行作战任务。然而，自冷战结束以来，空军基地显著减少。空军目前拥有33个永久性海外空军基地，比二战期间的93个空军基地减少了65%。这一削减使空军在投射力量方面面临挑战。与此同时，其对手在情报、监视和侦察以及全域远程火力方面的技术进步，使空军基地面临的风险大大增加。此外，财政和政治限制也阻碍了新永久性空军基地的建立。

为应对这些挑战，美国空军引入了“敏捷战斗部署”概念。2015年9月，美国空军发布《空军未来作战概念》，将“作战的敏捷性”作为其2035年前的发展核心，为“敏捷战斗部署”概念的形成提供了发展内核。2016年5月美国空军发布《空中优势2030》，表示“空军必须寻求与联合部队协调的能力，以投送、保护和维持能够在非许可环境下进行作战的部队”。“敏捷战斗部署”概念就是由《空中优势2030》中提出的“自适应基地”“不受限作战”等概念发展而来，并于2017年开始进行验证。

（二）概念内涵

美国空军《敏捷战斗部署》条令说明1-21对“敏捷战斗部署”概念定义为：在威胁时限内执行主动和响应式机动作战方案，以增加弹性和生存能力，同时在综合威慑过程中产生战斗力。

要实现“敏捷战斗部署”需要构建远征和多能型空军，以及可定制的部队组合。远征和多能型空军要求空军必须关注在主要作战基地之外作战所需的远征技能，能够在对抗性、降级、作战受限的环境中进行作战，领导者通过训练空军执行分布式作战任务来降低部队风险，提高生存能力及战斗力。可定制的部队组合要求部队组合可定制，并有能力在不同的作战地点执行任务，部队结构必须能够增强敏捷性，同时需权衡任务和部队的风险。

为有效实现联合部队指挥官的目标，“敏捷战斗部署”需要重新审视各种使能系统，包括：指挥控制、后勤、反小型无人机系统、防空和导弹防御，以及进攻与防御型太空和网络能力。

（三）制胜机理

“敏捷战斗部署”着眼于将美国空军从在各空军基地的大型机场集中部署作战飞机的传统模式，转变为在更多、更分散的机场分布式部署少量作战飞机的模式。因此需要作战飞机可以在条件更为简易的机场进行起降，并要求飞行员等非传统维护人员具有多任务能力，即能够为作战飞机执行加油、装弹、维护等任务，以增加可令作战飞机起降的基地数量，并使作战飞机能够快速重返战斗。

“敏捷战斗部署”是对能力、人员、武器、基地、后勤和基础设施进行合理整合、分配后的产物，可为美国空军提供全球部署、开始行动和维持主动性的能力，提升作战体系的抗毁伤性、机动性、灵活性。如果使用得当，“敏捷战斗部署”会使敌人的瞄准过程复杂化，给敌人造成政治和行动上的困境，并为友军创造灵活性。

二、主要实验进展

美国空军将“敏捷战斗部署”概念被视为预置装备及开展应急作战的未来发展方向，进行了大量验证、发展，以及支持这一概念的实验。

（一）构建远征和多能型空军实验

2020 年 2 月，美国空军第 18 联队的飞行员进行了“敏捷战斗部署”培训，训练了弹药重装、战机加油及临时基地搭建等能力；2020年5月，美国空军在德国拉姆施泰因空军基地模拟了“敏捷战斗部署”概念中的作战场景，即战斗机在没有传统维护人员的情况下，降落在前沿基地并快速返回战斗。

2021年2月，美国空中机动司令部举行了“马赛克虎”演习。该演习在模拟的部署环境中测试了“敏捷战斗部署”概念，以训练能够适应未来、具备多种能力的空军人员，以强化战备，并加强对联合作战人员和空中作战司令部的支持。

2021年3月，美国第四战斗机联队举行了“剃刀利爪”演习。演习中，飞行员进行了“多能力飞行员”队伍演练，包括学习如何完成他们主要专业领域之外的任务，以及创建一个动态、跨职能的团队来提供战斗支撑。“多能力飞行员”可提供符合“敏捷作战”概念的全球作战指挥官。

2021年9月，在美国空军第556试验鉴定中队使用MQ－9无人机演示了在有限的地面支持条件下执行任务的能力。此次实验证实了MQ－9无人机“敏捷战斗部署”“栖息”（perch）概念的可行性。该概念旨在进行小规模维护、快速加油和快速重新装填挂载，这种能力将使后勤团队摆脱臃肿的后勤链条。

2021年10月，为贯彻“敏捷战斗部署”概念，美国空军F－22与F－35的支援保障人员熟悉了对方飞机的相关操作，学习了出库、回收和加油等程序。本次训练的重点不是基地到基地间的装备转移，而是培训作战人员面对的前沿战斗困难环境的能力。

（二）构建可定制的部队组合实验

2017年2月，美国太平洋空军首次验证了“敏捷战斗部署”概念。在此行动中，2架F－22“猛禽”战斗机从阿拉斯加部署到澳大利亚廷达尔皇家空军前沿作战基地，再到规模更小的汤斯维尔皇家空军基地。期间只有一架 C–17 运输机伴飞，并在降落后利用机翼上的油箱为 2 架 F–22“猛禽”战斗机加油。一名 F–22“猛禽”战斗机飞行员乘坐 C–17 运输机，负责与夏威夷珍珠港–希卡姆基地的空中行动中心保持通信。

2021 年 2 月，美国空军在兰利–尤斯蒂斯联合基地进行了“敏捷战斗部署”概念演习，完成了 C–130H 运输机为 F–22 战斗机提供补给和维护的能力整合，此次演习是 C–130 系列运输机和第五代战斗机之间的首次合作。同月，美国空军与意大利空军进行了“敏捷战斗部署”演练，美国空军 F–16 战机、KC–135“同温层”加油机，与意大利空军 F–35 战斗机、“台风”战斗机一起进行了训练。

2021 年 10 月，美国空军进行了“城堡锻造”演习。美国空军 KC–135 加油机为美国空军 B–1B 轰炸机、MC–130J 特种作战飞机和挪威空军 F–35A 战斗机提供空中加油支持。F–15E 战斗机与保加利亚空军米格–29 战斗机合作执行了战斗机机动、战术拦截等多种复杂战术场景下的训练科目。演习检验了如何做到快速分散部署，并在后勤支持水平不同的各个地点生成战斗力，以及如何提升危机时期的综合反应能力，确保美国空军能随时应对潜在威胁等能力。

2021 年 11 月，美国空军 B–52H 和 B–1B 轰炸机与英国空军“台风”战斗机、F–15D 战斗机、F–15E 战斗机、KC–135 加油机开展“轰炸机敏捷战斗部署”演习。演习内容包括使用常规和精确制导弹药打击空中、陆地和海上目标，以及互操作演练。

2021 年 12 月，美国空军与海军联合开展了“轰炸机敏捷战斗部署”演习。此次演习重点演练两方面内容：严峻环境中的作战能力，以及支持海军作战，协调空海作战方式。演习中，一组轰炸机将被派遣到一个形势严峻的地区，并确保能够自给自足，可投入战斗。此外，轰炸机不仅可携带空军自己的武器，还可携带海军的 MK 62 快速打击水雷，用于支持海军作战。

（三）综合实验

2021 年 5 月 3 日，美国驻日空军的飞行员以及美国海军陆战队于嘉手纳空军基地进行了“敏捷战斗部署”演习，旨在提升嘉手纳空军基地 F-15C“鹰”战机和三泽空军基地的 F-16“猎鹰”战机补给过程的整体效率，以及空军和海军陆战队之间的互操作性。来自第 18 联队第 44 飞机维护部队的多机组飞行员负责迅速建立一个前方操作站，用于人员的住宿和与飞机的通信。海军陆战队为这次任务和空中优势的投射提供了直升机应急加油系统。

2021 年 5 月，美国空军开展了“机动卫士 2021”演习，旨在开发兵力，构建全频谱战备就绪状态，为在竞争、降级和作战受限的环境中进行战斗增加额外的复杂性。该演习为 1500 多名机动飞行员提供了一个逼真的训练环境，训练其提供快速全球机动的技能。此外，此次演习的特色是实验空中机动司令部首个大规模集成前沿概念。演习在使用新的战术数据链能力的同时，练习和开发支持“敏捷战斗部署”和“任务类型命令”的新战术，并在有限的沟通条件下做出决策。

2021 年 7 月，“太平洋钢铁 2021”期间，战斗机、机动性飞机、飞行员和所需的支持设备在关岛的安德森空军基地、安东尼奥·汪帕特国际机场、西北机场及天宁岛的天宁国际机场，参加可支撑“动态兵力部署”概念的“敏捷战斗部署”相关行动。参与此次行动的装备有：阿拉斯加州埃尔门多夫-理查森联合基地第 525 战斗机中队和夏威夷空军国民警卫队第 154 联队第 199 战斗机中队约 25 架 F-22“猛禽”战斗机；爱达荷州山之家空军基地366战斗机联队第389战斗机中队约10架F-15E“攻击鹰”战斗机；日本横田空军基地第374空运联队2架C-130J“大力神”运输机。行动期间，飞行员接受了临时作战中心搭建、指挥控制通信规范、后勤工作等训练，以提升多任务能力。

2021年12月，美国空军举行了“隐秘雪人”演习，演练了使用“敏捷战斗部署”概念战术、技术与流程以应对突发冲突的能力。演习中，第317空运联队的飞行员驾驶C-130J运输机执行了多种类型任务，在多个不同地点完成了通用目标。根据模拟战场的不同情况，机组成员充分使用战术数据链、卫星无线电或高频无线电等多种级别的可用联系方式，保持相互跟踪感知的态势。机组人员在任务中途作为编队领导提出灵活决策，临时判断该将空运货物运送至何处以更好地支持战斗任务。第7后勤准备中队的成员为维修人员提供了叉车培训。

2021年12月，美国空战司令部、驻欧空军、太平洋空军等开展了“敏捷战斗部署”指挥控制与通信作战演习。重点演练指挥控制与通信作战、可部署技术、“敏捷战斗部署”战术、技术与程序。演习期间整合的设备和软件包括：全球联合情报通信系统、新型战术与商业卫星通信系统、传统的军事卫星通信系统、智能路由设备与跨域设备。此次演习向空军各领导层展示了通信要求，以及在“敏捷战斗部署”环境下执行指挥控制、火力、部队保护、信息、情报、后勤与机动任务所需的能力。

三、几点认识

（一）“敏捷战斗部署”实验增强了美军“反介入/区域拒止”能力

随着美军与印太地区盟友合作的加深，“敏捷战斗部署”有助于美国空军将作战资产部署到整个印太地区的不同地点，并随时发起攻击。这种分布式的攻击方式将会严重消耗对方情报、监视和侦察资源，加大对方指挥与控制压力，使之陷入决策困境，拖缓 OODA 环及杀伤链的闭合。此外，这种快速、突然的攻击方式有可能避开地面搜索雷达，或在地面搜索雷达开机后就利用反辐射导弹将其摧毁，在天基预警探测能力发展完善之前，将对地面防空系统造成较大威胁。

（二）“敏捷战斗部署”实验对提升美国空军生存能力具有重要意义

美军在西太平洋的大部分空中作战力量都集中在大型军事设施上，如冲绳的嘉手纳空军基地和关岛的安德森空军基地。在此情况下，如果这些基地受到打击，则有极大可能削弱美军反击对手的能力。为避免此类问题的发生，美军试图使用一些设施条件并不十分完善，且远离大型军事基地的小型机场部署作战飞机。“太平洋钢铁 2021”行动中的安东尼奥・汪帕特国际机场、西北机场及天宁国际机场皆在此列。此举将增加美军对手打击其机场的导弹数量，并增加美军空中力量的反击机会，以化解“制空于地”战术，增强美国空军作战体系的韧性。

（三）“敏捷战斗部署”概念强烈依赖于与盟友的合作

“敏捷战斗部署”这种前沿分布式作战样式，除信息的联通外，最大的问题就是难以从美国本土获得充足的补给，需要大量依靠盟友的供给。一旦失去了盟友的补给，美国战机只完成寥寥几个波次的起降，就将面临“弹尽粮绝”的窘境。因此，美军始终强调加强联盟伙伴关系，同时吸引新伙伴加入。美国 2018 年发布的《国防战略》指出，“盟友和合作伙伴能提供进入关键地区的通道，并为进一步建立基地和后勤系统提供支持，协助美国国防部投射全球影响力”。互利的联盟和伙伴关系，能为美国带来持久的非对称战略优势，更能为“敏捷战斗部署”的实现提供保障。

（四）“敏捷战斗部署”是对“动态兵力部署”的重要支撑

美国2018年发布的《国防战略》指出，需要“发展更具致命性、适应性和弹性的兵力态势和部队部署能力”。为实现这一目标，其中一项重要措施为开展“动态兵力部署”。“动态兵力部署”要求“改变国防部运用联合部队在高优先级任务中开展主动作战和增兵行动的方式，更灵活地利用现有力量，塑造能先发制人的战略环境，同时保持应对突发事件和持久战的战备能力”。“太平洋钢铁2021”行动就是为了支持“动态兵力部署”这一措施。

（中国航天科工集团第二研究院二〇八所　姜源）

美国陆军“会聚工程-2021”实验

2021年10月至11月，美国陆军以印太地区高端战争为背景，以联合全域作战为主题，以建立“传感器-射手”杀伤链为手段，设计7大典型作战场景，在全美8个基地和试验场开展“会聚工程-2021”作战实验。

一、实验概况

“会聚工程”作战实验是美国陆军运用工程化方式，会聚陆、海、空、天、网、电多域作战能力，会聚人工智能、自主系统等先进技术，会聚指挥官、科学家、工程师等各方力量，以士兵为实验主体，对新概念、新体系、新部队、新方式等进行的系列作战实验。“会聚工程”作战实验本质上是“美国陆军的学习运动”，体现出“由变化持续驱动”的理念，帮助美国陆军持续学习“如何在未来以不同的方式作战”，“如何在未来复杂的战场上驾驭不断变化的战争规则”，驱动由应对反恐作战向应对未来大规模作战转变，对美国陆军的变革作用，堪比二战时期的“路易斯安那大演习”。

基于“会聚工程-2020”的经验教训，美国陆军依托阿伯丁试验场，成立联合系统集成实验室，构设室内虚拟实验环境，区分内场虚拟实验（4次通信演习）、外场综合实验两大阶段，开展“会聚工程-2021”作战实验。美国陆军第1多域特遣部队、第82空降师和海军、空军、海军陆战队约7000人参加，此外还有300余名数据分析人员全程参与实验，是一次跨军种、跨部门、跨军地的联合行动，体现出3大创新特点。

实验设计上，“会聚工程-2021”着眼验证未来作战概念、试验未来作战技术、探索未来作战样式、评估联合互操作性，以士兵、武器、指控、信息、地形5大陆战关键要素为核心，以6大项目群为支撑，试验100余项新技术的作战运用，利用15型传感器、19型火力平台，实验27种“传感器-射手”的组合链接方式，注重寻找军事创新的“未知数”。

实验方法上，美国陆军为确保“会聚工程-2021”顺利实施，组建三星中将级联合委员会，由未来司令部副司令牵头，联合参谋部J 6（指挥、控制、通信、计算机系统局）、J 7（作战计划和联合兵力开发局），国防部联合人工智能中心主任以及其他军种领导人参加。同时，美国陆军以季度为周期举办“会聚工程”圆桌会议，邀请工业界、学术界专家共同参与，广泛征集解决创新解决方案，科学家、工程师与士兵一起实地解决技术难题。“会聚工程-2021”注重运用联合的方式会聚创新力量，“当从联合视角实施作战实验时，对战争复杂性的认识就实现了飞跃”。

实验实施上，美国陆军高度重视以问题为导向，在筹划阶段就提出5大关键问题，并以此为切入点开展系列实验活动。①亟待开发哪些技术，能使联合部队渗透并瓦解对手“反介入/区域拒止”系统？②哪些新兴技术有助于实施联合全域作战？③如何集成人工智能、机器学习、自主系统、机器人、通用数据标准、数据架构，提高战术边缘决策速度、多域决策能力？④如何建立一个“足够强健”的联合网络，能在通信中断、间歇、带宽受限的条件下，仍具备足够的弹性和响应能力？⑤现有技术如何应对中断、间歇、带宽受限的网络环境？

二、实验场景

“会聚工程－2021”作战实验，以中俄等大国竞争对手为假想敌，以西太平洋第一、第二岛链为作战区域，在虚拟技术测试与场景推演的基础上，构设未来高端战争7大典型作战场景，贯穿多域作战冲突谱系“竞争－渗透－瓦解－利用－再竞争”全过程。各作战场景相应作战实验如下。

（一）联合全域感知作战场景

综合运用太空层低轨侦察卫星、空中层“西风”长航时无人机、“灰鹰”无人机、高空气球、地面层小型无人机（特种部队使用）等情监侦平台，引接海军E－2C舰载预警机、空军F－35战斗机，通过“战术情报目标接入点”地面站与人工智能系统融合、分析侦察情报，生成通用作战图，围绕战略－战役－战术态势感知需求，集成远中近、陆空天全域态势感知资源，探索军种间数据链接、数据融合、数据共享方式方法，解决远程精确火力打击的纵深战场感知能力不足的问题。

（二）联合防空反导作战场景

构建海军“宙斯盾”系统与陆军“一体化防空反导作战”指挥系统互联互通，引接陆军“爱国者”雷达、海军陆战队“地面/空中任务导向”雷达，F－35机载传感器提供目指信息，运用“宙斯盾”“爱国者”系统发射“标准”－6、“爱国者”－3导弹进行接力反导；引入“定向能型机动近程防空系统”，利用自身传感器锁定、跟踪来袭蜂群，运用激光武器进行拦截，综合探索在联合防空反导作战场景下，多域传感器数据融合、指控数据跨域传输、“传感器－射手”作战网络构建，以及定向能武器反蜂群作战样式。

（三）联合火力打击作战场景

综合运用陆军“海玛斯”火箭炮、“精确打击导弹”等中远程火力，海军 EA－18G 电子战飞机、海军陆战队 F－35 战斗机，空军 F－22 战斗机、B－1 轰炸机，通过“火力风暴”等人工智能辅助决策系统，基于通用态势图生成打击方案，精准干扰、打击对手防空、指控等体系性节点，瘫毁对手作战能力，探索人工智能赋能下的多域、多层、多向、多手段“火力－目标”优化匹配效果。

（四）半自主保障补给作战场景

综合运用“主－从”式轮式运输车队、海军陆战队远征模块化自主运输车、3D 打印、物资车辆数字跟踪等先进技术系统，通过构设战损坦克发出维修需求，后方基地 3D 打印零件，“主－从”式运输至前线基地，远征模块化自主运输车自主寻路完成输送的作战场景，围绕提高后勤灵活性，降低士兵暴露风险等要素，探索在战场受限环境下对前线进行食物、弹药甚至是重型机械部件补给的方式。

（五）人工智能赋能侦察感知作战场景

综合运用战术自主侦察无人机、无人侦察车、第三代前视红外威胁识别系统、“同一个世界地形”系统等平台技术，通过“普罗米修斯”等人工智能情报分析处理系统生成陆战通用作战图，基于“同一个世界地形”构建“虚拟沙盘”，协助指挥官理解认知受限的作战环境；围绕有人－无人协同自主侦察模式，探索战术级陆战“近战接敌”环境下战术侦察新模式。

（六）综合视觉增强系统赋能空中突击作战场景

综合运用“黑鹰”直升机、空射效应无人机、“海玛斯”火箭炮等武器系统，通过空射效应无人机自主收集战场情报；利用综合视觉增强系统融合多域情报，使特种作战队员在机降前能够充分理解战场态势，机降后能够快速引导火力打击，探索在通信受限环境下的小分队近战以及特种作战新样式。

（七）人工智能赋能地面突击作战场景

综合运用自主无人侦察机、可选有人战车、机器人战车、增程火炮等武器平台，以可选有人战车为中心，基于车载人工智能威胁感知和自主瞄准系统，构建有人－无人地面突击作战样式，呼唤远程精确火力进行协同打击，探索有人、无人地面装甲力量的协同与同步，以及人工智能的赋能作用。

三、实验特点

“会聚工程”作战实验会聚了新战略、新概念、新部队、新技术、新方式等诸多创新要素，以“左手蓝图、右手实验”的模式，打造陆军创新场，推动未来陆战转型。此次作战实验整体呈现 3 大特点。

（一）对于作战实验而言，失败与成功同等重要

作战实验中，速度更快、代价更低的“失败”，会加速系统迭代开发，降低创新的成本与技术风险。“会聚工程－2021”作战实验专门制定联合数据收集和评估计划，组织专业团队进行解析，尤其是将实验失败的数据作为更重要的成果记录和分析。《国防部作战实验开发指南》提出，最大收益的作战实验往往伴随巨大的风险，没有风险就谈不上真正的实验。成功与失败的“试金石”，与实验预期结果关系不大，但与实验产生的数据关系甚大。

（二）人工智能和自主系统，是未来战争的入场券

2017年以来，美国陆军先后发布《机器人与自主系统战略》《变革人工智能研究与应用公告》，推进人工智能、自主系统、机器人技术在陆战场景中的创新落实。“会聚工程－2020”作战实验中，美国陆军使用“普罗米修斯”“火力风暴”等人工智能系统赋能情报处理和指控决策，将“发现－打击”的时间从传统的20分钟缩短到20秒。“会聚工程－2021”作战实验中，美国陆军扩大人工智能系统应用范围，“火力风暴”的使用被推广至联合部队。

（三）统一网络是多域作战的赋能器

美国陆军在“会聚工程－2020”中认识到，传统“后方－前线－纵深”战场体系架构，无法描述多域作战环境中所有时间、区域、跨域的作战活动；现有的作战网络，无法支撑远程精确火力、无人系统规模化作战。2021年10月，美国陆军在“会聚工程－2021”作战实验期间，发布《统一网络计划》，提出将骨干网络和战术网络融合成统一网络。美国陆军认为，在越来越快、越来越致命、越来越分散的战场，不把烟囱式、复杂性、脆弱性的网络打造成弹性、防御性、机动性的网络，不把碎片化网络演进成“统一网络”，就无法在高竞争、强对抗作战环境中，赢得决策优势、保持压倒性优势。

四、几点认识

（一）“会聚工程”聚焦新兴技术探索未来作战样式

“会聚工程－2021”吸纳海军、空军、海军陆战队参加，在验证新型技术的同时，联合其他军种落实“联合全域指挥控制”概念，在实验中发现漏洞与不足，进一步强化跨域协同、以网聚能、以智驱能的作战能力。“会聚工程-2021”，广泛应用人工智能和自主能力，包括自主化补给、自主化侦察探测、传感器数据智能分析处理、智能辅助决策以及人工智能赋能攻击等多个任务阶段。这些新兴技术贯穿在杀伤链各环节，可降低联合部队的认知和行动负担，将从根本上改变未来作战样式。

（二）“会聚工程”推进美国陆军数据驱动思维转变

2020年，美国陆军启动“造雨者”计划，引入“数据编织”技术，设想构建一个去中心、分布式的数据架构，实现智能的“数据找人”“数据找靶”而不是传统的“人找数据”。在“会聚工程-2021”作战实验中，美国陆军认识到，必须运用变革性数字技术，跳出现有环境下的“数据困境”，用数据改变组织传递价值的形式，树立数据驱动的思维模式，以战争的速度处理数据，用人工智能理解数据，像检查弹药一样检查数据，像试验武器系统一样试验数字系统，进而从根本上变革陆军作战方式。

（北方科技信息研究所　李彤）

美国海军“一体化无人作战问题21”实验分析

2021年4月19日至26日，美国海军举行“一体化无人作战问题21”（UxS IBP 21）军事实验。这是海军首次聚焦无人系统的舰队实验，也是继3月发布《无人作战框架》后举行的首次大型实验。瞄准加快建设有人/无人混合部队，为美国海军未来有人/无人混合作战积累作战经验。此次实验在加州圣迭戈海岸附近举行，由美国海军太平洋舰队整体规划，第三舰队具体组织实施，第三航空母舰打击群司令官詹姆斯·艾肯少将指挥。旨在将有人和无人能力整合到作战场景中，以形成作战优势。

一、实验背景

2018年，美国海军部相继发布《海军部无人系统目标》《海军部无人系统战略路线图》，提出了“建设一支有人/无人系统无缝整合的部队”愿景。然而，新的战略环境、有限的财年预算以及对失败零容忍的文化给无人系统带来巨大挑战，如何在资源受限的环境下快速、有效地发展无人系统成为首要问题。

许多新的无人系统正在引导海军和海军陆战队重新思考作战概念，正如美国海军部2021年3月发布的《无人作战框架》所指出的那样，自主的无人系统将补充，而不是替代有人装备，并将为作战人员提供更多的选择。

美国海军和海军陆战队联合发布的《无人作战框架》（以下简称《框架》）中阐明了无人系统的使命任务，目前的发展水平以及未来展望，并提出了无人战役的5项目标：一是发挥海上作战及联合作战中有人/无人系统的协同效应；二是建立一个数字基础设施，为快速、大规模地集成和运用无人能力奠定基础；三是快速激励无人系统的增量能力开发和测试周期；四是分解常见问题，提供一次性解决方案，并在跨平台跨领域扩展解决方案；五是创建以能力为中心的方法，发挥无人平台、系统以及子系统在未来兵力结构中的作用。同时，该《框架》也明确了未来部队的任务将不仅限于高端战争，还包括日常的海上对抗。《框架》还特别指出，作战部署、实验训练和演示验证是弥补能力短板、降低技术风险、修正概念条令、完善战术战法的有效手段。

二、基本情况

（一）参演兵力

1. 无人系统

共有29个不同的无人系统参加了这次实验活动，其中约50%是无人水面艇（USV），约30%是无人水下航行器（UUV），其余20%左右是空中平台。美国海军官方没有提供参与“一体化无人作战问题21”的无人系统的详细清单，但涉及的范围很广，从传统的无人机，如通用原子公司MQ-9B“海上卫士”，到不同层次的USV和UUV，甚至高空气球。

参加实验的主要无人系统如表1所列。

表1　参加“一体化无人作战问题21”实验的主要无人系统

序号	类型	名称	开发商
1	MDUSV（中型无人水面艇）	“海上猎手”号（Sea Hunter）	DARPA，美国国家安全技术公司（Leidos）
2		“海鹰”号（Seahawk）	
3	USV	MANTAS T38“魔鬼射线”（Devil Ray）	海上战术系统公司（Maritime Tactical Systems Inc.，MARTAC）
4	LDUSV（大型无人水面艇）	远程无人水面艇	Metal Shark造船厂
5	UAV（无人机）	“瓦妮拉”（Vanilla）超长航时无人机	航空航天平台公司（Platform Aerospace）
6		MQ－8B“火力侦察兵”（Fire Scout）	诺斯罗普·格鲁曼公司
7		MQ－9B“海上卫士”（Sea Guardian）	通用原子航空系统公司（General Atomics－Aeronautical Systems Inc.，GA·ASI）
8	水下/水面双模航行器	Triton级双模态水下及水面自主航行器（Triton－Class Dual－Modality Underwater and Surface Autonomous Vehicle）	海洋航空公司（Ocean Aero）
9	无人水下滑翔机	CARINA	
10	UUV	“艾弗”IVER 4	海洋服务技术公司（L3 OceanServer）
11	无人集群	“超级蜂群项目”无人机（Super Swarm Project）	海军研究办公室（ONR）

2. 有人舰艇和飞机

参加实验的主要有人舰艇和飞机如表2所列。

表2 参加“一体化无人作战问题21”实验的主要有人舰艇和飞机

序号	型号	舷号	名称
1	“朱姆沃尔特”级导弹驱逐舰	DDG－1001	“迈克尔·蒙苏尔”号（Michael Monsoor）
2	“阿利·伯克”级导弹驱逐舰	DDG－62	“菲茨杰拉德”号（Fitzgerald）
3		DDG－106	“斯托克代尔”号（Stockdale）
4		DDG－111	“斯普伦斯”号（Spruance）
5		DDG－113	“约翰·芬恩”号（John Finn）
6	“提康德罗加”级导弹巡洋舰	CG－59	“普林斯顿”号（Princeton）
7	近海战斗舰	LCS－3	“沃思堡”号（Fort Worth）
8		LCS－4	“科罗纳多”号（Coronado）
9		LCS－24	“奥克兰”号（Oakland）
10	“圣安东尼奥”级两栖船坞运输舰	LPD－23	“安克雷奇”号（Anchorage）
11	“洛杉矶”级攻击型核潜艇	SSN－767	“汉普顿”号（Hampton）
12	P－8A 海上巡逻机	—	“海神”（或“波塞冬”）（Poseidon）
13	E－2C 预警机	—	“鹰眼”（Hawkeye）
14	EA－18G 电子战飞机	—	“咆哮者”（Growler）
15	MH－60R 和 MH－60S 直升机	—	“海鹰”（Seahawk）

（二）主要场景

1. 有人－无人协同情监侦（ISR）演练

4月21日，在美国海军“一体化无人作战问题21”实验期间，MQ－9B“海上卫士”无人机与近海战斗舰、导弹驱逐舰、导弹巡洋舰、潜艇等实施了协同作战（图1）。其中，MQ－9B为1艘导弹巡洋舰执行远程超视距目标指示。实验中，MQ－9B利用声纳和其他传感器识别了目标，并将位置信息报告给巡洋舰上的指挥官，增强了海军的反潜和反舰作战能力。

“一体化无人作战问题21”实验战术指挥官詹姆斯·艾肯少将表示，实验中展示的无人和有人装备集成为加强海军的有人/无人编组提供了一种作战方法，将最新的技术交到战士手中，可以直接增强我们的舰队”。无人系统与传统有人装备之间的协同作战，确保了海军保持技术和作战优势，提升了情、监、侦能力。

图 1　MQ－9B“海上卫士”与近海战斗舰协同作战

2. 进攻性实弹发射演练

在美国海军“一体化无人作战问题 21”实验中，一艘驱逐舰利用无人水面艇、无人机和有人舰艇的信息，发射了一枚反舰导弹，在没有使用主动传感器的情况下击中 400 千米外的目标。实验中，目标配备了一个小型雷达反射器和一个中继器，可以发出电磁信号。1 型天基系统负责对目标海域实施广域监视，中型无人水面艇等负责搜索与跟踪，确定目标所在区域后由 MQ－9A Block 5 无人机从高空投放被动声纳浮标，机载“自动识别系统”（AIS）完成精确定位和目标识别，随即与巡弋的 P－8A 巡逻机和 MH－60R 舰载直升机建立 Link 16 数据链通信，并通过其他无人机搭载的“海军全球指挥与控制系统”（GCCS－M）完成超地平线瞄准，将相关信息传输至“约翰·芬恩”号（DDG－113）导弹驱逐舰，随后该舰利用融合数据发射了“标准”－6导弹，成功击中远处目标，该距离超出本舰雷达探测范围。

实验中，无人机和无人水面艇为了避免被发现，关闭了主动传感器，使用无源电子接收器来“监听”敌人的无线电辐射信号。艾肯表示，此场景联合了有人装备和无人系统，形成了十分复杂的杀伤链。美国海军此次还使用了正在实验中的数据融合能力。这次攻击完全依赖被动信号，没有在目标上使用主动传感器，一旦找到目标，就能跟踪它，然后发射导弹。

被动传感器是通过接收以目标为载体的发动机、通信、雷达等所辐射的红外线、电磁波，或目标所反射的外来电磁波，来探测目标位置的一种传感器。美军将光学红外侦察仪器、被动雷达、无源雷达等仪器称为被动传感器。

“标准”－6实弹射击证明，海军可通过融合的被动传感器网络，增强探测能力，并在不被目标发现的情况下共享目标数据。试验还显示，导弹杀伤半径可大幅超出受地球曲率限制的舰载雷达探测范围。

美军认为，射程和隐身性是打击中国军队的先决条件。对手的反舰弹道导弹可从主动传感器信号中寻找舰艇，使美国海军开始考虑使用无人系统携带被动传感器的探测方式，被动传感器系统的优点在于不会暴露位置信息。一种被动的多基地传感器方案，如“标准”－6演示的方案，将多个传感器数据融合形成单一的瞄准解决方案，比单舰配备的主动传感器更强，可更好地保护水面舰队免受反舰弹道导弹的威胁。

3. 无人系统反潜战

海军强调了MQ－9B如何执行各种反潜战任务，包括投放声纳浮标，并将数据从浮标转发给岸上的其他舰艇和指挥控制节点。这些是 MQ－9B 的制造商（通用原子公司）去年在早期试验中展示的能力。在这次“一体化无人作战问题 21”实验中，海军少将高彻指出，即使在有人驾驶的 P－8A 海上巡逻机必须返回基地之后，无人机仍能够帮助持续监控特定区域的水下威胁，这突出了海军陆战队正在探索的有人无人混合作战概念。

美国海军少将特别指出，实验中一艘潜艇从鱼雷管中发射并回收了一艘“艾弗”4 无人潜航器（图 2），显示了美国海军正在寻求越来越多地利用这种无人作战能力。该潜艇很可能是洛杉矶级攻击核潜艇“汉普顿”号，是“一体化无人作战问题 21”实验中唯一一艘载人潜艇参与者。鱼雷形状的“艾弗”4 巡航速度为 4 节，可以短时间冲刺，最高速度可达 5 节，根据其配置，自主运行时间最长可达 36 小时。可以携带各种传感器执行情报、监视、侦察任务。

图 2　“艾弗”4 无人潜航器

美国海军的两艘中排量无人水面舰艇中的一艘也使用拖曳声纳阵列搜索水下威胁。帮助搜寻潜艇，然后持续跟踪它们，跨越广阔的领域是这些无人艇设想的最初角色之一，第一艘是在国防高级研究计划局领导的项目下开发的，随后移交给海军研究办公室。这两艘中排量无人水面舰艇现在都被分配到一个单位，即水面第1中队，该中队也将最终拥有全部3艘朱姆沃尔特级隐身驱逐舰。

三、几点认识

（一）无人系统与现有有人装备的整合问题将是美国海军装备体系研究的下一步重点

总的来说，“一体化无人作战问题21”实验聚焦无人系统到现有有人装备体系的整合问题，例如，布放回收、指挥控制、编组协作。相关经验将反馈到研发团队，反复迭代完善，从而加快有人/无人混合部队建设。相关装备大批量列装后，可丰富编成方式，补齐装备体系能力短板，甚至颠覆传统作战样式。过去10年，美国太平洋舰队已在无人机方面取得应用进展，正在为实现海军作战部长《无人作战计划》付出努力，“一体化无人作战问题21”实验通过在太平洋作战场景中全方位运用无人系统，直接支持印太司令部通过实验提高杀伤力的作战必要性，总体目标是将美国海军舰队的无人系统能力整合到所有领域，以证明它们有能力解决分布式海上作战和舰队指挥官的关键作战问题。

（二）无人作战将成为未来海战的重要作战方式

近年来，美国海军不断加大对无人系统和自主技术的测试、演示和原型设计，试图进一步提升海上无人作战能力，确保其优势地位。“一体化无人作战问题21”实验重点对无人系统进行测试和评估，体现出美国海军未来的发展方向，及进一步发展海上无人化武器装备的战略意图。实验中，美国海军以“海面上空、海面上和海面下”无人作战能力为特色，使水面、水下、空中无人装备与濒海战斗舰、驱逐舰、巡洋舰、潜艇、直升机中队一起行动，在“最具挑战性的作战场景中”探索有人和无人能力的综合，在增强作战能力的同时“探索如何使无人系统成为海军的能力倍增器”。

（中国舰船研究设计中心　董晓明）

美国空军“敏捷旗”实验分析

2021年4月26日至5月7日，美国空战司令部开展了“敏捷旗21-2”(Agile Flag 21-2)演习，同时美军也将其冠以“实验”之名。这是该系列演习的第二次迭代，“敏捷旗21-1”演习于2020年10月21日至10月29日进行。这是美国空军首次以“敏捷”冠名所谓的“旗帜”系列品牌演习，也是其中罕见的未以颜色命名的“概念旗”。该演习通过“敏捷战斗部署”(ACE)和“先遣联队”(Lead Wing)概念的相互嵌套，检验二者的具体效能，予以深入探索和不断完善。

一、实验背景

(一) 战略背景

2020年1月29日，在弗吉尼亚州兰利·尤斯蒂斯联合基地举行的技术与采办保障评审会议上，时任美国空战司令部司令迈克·霍姆斯上将与空军装备司令部司令阿诺德·邦奇上将联合签署了“先遣联队合作计划”协议备忘录。这是“先遣联队”一词首次出现在公众视野。

“先遣联队合作计划”是空战司令部对空军装备司令部发起的“美国所需要的空军”（Air Force We Need）倡议的回应，其目的是建设“作战圈”和“采办圈”的双边交流文化框架，促进“采办圈”了解武器装备在全寿命周期的作战和保障需求，确保“作战圈”拥有“能够正确应对当前和未来威胁的技术”。

2020年10月11日，美国空军装备司令部又与空军全球打击司令部签署了“先遣联队合作计划”协议备忘录。空军装备司令部方面称，该备忘录正是基于其与空战司令部先前合作的成功经验，进一步在空军寿命周期管理中心和空军核武器中心下属的部分计划执行办公室与特定武器系统“先遣联队”间传播合作、协同、创新的文化。

根据该备忘录，美国空军装备司令部和空军全球打击司令部计划每年进行两次人员交流活动，互派中高级军官。空军装备司令部的军官将深入空军全球打击司令部的“先遣联队”，了解任务生成、航线规划、勤务支援等与作战行动紧密相关的环节，并从作战人员角度分析武器系统的实际能力；空军全球打击司令部的军官将加入相关计划执行办公室，了解武器装备从设计研发、合同授予到维护保障在内的完整采办流程。

（二）实验目的

“敏捷旗”系列实验旨在发展“先遣联队”概念，每年举行两次。

“先遣联队”是美国空军新近提出的概念，旨在强化该军种在大国间高端战争中的大规模快速出动能力和战场适应能力。“先遣联队”概念的实质是，在大规模战争爆发时，以现有中队快速组成航空联队，高效、敏捷遂行作战任务。

美国空军认为，自2001年阿富汗战争以来，该军种所执行的绝大部分作战任务仅需出动中队或更小规模的单位。这些中队隶属于不同联队，且任务空域相对固定、地面基础设施较为完善，这也使得美国空军在较长一段时间内未能演练联队级的作战行动。

大国间高端战争具有爆发时间、地点和规模均不确定的特点，飞行员不但要面对陌生空域，还可能缺乏完善的支援保障设施。在对手使用远程导弹和轰炸机对各主要基地发动第一波打击后，必须将分布在战区不同地域的残存中队捏合起来，编组为“先遣联队”遂行任务。

“先遣联队”概念与“空军远征联队”（AEW）有一定相似之处，两者的最大区别在于，组成“先遣联队”的各中队不会在事先得到任何通知或预警，也没有时间详细磋商作战相关的各项事宜。

（三）实验基础

第15航空队计划把其下属的6个战斗机联队作为试点单位，在美国本土开展“先遣联队”概念演练。

2020年8月20日，美国空战司令部以支援美国中央司令部的第9航空队和支援美国南方司令部的第12航空队为主体（两个航空队保留司令部，但只聚焦本战区的作战任务），吸收其核心力量重组了第15航空队。该航空队拥有超过600架飞机和逾4.6万人，编成13个联队，全面统筹空战司令部战斗机、无人机、加油机、情监侦飞机、指挥控制飞机等战术兵力的训练、组织和装备等工作。

在重建完成仅一个月后，第15航空队司令查德·弗兰克斯少将就提出，计划在10月对“先遣联队”概念进行首次试验。他同时透露，美国空军内部对该概念的研讨已持续了一段时间，适逢马克·凯利上将接掌空战司令部、空军参谋长查尔斯·布朗发布《加速变革，否则败北》军种战略愿景文件，因此得以在短时间内获得关键支持并实质性推进。

二、基本情况

“敏捷旗 21－1”“敏捷旗 21－2” 实验，参与兵力情况如表 1 所列。

表 1　“敏捷旗” 实验参与兵力表

实验	“敏捷旗 21－1”	“敏捷旗 21－2”
参与单位	驻爱达荷州芒廷霍姆基地的第 366 战斗机联队参谋部	北卡罗来纳州西摩－约翰逊空军基地的第 4 战斗机联队
	驻爱达荷州芒廷霍姆基地的第 389 战斗机中队，F－15E 战斗机	北卡罗来纳州西摩－约翰逊空军基地的第 336 战斗机中队，F－15E 战斗机
	驻阿拉斯加州埃尔门多夫－理查德森联合基地的第 90 战斗机中队，F－22 战斗机	弗吉尼亚州兰利－尤斯蒂斯联合基地的第 1 战斗机联队第 27 战斗机中队，F－22 战机
	驻佐治亚州罗宾斯空军基地的第 5 作战通信大队	驻佐治亚州罗宾斯空军基地的第 5 作战通信大队
	空中机动司令部某单位	空中机动司令部的第 19 空运联队
	空军特种作战司令部某单位	空军特种作战司令部的第 15 特种作战中队
参与基地及任务	芒廷霍姆基地作为战斗机中队常驻地	北卡罗来纳州西摩－约翰逊空军基地作为战斗机中队常驻地
	佛罗里达州廷德尔空军基地作为任务生成和指挥控制中心	佛罗里达州廷德尔空军基地作为任务生成和指挥控制中心
	佛罗里达州赫伯特机场作为前沿作战基地	佛罗里达州赫伯特机场作为前沿作战基地
	佛罗里达州埃格林空军基地作为应急基地	佛罗里达州埃格林空军基地的两个辅助机场作为应急基地

从上述情况看，美国空军在本土竭力为“先遣联队” 构建贴近实战的训练环境，其突出特点包括如下几点：

兵力构成上，美国空军战斗机联队的作战大队一般下辖 2 个或 3 个战斗机中队，此次演习的核心是1个联队参谋部，作战兵力为1个四代机中队和1个五代机中队，此外通信保障大队、后勤保障分队、安全警戒分队等也全部配属到位，且均来自不同单位。

作战环境上，从地理位置上看，作为战斗机常驻地的芒廷霍姆基地与作为前沿作战基地的赫伯特机场分别位于美国本土的西北和东南，直线距离超过3000千米。作为参考，美国空军在西太平洋地区的关键支点关岛安德森空军基地距台海约2600千米。从自然环境上看，赫伯特、埃格林和廷德尔三座空军基地全部位于佛罗里达州，西邻墨西哥湾，以热带/亚热带气候为主，且纬度与关岛接近。

实验内容上，美国空军并未详细报道“敏捷旗”实验的具体内容，从已公开的部分图像资料分析，仍以“前沿地区油弹补给点”（FARP）、野战机场快速建设与持续保障、机场守备与火力防护、高频连续出动与快速分散避袭等“敏捷战斗部署”模型中的常规内容为主。

三、几点认识

（一）“敏捷旗”实验是美国空军提升规模化作战能力的新尝试

根据美国空军协会发布的2020年版《空军年鉴》，除专职作战试验与鉴定工作的第53联队外，空战司令部下属各战斗机联队一般不会混编四代机和五代机中队（第388联队目前处于由F-16CG向F-35A换装阶段，属于特例；第48联队计划2021年年底重建第495中队并配备F-35A），军种内部也仅有预备役司令部（AFRC），为便于装备统一管理，组建了部分混编联队。

美国空军在首次开展“敏捷旗”演习时，就选择了四代机和五代机混编为“先遣联队”，对联队参谋部的指挥控制能力、任务规划能力和装备运用能力等都提出了较高要求。在“先遣联队”概念成熟后，美国空军可在短时间内编组单一机型联队或混编联队，避免对手根据部队番号研判装备型号进而分析任务能力，实现新版《空军科技战略》提出的“复杂且不可预测的规模化作战能力”。

（二）“敏捷旗”实验是美国空军检验战备完好率的新手段

2018 年，时任美国国防部长马蒂斯提出了在2019 财年结束之前将F－16、F/A－18、F－22 和 F－35 四大主战机型的战备完好率提升至 80% 的挑战目标。美国空军虽未如期达标，但 F－16、F－22 和 F－35A 分别创下 75%、68% 和 74% 的较高水平。

2020 年 5 月 22 日，美国《空军杂志》网站透露，该军种将放弃传统的以任意时间可升空作战飞机的数量比例作为战备完好率标准，通过应用预测性维护等手段改变现行飞机维护模式，并对供应链成本的削减产生长远影响。该军种组建了由 100 名专家组成“探路者”团队，探索机队战备完好率面临的最大挑战以及如何对其进行评估和提升。该团队采用数字孪生技术，建立了 KC－135 加油机中队和 F－22 战斗机中队的数字模型，并通过可视化工具和自动填充数据测算战备完好率。通过在“敏捷旗”系列演习中编组“先遣联队”，美国空军可检验上述技术对战备完好率的提升效能。

（三）“敏捷旗”实验是美国空军增强上下级互信的新方式

新任美国空军参谋长查尔斯·布朗在获得总统提名时就已指出，“敏捷战斗部署”将是其上任后力推的重点工作之一。在他看来，高度敏捷、上下互信、强韧保障是其提升军种战斗力的关键所在。为此，布朗要求将战备完好率评价权限下放至各中队，要求中队长通过综合衡量任务执行率、训练时间、经费投入、部署周期等指标，以更符合战备要求的方式来考评战备能力。通过在“敏捷旗”系列演习中编组“先遣联队”，美国空军可考评各中队的真实战备水平，视情将传统的权限授予、任务分配和指挥站点等职能去中心化并进一步下放。

（四）“敏捷旗”实验是美国空军未来兵力活动的新要素

虽然美国空军强调“先遣联队”概念的主要诞生背景，是在遭对手大规模打击后组织有生力量实施反击，但从“敏捷旗”演习的规划与执行情况来看，未来该军种很可能以该概念为基础，不断实现联队指挥控制能力的独立化、完整化，及其与中队间架构的扁平化、流程的简洁化、编组的敏捷化，最终实现根据任务需要快速编成战术联队、机群迅捷远征部署、高效遂行作战任务、对抗环境强韧生存的目标。同时，“先遣联队”与“敏捷战斗部署”的结合也表明，美国空军意图将“快速猛禽”等小型作战单元具备的快速到达、动态调整、迅速前推等能力，逐步扩展为成建制单位的典型作战样式。

（五）“敏捷旗”实验是美国空军试点敏捷数字采办的新抓手

2020 年 9 月，时任美国空军部负责采办的助理部长威尔·罗珀发布《数字采办的现实》指南，呼吁通过数字工程、敏捷软件开发和开放式系统架构的“数字三位一体”技术体系建立颠覆性的敏捷数字采办新范式，维持美国军事优势。在“先遣联队”概念的驱动下，美国空军负责战术与战略打击的两大司令部分别与空军装备司令部签署合作备忘录，旨在根据一线部队的能力需求及时调整装备建设重点、加快成果转化交付，使装备发展紧跟技术更新速度，不断为作战人员提供应对新兴威胁、巩固能力优势的武器装备。

（航空工业信息中心　廖南杰）

美军“全球信息主宰实验”分析

“全球信息主宰实验”（Global Information Dominance Experiment，GIDE）始于2020年12月，由美国北方司令部（NORTHCOM）与北美防空司令部（NORAD）牵头，通过整合来自全球传感器和网络源的信息，并充分利用人工智能和机器学习技术来识别数据，使指挥官同时获得当前和预测性信息，提升作战指挥控制能力。该实验旨在加强战场信息计算能力，使美军在跨司令部的指挥协作中产生全球一体化的效果，在未来对中俄作战中获取“信息优势”和“决策优势”。截至2021年10月，美军已开展3次“全球信息主宰实验”，验证了利用机器学习和人工智能增强后勤协调、情报共享和作战规划的可行性。

一、实验背景

（一）战略背景

美军认为，过去30年其能够在全球投射力量而不必担心本土遭常规攻击，但当前的战略格局已有所改变，以中俄为代表的竞争对手已有能力使用网络武器、超声速导弹或其他常规攻击手段，使美国本土面临新的威胁。美国近年不断强调来自大国对手的安全威胁，逐步将其军事战略重点从反恐战争转向大国竞争。同时，大国间的技术竞争也愈发激烈，网络攻击、洲际导弹等武器的发展使跨洋远程打击成为可能。为更迅速、更高效地阻止威胁，美军需要快速获取情报并进行预测性分析，以确定潜在对手的下一步行动。

为此，美国国防部认为需要设计一种新的国土防御机制，利用信息和数据来抵御全球威胁。在此背景下，美国北方司令部牵头开展“全球信息主宰实验”，探索利用人工智能与机器学习技术整合与分析多源数据，加快决策速度，提升本土防御能力。

（二）实验目的

“全球信息主宰实验”旨在通过人工智能赋能联合全域指挥控制，通过提前预判对手行动，缩短决策时间，增强本土防御能力。

2019 年，美军提出发展联合全域指挥控制能力，目标是把各军种指挥控制系统连接成一体化指控网络，在所有作战域之间实现迅速、无缝的信息交流。人工智能是发展联合全域指挥控制能力的重要技术引擎，美国近年同时开展多个与人工智能技术相关的研发与测试项目，“全球信息主宰实验”便是美军人工智能赋能作战的系列举措之一。北方司令部官员表示，“全球信息主宰实验”中测试的人工智能系统最终将转化为实际可用的服务，集成至美军采购计划中，以实施联合全域指挥控制和新兴的联合作战战略。

实验所测试的人工智能预警系统能够自动集成并分析海量数据，为指挥官争取更多时间与信息。系统能够对竞争对手的行动进行预测，并提供建议的应对策略，大幅提升决策效率。美军将从被动反应转向“先发制人”，在冲突前实施威慑和拒止行动。指挥官可在竞争对手对美国本土采取行动前对部队进行规划部署，通过外交渠道向他们发出战略信息，或与盟国和伙伴的指挥行动保持一致，最终使对手对自身行动产生怀疑，从而起到威慑作用。

（三）实验场景

“全球信息主宰实验”以竞争对手预备对美国发动本土攻击作为演练场景想定，探索人工智能预判竞争对手行动与提供情报分析的能力。北美防空司令部指挥官在讲话中多次提及，美国主要有两个拥有核武器的竞争对手，即俄罗斯和中国，并强调两国近年在网络和太空领域发展迅速，且俄罗斯的常规武器，如雷达截面积非常低的巡航导弹、先进潜艇等，能够绕过美国的预警系统，是美国本土面临的最大威胁。

二、实验内容

“全球信息主宰实验”目前已开展 3 次。第 1 次实验测试了北方司令部在拥有人工智能预警系统的情况下与其他司令部的协作能力；第 2 次实验引入了数据共享的实时测试；第 3 次实验则扩展了之前测试的试验和预警系统，展示了为跨作战司令部协作、评估、决策而设计的软件工具如何实现更有效的全球后勤协调、情报共享和行动规划。

（一）第 1 次“全球信息主宰实验”（GIDE 1）

2020 年 12 月，美国北方司令部与北美防空司令部组织开展第 1 次“全球信息主宰实验”，旨在利用人工智能技术对竞争对手的威胁动向予以预警，并进行跨司令部协作。此次实验联合南方司令部、印太司令部、运输司令部、战略司令部以及负责情报和安全的国防部副部长办公室共同开展，采用数字桌面演习形式。实验中，美军将“敌方”部队的信号情报、电子情报和卫星图像等历史数据输入人工智能系统，算法随即生成敌方可能的行动路线，并向美军提供建议采取的主动响应选项。

（二）第2次“全球信息主宰实验”（GIDE 2）

2021年3月18日至23日，美国北方司令部与北美防空司令部组织开展第2次“全球信息主宰实验”，旨在通过人工智能工具获得竞争对手的早期行动迹象，形成通用作战图，使各作战指挥官对威胁产生共同理解，并就响应行动进行跨作战司令部协调，加快决策速度，最终提高威慑力。实验联合11个作战司令部与国防部联合人工智能中心（JAIC）共同展开，并与“汞合金飞镖”防空演习结合，获得了额外的数据输入，使参与者能够获取真实的场景反馈。

实验演示了利用宇宙（Cosmos）、盖亚（Gaia）和拉蒂斯（Lattice）3种人工智能软件，将秘密及非密数据融合成标准的导弹跟踪轨迹报告的能力。①Cosmos是一种跨作战司令部的战略级协作工具，可接收来自军方、情报界、商业卫星的数据，使指挥官看到竞争对手的全球行为，随后迅速形成应对竞争对手的行动方针和全球综合反应措施。实验期间，该软件仍处于测试版状态，但成功实现了不同作战司令部基于云的实时协同。②Gaia是一种作战级的全球全域感知工具，基于美国国防部“专家工程”（Project Maven）研发的人工智能系统，可整合大量数据源，继而进行预警。实验期间，Gaia成功整合空中、海上、地面和太空的实时数据源，包括来自北美、夏威夷和关岛的各个军用及联邦航空局的雷达原始数据，并提供了全球兵力分布信息以及竞争对手动向的早期指示和告警。③Lattice用于将上述两种工具连接起来。该软件由联合人工智能中心开发，可根据不同地点的雷达输入数据，提供实时空域威胁跟踪图及响应选项。该软件可大幅增加反应选项的数量，并减少根据空中威胁匹配防御资产所需时间。

（三）第3次“全球信息主宰实验”（GIDE 3）

2021年7月8日至15日，美国北方司令部与北美防空司令部组织开展第3次“全球信息主宰实验”，使用实时真实数据进行演示，旨在展示多种人工智能软件的实际应用能力。此次实验联合11个作战司令部与联合人工智能中心共同展开，并得到空军部首席架构师办公室（CAO）支持，与其举行的第5次“架构演示和评价”（Architecture Demonstration and Evaluation ADE 5）实验同时举行。参与实验的主战装备包括F-16“战隼”战斗机、T-38超声速教练机、A-10攻击机等。

实验进一步测试了第2次实验中使用的3种人工智能决策辅助工具，并利用陆军的数据驱动的作战和决策工具“优势”（Vantage）平台，快速集成了大量陆军战备资产实时数据。实验还测试了其他系统装备，包括：①对SpaceX公司的“星链”系统进行了相关测试；②对安杜里尔工业公司（Anduril Industries）的新一代智能哨塔开展了一系列技术验证，该智能哨塔可收集各种电磁频谱信号并进行智能分析；③对加强型飞行通信套件（Fly-away Kit，FAK）进行了测试，该套件旨在提高美国空军飞行员在作战中的通信能力；④对人工智能赋能的反无人机系统进行了技术测试，以验证其作战能力。

实验分三阶段展开：第一阶段侧重于具有成本效益的数据解决方案，通过早期情况显示和警告来增加决策空间；第二阶段评估对抗条件下的后勤保障能力，展示了通过全球合作快速创建威慑应对方案，以及灵活的后勤规划；第三阶段展示了联合人工智能中心的“媒人”（Matchmaker）工具基于战场实时数据和分析师的分析评估提供防御对策的能力。

三、几点认识

（一）“全球信息主宰实验”有助于实现一体化威慑战略

2021 年 7 月，美国国防部长劳埃德·奥斯汀在美国人工智能国家安全委员会举办的全球新兴技术峰会上发表演讲时公开提出“一体化威慑”概念，旨在将“技术、作战概念和各种能力恰当地结合起来”，通过对创新和新技术进行大规模投资，保持技术优势，并加强与欧洲及太平洋地区盟友的合作。“全球信息主宰实验”表明美军已从过去的本土防御机制转向预先性“威慑与拒止”行动，与“一体化威慑”的思路相一致。该实验通过验证人工智能与机器学习技术对作战空间态势感知与决策优势能力的实际提升效果，降低了技术风险，有助于“一体化威慑”战略的最终实现。

（二）“全球信息主宰实验”有助于先进作战理念转型

美军近年不断加快先进作战理念转型，先后推出“分布式作战”“马赛克战”“联合全域作战”等作战概念。“全球信息优势实验”则是美国利用人工智能和自主系统来推动“联合全域指挥控制”建设继而实现“联合全域作战”的一个重大步骤。随着现代通信网络、卫星和其他技术的广泛应用，全球数据流动速度不断加快，规模日益扩大，美军加快推动人工智能、大数据技术和云计算等高新技术与作战行动相融合，旨在以最快的速度收集和利用信息，以便获取对以中俄为代表的竞争对手的作战优势。

（三）“全球信息主宰实验”有助于现有先进技术整合应用

“全球信息主宰实验”充分整合应用了美军现有的各类先进技术，其重点是测评人工智能技术自动开展情报收集与处理以及跨司令部协作的实际效果，而非新技术或新工具的开发。实验中涉及的全球云服务、数据融合等并非新概念，运用的各类软硬件装备则是基于其他国防部门或工业合作供应商的成果，包括国防部“专家工程”、联合人工智能中心开发的人工智能系统以及 SpaceX 等公司的最新产品等。该实验将已有的多种先进工具进行了有效整合，并将其置入实际的军事应用场景、输入真实战场数据进行测试，旨在基于现有的技术框架大幅提升司令部指挥官的态势感知水平与决策效率。

（四）“全球信息主宰实验”有助于多方力量开展合作演练

“全球信息主宰实验”是美军近年开展的大型联合演习之一，其规模逐次扩大，投入人员与装备数量也逐次增加。首次演练联合 4 个司令部共同开展，第 2 次演习联合 11 个司令部与联合人工智能中心，第 3 次则在之前的基础上与空军部首席架构师办公室展开合作，并使用了多家商业公司的最新产品。集合多方力量共同开展演习便于充分利用各方优势资源，提升演练效率。例如，联合人工智能中心在实验中提供了其最新研发的人工智能系统，太空司令部则利用其传感器提供了战场态势感知、威胁预警和攻击评估等能力。此外，多方参与为实验测试跨作战司令部协调能力提供了条件，有助于根据实际效果进一步改进其战略级协作工具。

（中国电子科技集团电子科学研究院　焦丛　李硕）

美国空军“迅龙”项目实验研究

美国空军研究实验室于2019年12月启动“迅龙”快节奏实验活动，探索在不对飞机进行任何改装的情况下，利用现有空中平台投放武器弹药的可行性和作战优势，将运输机打造成“武库机”。2021年12月16日，美国空军“迅龙”项目成功完成“托盘化武器”系统导弹动力飞行试验，使用MC－130J特种作战飞机投放巡航导弹实弹击中并摧毁目标，结束为期2年的系列实验。

一、实验背景

美军“武库机”概念源于20世纪70年代，是一种防区外打击武器，可空投大量武器弹药，作为“空中弹药库”。2016年2月，时任美国国防部长阿什顿·卡特表示，美国国防部战略能力办公室正在开发“武库机”概念系统。目前美国空军拥有历史上规模最小的轰炸机部队，为平衡防区内临空打击和远程防区外打击力量，以最具成本效益的方式增强防区外打击能力，美国空军对“武库机”的需求变得更加强烈。

当前，“武库机”仍处于概念机型选择及初步试验阶段，主要候选机型包括B－52系列轰炸机以及“迅龙”项目发展的C－17和C－130等多型运输机。C－17和C－130等多型运输机虽然在飞机运量、巡航速度、最大航程等方面弱于B－52系列轰炸机，但其有两点重要优势。一是数量多，从《美国空军2021年鉴》和美国空军网站数据来看，B－52现有76架，而C－17有222架，C－130有427架，数量远远大于B－52；二是迷惑性大，“迅龙”项目能力实现后，在未来作战中，运输机既可装载战备物资，又可能装载多种武器装备，严重干扰对手决策。

二、项目概况

该项目由美国空军研究实验室战略发展规划和实验办公室（SDPE）牵头，也被称为“托盘化弹药”项目。汇集了来自美国国防部、空军主要司令部、项目办公室、试验鉴定组织和行业伙伴的近30个参与方，包括空军特种作战司令部、空军空中机动司令部、海军水面作战中心达尔格伦分部、洛克希德·马丁公司等。

（一）系统组成

“迅龙”项目开发的“托盘化武器”系统包括装有导航仪表的部署箱、装载在部署箱中的导弹（即托盘化的弹药）、空投后稳定部署箱姿态的降落伞等，可装载联合防区外空地导弹、增程型联合防区外空地导弹、增程型联合直接攻击弹药、微型空射诱饵弹等多种武器。此外，“托盘化武器”系统还可用来发射无人机蜂群，无人机在执行任务后通过降落伞或常规着陆进行回收。完整的“托盘化武器”系统拥有滚装/滚降能力，其预计实现的远程巡航导弹动力飞行工作流程如图1所示。

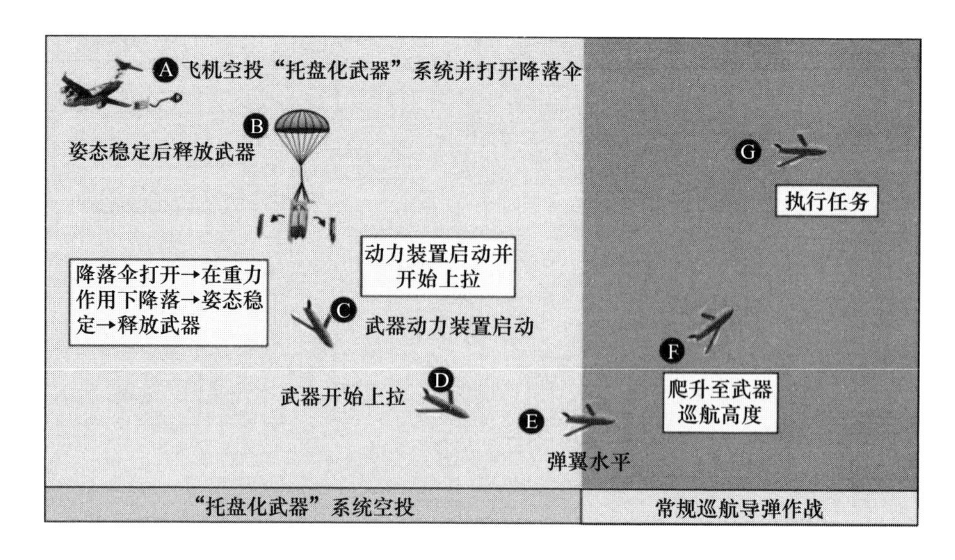

图1　“托盘化武器”系统远程巡航导弹动力飞行工作流程

（二）主要特点

“迅龙”项目具有以下三方面优点：成本效益高，实现速度快，“迅龙”项目无须改装现有飞机，方案切实可行、性价比高，且预计24个月内可实现导弹动力飞行，能够快速具备远程打击作战能力；适配性好，“迅龙”项目的“托盘化武器”系统具备模块化特点，可与标准空运库存系统兼容，能够在美军多型运输机上配备；扩展性强，“托盘化武器”系统可携带远程巡航导弹、无人机蜂群、干扰弹等多种武器装备，未来还能扩展更多武器系统和多种效果能力。

目前，美军对于“托盘化武器”系统的未来作战实际效用仍存在以下争论：体系依赖度高，由于运输机本身不具备机载目标指示能力，必须借助外部力量为其提供目指信息才能完成杀伤链闭环，其在未来实际运用中将非常依赖于体系作战，同时也要求美军的作战体系更具弹性；运输任务冲突，在未来大国冲突中，美军有限的空运机队很可能被推到绝对最大容量，运输任务趋于饱和，“武库机”实际可行性（至少在持续使用时）难以确定；远程导弹成本高，增程型联合防区外空地导弹价格昂贵大规模使用恐怕难以负担。

（三）预期效果

美国空军使用“托盘化武器”系统可实现多种作战任务：快速部署多种武器至交战空域，增加对手定位目标、设计解决方案的复杂性，消耗对手防空武器弹药库；利用“托盘化武器”系统布置水雷限制海上航道或港口的活动，推动资源的重新分配，以实施“成本强加战略”；向合作伙伴和盟友提供“托盘化武器”系统，当美国飞机在某些情况下受到限制不可用时，可作为合作伙伴和盟友的力量倍增器。

三、实验过程

“迅龙”项目实验分为 4 个阶段。

（一）验证在 C－130 和 C－17 运输机上实现“托盘化武器”系统的可行性

2020 年 1 月 28 日，美国空军特种作战司令部在犹他州达格威试验场进行飞行试验，通过 MC－130J 特种作战飞机成功投放虚拟“托盘化武器”系统。试验中，MC－130J 搭载 6 枚模拟远程精确弹药的模拟弹，模拟弹与实际武器重量相当，装在运载仓内的 5 个“战斗可消耗平台”/木质托盘上。MC－130J 通过运载仓内滚棒系统在低空和高空完成 3 次投放，5 个“战斗可消耗平台”都成功与飞机完全分离，模拟弹也与“战斗可消耗平台”完成分离。

（二）探索“迅龙”项目相关的指挥与控制能力、火控和任务规划能力、定位目标和重新定位目标能力

2020 年 9 月，美国空军研究实验室在“先进战斗管理系统”第 2 次

“高速公路匝道”演习中，通过飞行试验展示了对实验型“托盘化武器”系统指挥和控制能力。试验中，C－17运输机搭载联合防区外空地导弹模拟弹，通过现有的超视距通信系统将目标信息传输到C－17运输机上，并提示投放模拟弹，C－17从尾部空投“托盘化武器”系统。

2021年3月，美国空军研究实验室在白沙导弹靶场开展“迅龙”项目试验，对装有导航仪器的“托盘化武器”系统进行的预先测试，并创造“迅龙”项目新的未公开的空投高度。同年5月，美国空军研究实验室在“北方利刃21”（Northern Edge 21）演习中开展“迅龙”项目杀伤链闭环模拟试验，展示了将目标数据传输到“托盘化武器”系统，执行动态瞄准任务的能力，评估了从军用运输机上批量投射远程打击武器的作战效用。试验中，一个非机载传感器探测到新的目标，并将其信息通过超视距通信传输至搭载在MC－130J上的模拟“托盘化武器”系统。模拟“托盘化武器”系统根据目标数据重新规划路线和目标，并发射了一枚增程型联合防区外空地导弹模拟弹。

（三）通过试验分析，探索和验证“托盘化武器”系统设计和稳定性

2021年7月，美国空军在新墨西哥州白沙导弹靶场开展“迅龙”项目首次系统的飞行测试，测试了从将托盘化的弹药运输至飞机上，到飞机在飞行过程中发射导弹的全过程，评估了“托盘化武器”系统的作战效用。

试验中进行了两次空投，C－17运输机和EC－130电子战飞机（改装自C－130运输机）搭载了4枚模拟弹，在真实作战高度投放部署箱。当降落伞稳定后，部署箱快速连续发射气动特性与增程型联合防区外空地导弹一致的模拟弹。此次实验完成了三个“首次”，即首次使用部署箱实现高空空投；首次从“托盘化武器”系统中成功投放多个武器；首次将增程型联合防区外空地导弹模拟弹与部署箱完全分离，验证保持多个武器释放的间隔，以安全消除武器冲突的能力。

（四）验证“托盘化弹药”武器系统实现远程巡航导弹的实弹动力飞行能力

2021 年 11 月 3 日，美国空军在白沙导弹靶场成功完成“迅龙”项目远程巡航导弹实弹测试，通过在“托盘化弹药”武器系统上部署无弹头和动力装置的量产型远程巡航导弹。试验过程如下：MC－130J 特种作战飞机在前往白沙导弹靶场途中，机载作战管理系统通过超视距指挥控制节点接收新的目标数据，随后机载作战管理系统将目标数据传送至“托盘化弹药”武器系统。在到达白沙导弹靶场空域后，MC－130J 特种作战飞机投放了一个“托盘化弹药”系统（包含一个无弹头和动力装置的量产型远程巡航导弹和三个模拟弹），“托盘化系统”依次释放弹药，释放几秒后，无弹头和动力装置的量产型远程巡航导弹展开弹翼和尾翼，通过空气动力学控制滑向目标。其中机载作战管理系统接收目标数据并传至托盘化弹药为首次实现。

2021 年 12 月 16 日，美国空军在佛罗里达州埃格林空军基地成功完成远程巡航导弹实弹动力飞行试验。试验中，MC－130J 特种作战飞机在前往埃格林空军基地途中，机载作战管理系统通过超视距指挥控制节点接收新的目标数据，随后机载作战管理系统将目标数据传送至“托盘化武器”系统。在进入墨西哥湾空投区后，MC－130J 特种作战飞机投放了一个“托盘化武器”系统（包含一枚巡航导弹实弹和三枚模拟弹），系统依次释放弹药，释放几秒钟后，巡航导弹展开弹翼和尾翼，实现空气动力学控制，并启动发动机向上拉起，向新分配的目标前进，然后成功击中并摧毁目标。

四、几点认识

（一）“托盘化武器”系统是未来大国冲突远程打击的重要备选方案

美军通过开展“托盘化武器”系统系列实验，发展了机动飞机进行远程打击的能力。该能力有助于在高强冲突中降低空军隐身飞机的工作量，提供更多可选择的打击方案，间接增强了战术战斗机和战略轰炸机的打击能力，可将攻击机用于作战区域内其他高价值目标。虽然可能存在运输任务冲突，但该项目有效拓展了运输机的能力范围，使其在必要时具备打击能力。且“托盘化武器”系统的高适配性使美国空军所有空运资产都有可能转变成“武库机”，因此无论规模大小、持续时间长短，“托盘化武器”系统都将是美军未来战场远程防区外打击的重要选择。

（二）“托盘化武器”系统为作战人员提供更大的灵活性，增加对手决策复杂性

“托盘化武器”系统良好的扩展性、适配性、动态瞄准能力，能在战术上为作战指挥官提供压倒性的武器数量优势，战法上提供丰富的打击手段。使作战指挥官能从更多机场发动攻势、打击更多目标，并在动态作战环境中根据任务实现运输机角色快速转换，为高端战斗提供更多的灵活性和控制力，从而向对手施加更高的复杂性，形成决策优势。

（三）“迅龙”项目非传统的采办方式提供未来作战能力快速形成的范式

“迅龙”项目是美国空军研究实验室领导的快节奏实验活动之一，在 24 个月内从概念发展到动力飞行，展示了该实验室帮助作战人员以需要的速度提供能力的过程。“迅龙”项目团队在不到 20 个月的时间里，实现从纸

上谈兵到作战实验，从模块化部署箱设计到飞行试验。“迅龙”项目通过非传统采办方式快速形成作战能力，加速变革，为未来部队提供了与作战相关的能力。

（中国航天科工集团第二研究院二〇八所　韩妍娜）

LVC 技术在美军作战实验中的应用现状分析

当前战争和装备的复杂度空前提高，与传统实兵实装演练中开展试验训练相比，“实况 - 虚拟 - 构造”（LVC）技术可为武器装备和作战人员提供虚实结合、贴近实战的试训环境，以高效费比创建高逼真度的战场作战环境。LVC 打破了以军种和武器为中心的传统试训模式，实现了跨军种、跨靶场之间的联合行动，可以“集结”地理空间分散的部队形成大规模的演训，大幅降低后勤成本，有效解决试训需求快速增长和资源经费供给有限的矛盾。因此，LVC 技术发展得到美各领域、各军种的广泛重视，美军十分重视其发展与应用，一方面加大投入并推动相关软硬件的发展建设，一方面积极利用已有成果展开训练与演习工作。

一、LVC 技术及体系架构发展

（一）LVC 基本概念

LVC 是一种仿真技术。其中“实况”是指真实的人操作真实系统参加的建模与仿真；“虚拟”是指真实的人操作仿真系统参加的建模与仿真；

“构造”是指仿真的人操作仿真系统参加的建模与仿真。LVC 包含由 L、V、C 单独构成的能力，以及 LV、VC、LC 及 LVC 组合形成的能力。LVC 仿真技术利用计算机网络，将分布在不同地域和不同仿真设备的各独立 LVC 资源（如实兵、模拟器、计算机生成兵力），有机地连接成一个整体，因此，LVC 仿真系统是典型的分布式仿真系统。

（二）LVC 体系架构发展

目前美军 LVC 仿真体系中的架构与协议标准就有多个，如图 1 所示。

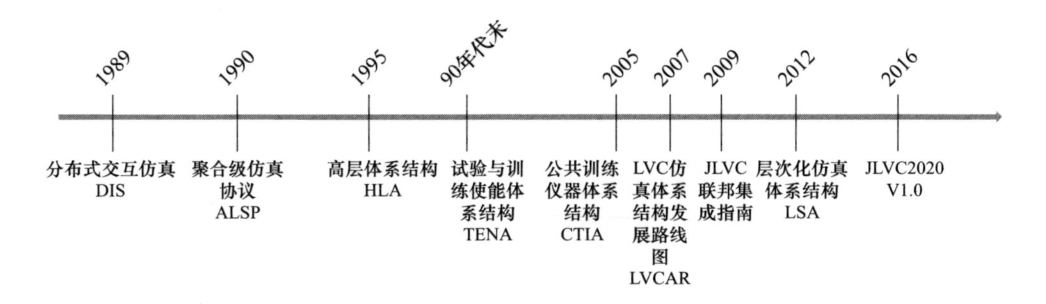

图 1　美军 LVC 仿真体系架构发展历程

不同体系结构开发的系统在互操作性问题上，并不能完全适用于 LVC 联合实验，因此，美军研发了多技术体系混合结构，发展出 JLVC 联邦环境。JLVC 联邦能够集成分布在众多机构和军兵种的模型上，并与实兵、虚拟系统交互。近年来，随着云计算等新兴技术的快速发展，美军提出云使能模块服务架构（CEMS）扩充 JLVC 云仿真服务能力。2016 年正式提出 JLVC 2020 V1.0，并计划利用 JLVC 2020 逐步替换原有的仿真训练环境。

JLVC 2020 将复杂且庞大的仿真模拟系统由小型的具有特定功能的模块服务单元取代，通过云服务环境建设进行整合，最终构建一个灵活高效的仿真模拟训练环境。随着模块化服务规范、数据服务总线和数据管理模式等关键技术的突破，在网络、“反介入/区域拒止”、混合威胁和导弹防御方面已开发出新的模块化服务单元，目前 JLVC 2020 已进入一个快速稳健的发展时期。

未来，美军 LVC 技术将更趋向“云”化、“智能”化。现代信息网络技术，特别是虚拟现实、增强现实、混合现实等新技术的涌现，将极大推动美军 LVC 训练装备的研发和应用，使得 LVC 训练手段更加个性化，随着物联网、5G 及无线链路技术的改进，LVC 与新技术的网络化安全融合进程更将得到有力保障。LVC 技术与人工智能技术深度结合：利用人工智能技术，可以在 LVC 训练器中增加个性化训练方案制定功能，通过评估训练效果，灵活调整训练方案，做到因人而异；可以在 LVC 仿真器中构建人工智能对手，增强战术演练的对抗性，提高演练效果；可以在 LVC 联合演练环境中推演战术战法，寻找最优方案。在大数据时代背景下，美军将利用云计算、人工智能等技术，将 LVC 环境下采集的海量数据进行智能化分析运用，从而利用数据形成信息优势，缩短决策周期并增强联合全域指挥控制能力，更高效、更科学地开展联合作战实验，构建更具活力的一体化作战环境和联合训练环境。

二、LVC 仿真技术在作战实验中的应用

在联合作战条件下，LVC 仿真已成为建设体系作战能力的必要手段，美国各军种都在积极开发互联互通的 LVC 仿真环境，并运用 LVC 技术多次开展联合作战实验。

（一）美国海军

“海军连续训练环境”（NCTE）由美国海军建设，能将各种 LVC 单元连接在一起，进行体系联合试验。该系统是分布式网络仿真系统，由“战斗部队战术训练器”（BFTT）、“联合半自动化部队仿真器”（JSAF）、

“NCTE 海军战术训练网络”（NETTN）等部分组成，可将海军、联合（跨军种）、联盟（跨国别）的训练仿真设施联合起来，开展虚拟训练演习。2021 年 5 月，美国海军的 2022 年预算申请中，大幅增加了 NCTE 相关的研发内容，包括将东、西海岸的舰队战术训练靶场和系统与 NCTE 整合，实现多域作战舰队整体性训练，同时将西海岸训练网络合并至 NCTE 海军战术训练网络，新增训练支援船 C^5I 能力，补充 NCTE 海上节点，已在 2021 年“合成训练部队演习”（COMPTUEX）、“舰队合成演习”（FST）中与其他单元无缝集成，如图 2 所示。

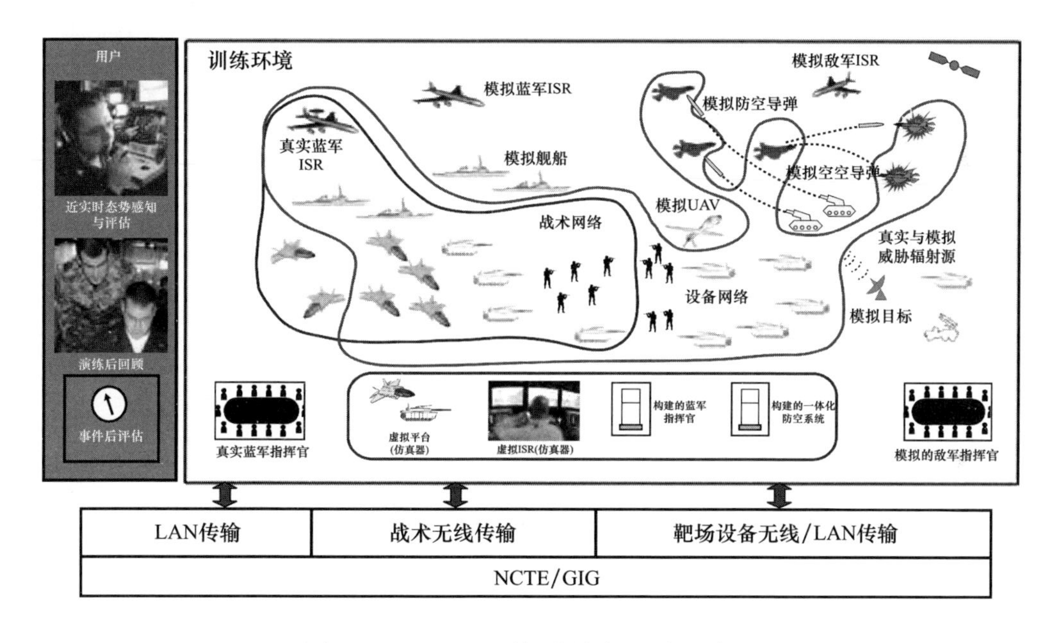

图 2　NCTE 开展体系联合试验示意图

2021 年 8 月 3 日至 15 日，美国海军举行了号称 40 年以来最大规模海上军演——“大规模演习 –2021”。此次军演展开了大规模虚实结合演练，利用“实况 – 虚拟 – 构造”技术，采用 36 个“真实”单位（舰艇）和 50 多个“虚拟、构造”单位（仿真器、训练器等）验证分布式海上作战、远征前进基地作战、对抗环境下的近海作战等概念。军演中，共出动 2.5 万士兵，横跨大西洋、太平洋和印度洋的多个海域演习地点，充分体现了 LVC 技术在如此大规模、宽地域联合演习中的重要支撑作用。

（二）美国空军

尽管美国空军拥有数千个 LVC 模拟器单元，但因其互操作性较低，用户无法尽可能多地访问这些平台。为此，空军需要与合作伙伴一起创建综合环境数据体系结构联盟建立“通用仿真训练环境”（CSTE），以增强各训练平台之间的互操作性。2021 年 7 月，美国空军发布了与网络安全相关的模拟器通用体系结构要求和标准（SCARS），准备把全国各地的模拟器站点与佛罗里达州奥兰多的“核心”安全运营中心连接起来，首先将拟建一个混合边缘架构，以真正解决网络碎片化问题。

2021 年 7 月 19 日至 8 月 6 日，来自美国空军、海军、海军陆战队和空军国民警卫队的 2200 多名人员，在美国空军内利斯基地参加“红旗 21－3”演习，该演习在安全的模拟环境中进行。此次参演单位全部为美军部队，通过不同的战术和技术进行空战演练，探索第五代战斗机应对各种威胁的机动战术。参演飞机超过 100 架，包括 40 架第五代飞机，主要机型有 F－35、F－16、F/A－18、EA－18G、B－52、F－117、KC－46、KC－135 等。“红旗 21－3”演习利用 LVC 技术，提供了高端、现实的训练场景，提高了联合部队的互操作性，磨练了部队的空战技能，为未来全域作战备战。

（三）美国陆军

“实况－虚拟－构造”集成架构（LVC－IA）是美国陆军基地训练的“基石”，该系统现已进入第四版，除增强了用于训练的硬件、软件功能，同时还集成了实况、虚拟、构造和游戏功能。利用 LVC－IA V4.0，士兵从上传标准操作程序到系统开始，确认提出计划的有效性，然后根据需要调整计划并查看相应场景在模拟中的表现。2021 年 4 月 12 日至 16 日，第 101 空降师第 3 旅战斗队（Rakkasan）在坎贝尔堡任务训练中心首次测试了 LVC－IA V4.0，LVC－IA V4.0 之后将部署到其他 10 个陆军基地。

2021 年 10 月 12 日至 11 月 10 日，美国陆军联合其他军种开展了“会聚工程－2021”（Project Convergence 2021）演习，构设了未来高端战争 7 大典型作战场景，场景之一是综合视觉增强系统（IVAS）赋能空中突击（图 3）。演习中，第 82 空降师派出黑鹰直升机，搭载佩戴 IVAS 的士兵。配备 IVAS 的护目镜可通过集成新型态势感知和高分辨率模拟工具，并结合 LVC 环境模拟真实世界的地形，帮助士兵实现感知、决策、目标获取和目标交战。在到达既定岛屿前，黑鹰直升机发射空射效应无人机，IVAS 提供来自空射效应无人机的视频源，对岛屿目标情况进行前出侦察，并连接到指控平台，利用情、监、侦数据为士兵和指挥官实时提供三维地形，确定在安全合适的地点实施空降。一旦发现既定目标，黑鹰直升机发射巡飞弹实施打击。

图 3　士兵佩戴综合视觉增强系统（IVAS）护目镜执行任务

（四）美国太空军

LVC 技术在美军“太空旗”演习、“施里弗”演习、“全球哨兵”演习等太空军重大演训活动中得到了广泛应用并发挥了重要作用。2021 年 8 月，美国太空军完成第 12 次“太空旗”演习（SF 21－3），聚焦保护和捍卫美国在对抗性太空作战域的机动自由，支持太空作战部长培养联合作战人员的优先事项。本次演习由太空训练与战备德尔塔部队下辖的阿尔法作战中心组织，在华盛顿特区和科罗拉多州同步举行，采用红蓝对抗模式：蓝军 31 人，模拟轨道交战机动，以获得和维持对抗太空威胁的太空优势；红军和白方成员共 30 名，红军模拟对手行动，白方提供指挥控制能力。演习场景包括 57 个训练目标，使参演人员有机会执行多种战术、技术、规程（TTP）和可能的战术改进建议（TIP），进而将这些战术训练要点用于支持现实任务。本次演习首次汇集太空作战司令部的所有德尔塔部队，构建了涵盖各种太空任务的全面训练环境。

三、几点认识

（一）LVC 技术能够满足现代联合作战实验需求

美军联合作战实验需要实现指挥协同、体系对抗和跨域联动等功能，LVC 架构是满足联合需求的重要技术支撑。LVC 技术通过对可互操作的靶场和节点进行网络化聚合，实现同类资源间的共享、重用，创建联合作战条件，将人员、规则和技术综合在一起，满足指挥官和部队作战实验的需求，达到检验系统整体性能的目的。在 LVC 环境中，各个层面的作战实验可以在一个相互连接的环境中协调地结合在一起，为无缝进行军事行动提供高水平作战实验。

（二）LVC 技术能够降低联合作战实验费效比

联合作战实验需要调动大量资源，LVC 技术有助于降低联合作战实验的资金与时间成本，提升联合作战实验效率。真实演练中装备投送、人员远程机动以及实弹演练成本很高，并伴随着磨损、损伤和事故。LVC 环境中由计算机生成的作战规模和复杂场景，可以不受实际人员、装备和场地数量的限制，通过用部分仿真内容替代真实作战单元，能够大量节省联合作战实验所需的人力物力，缩短联合作战实验筹备时间，大幅降低联合作战实验费效比。

（三）LVC 技术能够增加联合作战实验真实性

联合作战实验中，LVC 技术可为仿真装备运行的各种极端情况提供支持，更好地模拟复杂的威胁场景，通过反复实验提升实验数据的体量与可信度，更加可靠地检验系统是否满足作战需求。LVC 将虚拟的军事行动和战略与真实部队合成在一起，使作战人员在沉浸式环境中参与虚拟作战场景，提高现场作战实验的效率和真实性，帮助建立地形熟悉度、提供模拟战斗，提升士兵的杀伤力和生存能力。

四、结束语

基于 LVC 技术构建的数字化、虚拟化的仿真环境，能够有效支撑美军孵化作战理论、催生新的概念、检验新的装备、验证作战能力，进而设计未来战争。未来，仅靠技术不足以实现助力军事成功的颠覆性创新。将技术融入新型作战概念所定义的更广阔空间，通过作战实验进一步完善和确定这些概念，选择支持这些概念所需的新技术，并训练部队熟练使用新技术，将成为赢得未来战争的决定性因素。

（中国航天科工集团第二研究院二〇八所　井京）

美军分析型兵棋推演设计研究

一般来讲，兵棋推演（Wargame）是以分析为目的，参与者沉浸在一个真实环境中，分析研究人类的决策过程，评估当前或未来的能力及概念。通过推演，查找薄弱点，找到事物之间的联系和发展方向。由于战争系统实战和测试代价高昂，兵棋推演被视为一类特殊的作战实验，本文主要介绍如何设计一个分析型的兵棋推演。

一、分析型兵棋推演概述

（一）兵棋推演的分类

一般来讲，兵棋推演分为三种类型：教育型、经验型和分析型。其中，教育型兵棋推演的目的是传播知识，让他们接触历史或未来的设想，向参与者宣介某些学科知识，使其掌握知识，理解知识。经验型兵棋推演的重点是为参与者提供体验，通过不断强化的参与增长他们的经验，使他们为特定的工作或任务做好更充分的准备，也叫训练型兵棋推演。教育型和经验型兵棋推演的目的都针对参与者，使其受到良好的教育或训练，而分析型兵棋推演是用来解决特定问题的。乔恩·康普顿曾多次指出，兵棋推演的力量来自于被用来“洞察复杂问题，以便产生更好的分析重点，无论是在战略、战役、战术或其他层面的分析。”它通常针对定性数据、人类行为、交互以及人类做出的决策，从决策中提取知识或信息，从决策背后的原因中提取信息，探索特定问题的答案或见解，为分析师、研究人员或决策者提供结论。在军事领域，推演中的结论可以是对作战方案计划的风险评估，也可以是作战概念的创新发展，通过识别风险性和脆弱性，兵棋推演可以为未来军事行动制定可行计划，构建未来战斗力结构或作战概念等。自从美军在第三次抵消战略中提出重振兵棋后，在国防领域利用兵棋推演来解决复杂的战争问题、寻求洞见已经成为共识，国防部和各军种也越来越依赖分析型的兵棋推演开发作战概念、论证作战能力、评估作战方案等。

（二）基本框架

詹姆斯·邓尼根在《完整的兵棋推演手册：如何推演、设计和发现》一书中介绍了兵棋推演设计的10个步骤，包括概念开发、研究、集成、雏型、规则、开发、测试、编辑、制作和反馈。彼得·佩拉在《兵棋推演艺术》中概述了兵棋推演的7个要素：目标、想定、数据、模型、规则、参与者和分析。英国国防部作战手册中列出了兵棋推演的8个要素：目标、想定、参与者、仿真、规则、数据、支持人员、分析。

综上各种观点步骤，我们在彼得·佩拉7个要素的基础上，修正形成设计分析型兵棋推演的基本框架（图1），包括启动、设计、开发、执行和分析五个阶段。设计和开发阶段被视为一个循环过程，其中，兵棋推演开发测试是开发阶段的关键任务之一，通常会在设计阶段完成。其实，这个框架并未囊括兵棋推演的所有任务，但它涵盖了大部分分析型兵棋推演的基本任务。

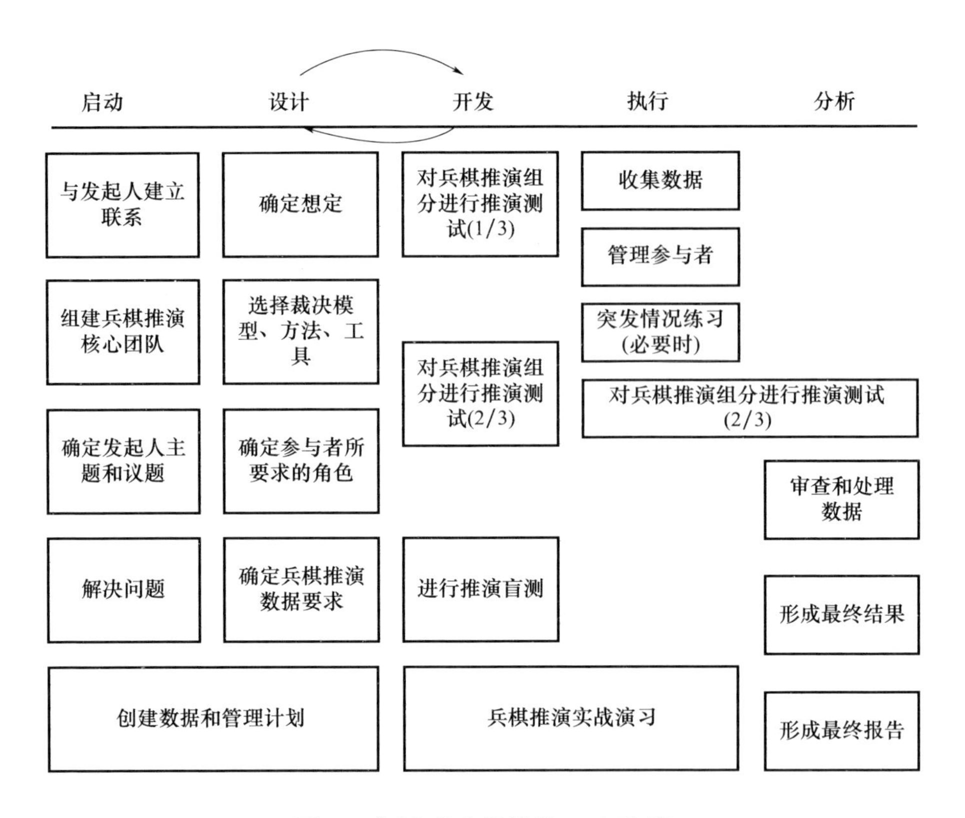

图 1　分析型兵棋推演 5 个阶段

二、分析型兵棋推演设计要则

（一）启动

分析型兵棋推演的启动阶段侧重于对问题的定义和对关键问题的确定，这一阶段从确定执行兵棋推演的需求或要求开始，一直持续到兵棋推演团队可以充分解决明确问题为止。启动阶段的关键任务在于组建能够设计、执行和实践兵棋推演的核心团队，团队成员应当接受过一些兵棋推演教育，并拥有想定、条令、操作和分析等方面的经验，具有多学科跨学科的知识背景，以及理论、业务和分析等综合的知识结构。

1. 发起人交互任务

发起人交互任务包括初始交互、解释说明交互和范围界定交互，在兵棋推演的设计和开发阶段，能够合理组织和执行这三项交互的兵棋推演团队能够获得更加有效和高效的运作。

1）初始交互

初始交互的目的是更好、更全面地了解发起人问题和兵棋推演目标。我们将其提炼为两个主要部分：发起人的单一兵棋推演目标，以及解决发起人目标/问题所需的关键研讨。

2）解释说明交互

初始交互完成后，进入解释说明交互阶段，组织核心兵棋推演团队成员开会讨论，处理和提炼发起人的要求。在解释说明交互中，需要确定兵棋推演目标，并制定一套他们必须解决的关键问题。该过程还需确定问题的优先级，并告知发起人，寻求发起人意见，以确保所有人都同意问题的优先顺序。关键问题如下：是否存在以前的兵棋推演或其他研究成果已经完成对某些方面问题的调查？哪些理论、组织、专业出版物、说明、白皮书或其他资料适用于该问题？谁拥有兵棋推演所需的信息（数据）？如何获得这些信息（数据）？需要发起人的帮助吗？

3）范围界定交互

范围界定交互是获取一整套兵棋推演简单问题，并将其数量减少到一个较小的问题集，使得兵棋推演可以在当前资源限制范围内解决这些问题，以实现作战目标。目前的挑战在于保留高优先级，以便为发起人提供有意义的分析。针对此问题，建议兵棋推演团队采用约束、局限、假设准则，作为与发起人构建范围界定交互的方法：

（1）约束。是指在运行兵棋推演时，发起人对兵棋推演团队的选择施加的限制。例如，约束条件中通常包含时间因素，因为必须在某个日期之前提交结果。可能还有其他方面约束，例如，必须使用的想定及指定扮演某些角色的个人。

（2）局限。是指研究团队无法完全达到的研究目标或无法完全调查的问题。这种局限可能由于缺乏兵棋推演所需的专业知识而造成，或者为解决所有发起人问题而设计和执行一场兵棋推演需要扩充团队需求时产生。

（3）假设。是为了适应某种局限性而提出的与研究相关的陈述，它在缺乏事实验证的情况下被认为是真实可靠的。有些假设可能来自于发起人，有些可能在兵棋推演团队设计兵棋推演时就已确定。

2. 发起协议

发起协议指发起人和兵棋推演团队就兵棋推演的范围达成的一致性协议，以书面文件的形式记录。发起协议应包含以下内容：

（1）兵棋推演的目标。

（2）待审查的兵棋推演问题。

（3）兵棋推演详情，如类型、格式。

（4）由谁提供兵棋推演想定，发起人或兵棋推演团队？

（5）由谁招募/提供参与者，发起人或兵棋推演团队？

（6）时间表，包括初始进度审查日期、进行兵棋推演的日期、最终报告的日期及最终报告提交给发起人的日期等。

（7）其他附件，包括关键“约束、局限、假设”起草初始信息请求、职权范围起草等。

3. 数据收集和管理计划

当兵棋推演团队和发起人对兵棋推演的目标/问题以及发起人期望在兵

棋推演中检查的关键问题达成一致时，就开始创建数据收集和管理计划。数据收集和管理计划为兵棋推演设计提供基础，其目的是有效保证收集和处理启动、执行和分析兵棋推演所需的所有数据。数据收集和管理计划核心要素如图 2 所示。

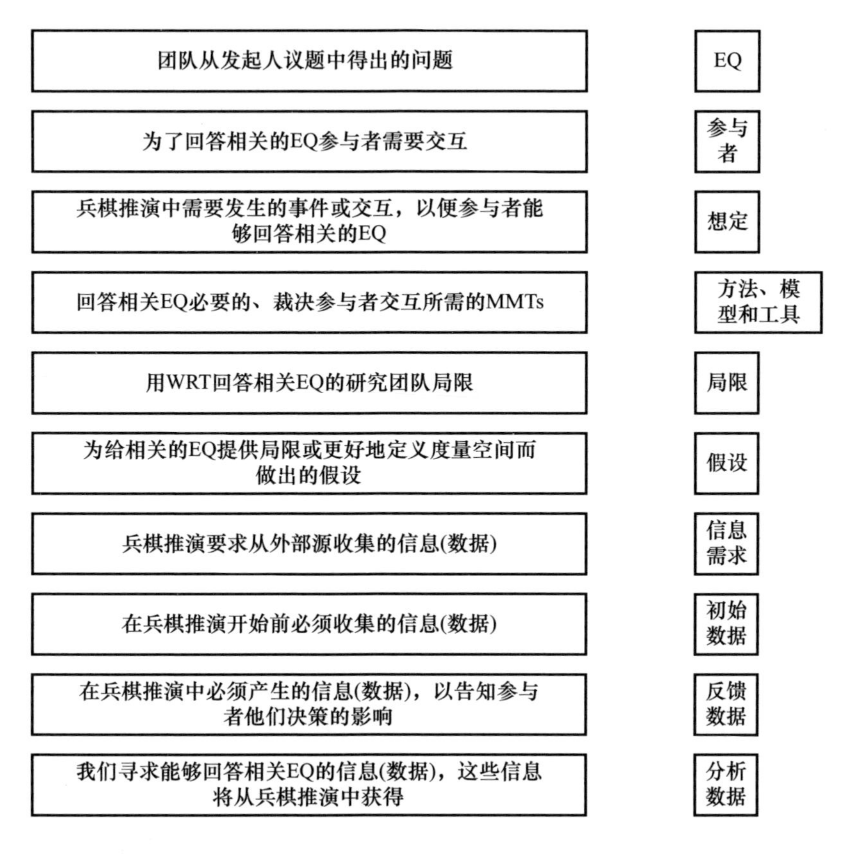

图 2　数据收集和管理计划核心要素

该计划的第一步是针对发起人的每个关键问题，确定每个问题构成的一组相应基本问题（基本问题）。所有基本问题的答案构成分析数据，它可以有多种形式，但本质上通常是定性的。

该计划的重点是将发起人的目标和问题转化为兵棋推演将要产生的信

息（数据），以便为发起人的关键问题提供见解。启动阶段结束时的关键点在于识别这些数据，及从何处收集这些数据，一旦数据收集和管理计划初稿完成，启动阶段转为设计阶段。

（二）设计

兵棋推演的设计阶段是兵棋推演开始成形的阶段。此阶段，兵棋推演团队为兵棋推演开发想定，确定支撑参与者决策所需的必要方法、模型和工具（方法、模型和工具），确定参与者名单，并获取参与者和方法、模型和工具所需的数据。兵棋推演设计通常通过迭代过程进行，迅速完成初步设计后，进行一场真实的兵棋推演测试，以确定设计过程是否按照兵棋推演团队所预想的方式进行。兵棋推演空间中有五个关键要素：想定；数据；方法、模型和工具；参与者；假设。

1. 想定

想定是兵棋推演空间中最关键的要素，每个想定都包含想定背景、参与者目标、关系、可用资源和更新机制等内容。兵棋推演团队根据需要充实这些内容，尽可能为参与者建立一个沉浸式的决策环境。其中，想定背景确定了想定的总体情况，包括作战环境、地理区域和时间要求，以及兵棋推演中的关键角色人员、总体态度、意图和目标等；参与者目标用来确定每个参与者在兵棋推演中试图实现的目标，并提供某些关键参与者之间矛盾或冲突的来源；想定关系建立了兵棋推演中所有参与者的组织结构或指挥关系；可用资源确定每个参与者在进行兵棋推演时拥有什么；想定更新机制包括如何与参与者共享信息，还可能包括更新想定过程中产生的突发事件或增添的新情况。

2. 数据

数据包括推演前和推演期间参与者所需的信息，以及参与者生成的信息。设计兵棋推演阶段对数据的要求在于确定兵棋推演所需的相关信息，以及削减不必要的无关信息。分析型兵棋推演有三种不同的数据类别：初始数据、反馈数据和分析数据。

初始数据：指兵棋推演开始前所需的数据，包括参与者对自身角色的理解，做出的决策，以及将使用的方法、模型或工具的信息。每个关键参与者通常需要一个预读数据包，用来提供有关想定、分配的角色、职责和控制的资产等特定信息。

反馈数据：通常指在兵棋推演期间，参与者参与推演产生的数据，也是一种兵棋推演进程所需的数据。开发构建参与者传播、处理数据的方法是兵棋推演团队面临的重要挑战之一，应当向每个参与者阐明真实数据和反馈数据的联系与区别。

分析数据：是兵棋推演设计过程产生的数据，也是兵棋推演团队预先决策需要的数据。这些数据的收集来源与产生形式多样，数据采集人员通过纸质或电子表格记录分析数据，并制作速览报告，召集参与者进行报告审查，以便让参与者得以纠正错误，解释说明结果。

3. 方法、模型和工具

方法、模型和工具的主要目的是支撑对推演者之间的交互进行裁决。裁决机制必须具有真实性、可信性和及时性，比较常见的方法、模型和工具裁决方式包括引导人裁决、主题专家组裁决、一致性裁决、简易模式裁决、简单概率（骰子）、战斗结果表、电子表格、作战仿真裁决等，裁决方法、模型和工具一般随着推演问题的抽象程度表现出不一样的特征，一般来讲，随着问题越来越复杂，定性方法起的作用越大。

4. 参与人员

兵棋推演团队在设计兵棋推演时应考虑参与者、参与者的决策以及参与者在兵棋推演中的实际资历和经验。确定兵棋推演实际参与者时，需要对实际参与者与预期的参与者的资历进行评估，如果存在较大差异，则需做出相关调整。例如，初级军官缺乏高级军官的经验和知识，若让其代替一名高级军官担任指挥角色时，初级军官可能需要更详细的战斗序列才足以充当该角色。

5. 假设

假设来自于很多方面，如设定的所有想定都将对真实情况做出一些假设，兵棋推演发起人可能会指定某些假设来缩小或限制兵棋推演的范围，并适应兵棋推演团队的限制。无论如何，这些假设进一步限制了兵棋推演的测量空间。

（三）开发

开发的过程就是推演设计好的兵棋，查看哪些要素是按照设计的方式工作的，及确定哪些要素没有按照兵棋推演团队的预期设计工作。开发阶段不是一个独立的阶段，也不是设计过程中的下一步，兵棋推演的设计和开发都是迭代过程的一部分。设计和开发阶段的迭代性质将导致完成几个相关的关键任务。

1. 兵棋推演测试

兵棋推演测试过程旨在强调兵棋推演组成部分，以发现潜在的故障或设计缺陷，其中还包括收集必要数据的计划。兵棋推演测试确保了兵棋推演机制正确工作，以及推演能够完成既定的目标，建议尽早并经常在设计过程中进行测试。一旦设计团队在经过多次设计和开发迭代后，就认为他们有一个可行的兵棋推演，则应该安排一个推演盲测，在没有设计师或开发人员参与的情况下进行兵棋推演。兵棋推演测试过程的最后一步是对兵棋推演进行全面预演，预演提供了一个测试兵棋推演所有要素的机会，包括参与者之间输入输出的数据流。

2. 数据收集和管理计划测试

在兵棋推演测试之前，应该对数据收集和管理计划进行筛选，并专门为数据收集人员开发数据收集方式。为记录参与者决策的方式和原因，对真实数据采集过程进行兵棋推演测试，对于确保数据收集和管理计划中规定的所有反馈和分析数据能够轻松有效地收集和处理至关重要。设计团队需要在整个预演中对数据收集计划进行测试，以确保能够收集所有反馈和分析数据，从而确保分析阶段的成功。

3. 突发事件演习

很少有兵棋推演是按照计划进行的，所以兵棋推演的设计需要考虑到突发事件。因为无法期望知道什么样的分析数据会丢失，突发事件应当在兵棋推演运行期间，在休息期间，或者在兵棋推演的两天之间的夜间制定。兵棋推演中执行的突发事件包括：附加想定、分支想定、后续想定和简略想定。另外还需要考虑兵棋推演之外的突发事件，如调查和参与者访谈。

4. 规则和程序

规则和程序的设计是为了保证兵棋推演按计划进行和参与者的任务。程序列出了如何执行兵棋推演，规则规定了参与者可以做什么和不能做什么。一般不要制定大量的规则和程序，以免参与者无法确定他们可以采取和不能采取什么行动。

（四）执行

在分析型兵棋推演中，为产生回答发起人问题所需的分析数据，设计团队需专注于设计和开发兵棋推演。然而，兵棋推演的生存能力直到执行阶段或实际参与者被引入时才能知晓。兵棋推演中有许多活动在执行阶段进行，由设计团队和兵棋推演盲测人员进行的兵棋推演测试，为执行过程中的成功奠定了基础。

执行阶段的准备工作需要预读数据包，预读数据包为参与者提供足够的信息，以便参与者理解想定、了解所担任角色的责任，还包括日程安排、联络点、旅途和住宿信息、进出设施的方向，以及根据需要对设施的访问要求等。

练习回合一般作为兵棋推演执行阶段的第一回合，其主要目标是确保所有参与者了解他们的运行边界、兵棋推演的规则和程序、关键假设、兵棋推演机制，了解及他们的决策如何影响兵棋推演整个过程和其他参与者。

与参与者面谈可收集兵棋推演的丢失数据，收集更多关于兵棋推演中关键决策背后“原因”的见解，补充分析团队在兵棋推演中发现的其他潜在数据，为参与者提供一个评论兵棋推演的机会。

（五）分析

兵棋推演分析始于对问题的基础研究，该阶段围绕数据收集和管理计划构建，并随着数据收集和管理计划的起草、信息请求的答复和初始数据的收集而继续。

1. 初始分析

初始分析可以塑造兵棋推演，并提供参与者解决兵棋推演问题所需的数据，产生发起人问题的分析结果。仔细跟踪数据采集人员在收集数据收集和管理计划分析数据方面所取得的进展，使兵棋推演管理团队能够根据需要重新定位兵棋推演。为确保生成和收集所需的分析数据保存完好，要求每天结束时书写一份速览报告。

2. 推演后分析

速览报告的初步核查结果为推演后分析提供了一个框架，当参与者审核了最终的速览报告，分析团队将收集所有剩余的分析数据，包括提供给参与者的反馈数据。然后，研究团队将仔细研究收集到的分析数据，最终目的是进一步支持初步研究结果，或者发现相互矛盾的证据，调整或推翻研究结果。

3. 分析结果描述

由于兵棋推演是一个独特事件，而非多样本空间，无法用平均值、方差或置信区间来统计，因此需汇总所有兵棋推演结果。统计的推演结果中定量分析数据不多，大多数为定性数据，定性数据的特征化需要进一步讨论，甚至需要召集专家进行分析。

4. 观察、见解和结果

推演后面谈、问卷和调查将为分析团队提供支持性的分析数据，将兵棋推演收集的数据生成为观察报告，一组观察报告能够回答一个基本问题。兵棋推演向指挥官提供这些报告，对指挥官兵力决策提供帮助，这些报告可能涵盖各种地形、天气和作战环境等数据。然后，分析团队将这些观察报告进一步分析，综合为一种见解，有助于分析师深入了解当前假设，为进一步研究确定潜在的新假设，或帮助他们理解参与者的决策。

5. 确定最终结论

当所有关键问题都得到结果后，分析团队返回速览报告，通过分析过程得出的结果与速览报告中传达的结果进行比对。若速览报告的结果得到证实，则将分析所产生的佐证证据添加到研究结果中；若速览报告的结果未得到证实，则需要对分析团队提供的证据进行认真检查，做进一步分析。

三、分析型兵棋推演设计中需关注的问题

分析型兵棋推演五阶段框架中，任一阶段中任何一行动的不当均可能

导致兵棋推演失败，在70多年的兵棋推演经验基础上，以下列举了分析型兵棋推演中需要关注的一些问题。

（一）启动阶段

1. 组建含分析师的核心兵棋推演团队

对于大型兵棋推演团队，建议在设计团队中配备一名分析师，以帮助确保兵棋推演能够产生数据收集和管理计划所需的信息，使得分析师能够了解兵棋推演的设计。根据数据收集和管理计划生成所需反馈和分析数据，分析师也可获得关于设计团队如何创建兵棋推演的信息。我们还建议在分析团队中提供非分析师服务，以确保发起人的问题得到很好的理解。

2. 与发起人就问题定义达成一致，签订协议

采用美国海军战争学院的发起人合同概念。当兵棋推演团队和发起人完成发起人交互过程，并就目标和要解决的关键问题达成一致意见后，二者签署一份正式协议，明确兵棋推演将解决的问题，其中通常包括关键约束、局限和假设等。

3. 确定兵棋推演的范围

兵棋推演团队向发起人提供一份确定兵棋推演范围的活动时间表，包括三次发起人交互、后续审查、一份测试时间表、最后的预演和实际兵棋推演天数等，使得发起人认为该兵棋推演团队是专业的、有组织的。

（二）设计阶段

1. 充分了解敌方

兵棋推演设计前，应该尽可能多地了解敌方，以便准确描述敌方在兵棋推演中的行为。规划师需要确保兵棋推演规划了一个充满活力、思维敏捷、定位准确的敌人，使部队为可能面临的情况随时做好准备。

2. 设计具有数据收集和管理计划的兵棋推演

精心设计的数据收集和管理计划为兵棋推演规划师提供发起人的关键问题，规划师需要创建的兵棋推演事件和交互，以及一场兵棋推演的进度报告系统，数据收集和管理计划允许数据采集人员了解收集了哪些分析数据。数据收集和管理计划是一个活的文档，随着每次兵棋推演测试和重新设计而不断更新。

3. 设计应急处置计划

设计全面的兵棋推演测试，特别是兵棋推演盲测，以帮助参与者确定兵棋推演的方向。多次兵棋推演盲测提供了解兵棋推演、完善规则和程序的机会。经验丰富的兵棋推演专家应该被鼓励尝试打破常规兵棋推演。

4. 平衡真实性与可推演性

进行多次兵棋推演测试是在真实性和可推演性之间找到平衡的关键步骤，通过经验丰富的兵棋推演参与者进行兵棋推演盲测，并以特定的事后评估结束，征求他们对可推演性和真实性的意见，为兵棋推演团队提供关于兵棋推演设计的可行见解。

5. 扩展测量空间

调整现有方法、模型和工具需要的大量资源，需要开发的新数据、资源，创建实用且可验证的数据始终是一项挑战，团队需要进行一些研究，且可能需要发起人的帮助来制定所需数据的预测。

（三）开发阶段

1. 推演测试

建议团队采用“三分之一/三分之二”的规则，即仅使用分配的设计开发时间的三分之一，将第一个设计起草成可推演的形式，从简单的设计开始，并逐渐添加细节。建议兵棋推演测试人员迅速将测试结果返回给设计团队，在最后预演前至少进行三次兵棋推演测试。

2. 测试方法、模型和工具

方法、模型和工具需要在真实的兵棋推演场地进行测试，装备所有硬件和软件运行，成功概率更大。确保有适当的专业知识用以运行和排除方法、模型和工具故障。如果方法、模型和工具需要大量的时间来产生结果，则需要围绕方法、模型和工具的输入输出功能来构建兵棋推演计划。

3. 全面预演

全面预演的目的是确保兵棋推演按照设想的方式进行，因此建议在兵棋推演实际场地进行。全面预演应尽可能全面地测试兵棋推演的方方面面，包括所有方法、模型和工具以及管理和支持功能。兵棋推演需要测试的关键方面包括：

（1）裁决工具是否有效，是否按计划运行？

（2）数据采集者是否受过专业培训，能否确保他们能够连续工作？数据收集表是否进行了测试？是否设置存放额外数据收集结果的场地？

（3）引导人是否检查了场地、和参与者之间是否有遮挡？关键参与者将坐在哪里？

（4）白方参谋人员是否经过培训和锻炼？是否准备好在执行中搜索数据？

（5）是否对参与者的物品、休息室、信息技术支持以及其他服务做出管理规定？

（四）执行阶段

兵棋推演需要一个导演，来确保兵棋推演遵守计划表，进而产生必要的分析数据。对于大型兵棋推演，导演是一个全职性工作，负责所有参与兵棋推演执行的事务，需要了解兵棋推演是如何构建的，兵棋推演在执行时是如何运作的，以及兵棋推演分析数据需要得到什么结论等。

（五）分析阶段

1. 将调查结果与问题相关联

正确完整的数据收集和管理计划能够确保兵棋推演团队解决所有发起人的问题，因为在兵棋推演过程中收集的所有反馈和分析数据均可通过子问题追溯到发起人的相关关键问题，这就可以确保每个关键问题有足够的分析数据支持其研究结果。

2. 在分析团队中包含适当的中小企业

虽然分析师擅长分解问题，但若要从基本问题中综合分析数据，得到更高层次的见解，往往需要关键问题相关的主题专业知识做支撑，将中小企业招募、安排和整合到分析团队中，以进行推演后分析。

3. 与利益相关者一起审查最终报告

兵棋推演的参与者和利益相关者，都为最终结论提供了一定程度的专业知识，且他们需要对结果有最终决策权。参与者和利益相关者的任务在于证明研究结果的真实性、可靠性，而不是重新讨论兵棋推演，因此需严格管理报告，设定回应和反驳的期限，同时审查最终报告与原始分析数据，以确保调查结果的一致性和准确性。

四、结束语

目前，美军的兵棋技术相对较成熟，尤其是系统设计的思想和功能程序开发方面。因此，在收集战争历史资料，加强对外军兵棋推演的学习与借鉴的同时，依托在兵棋推演设计、作战模拟领域的研究成果，研究战争军事经验和战场数据，探索兵棋推演规律特点，开发适用的兵棋推演系统，对于推进作战决策和军事训练研究意义深远。

（国防大学联合作战学院　杨镜宇　张玉婷）

美国海军“先进海军技术演习”分析

2021 年 10 月，美国海军航空系统司令部空战中心航空分部组织完成本年度“先进海军技术演习”（以下简称“技术演习”），围绕“海上联合战争”主题，对 20 多项新兴技术进行现场演示和评估。近年来，美国海军科研机构每年组织若干场“技术演习”，广泛汇聚社会和海军人员，推动先进技术向海军和海军陆战队转化。

一、基本情况

2015 年，美国海军发布新版《海军科技战略》，强调预判潜在技术突袭，快速响应海军作战需求，加快先进技术成果转化。在战略牵引和海军研发与采办助理部长的支持下，美国海军科研机构发起了“技术演习”活动，针对特定技术需求和新兴作战概念，鼓励技术和作战人员在现实模拟环境下测试原型样机，以学习和理解新兴技术，促进技术的实战应用。

在“技术演习”中，美国海军研究实验室、水面战中心、水下战中心、空战中心、信息战中心等海军科研机构作为主办方，负责拟定演习主题，征集和筛选技术提案，并为参演单位提供技术支持、专业知识、靶场设施和评估手段；高校、企业等单位提供技术方案和原型样机；海军装备发展决策者和作战人员负责提供演习创意、作战能力需求和专业意见，参与技术方案评估，并为技术的后续开发提供资金支持。

美国海军“技术演习”一般分为四个步骤：首先，主办方在演习开始前半年至一年的时间内发布演习公告，阐述演习背景、主题和需求，列出演习聚焦的技术领域和关键节点安排，寻找潜在参与者；其次，主办方组织评估团队审查技术提案，重点考虑能在12至18个月内实现部署的技术，并向符合演习要求的参与者发出邀请；第三，组织“技术演习”，由需求编制官员、采办官员、作战人员等共同评估技术的实际效用和潜在价值；第四，签订小企业创新研究计划合同、合作研发协议或其他交易协议，进一步开发和转化技术。

二、演习内容

2015年至2021年10月，美国海军共组织十余次“技术演习”，2020年受疫情影响未组织。

（一）美国海军水下战中心牵头的演习

美国海军水下战中心（NUWC）隶属海上系统司令部，负责提供水下作战相关的全面支持，包括研发、工程、试验、鉴定和全寿期保障，研究范围涉及潜艇、无人潜航器、进攻与防御武器系统、声纳与反声纳、潜艇通信和电子战系统、水下战建模与分析等。该中心下设纽波特和基波特两个分部，拥有近6230名雇员，2022财年预算超过14亿美元。

2015—2019年，水下战中心牵头组织五届“技术演习”。首届主题是“海底星座”，规模较小，披露信息较少；第二届是“跨域通信与指控”，演示了整体海洋环境下的多域联合作战效能；第三届“对抗环境下的战场准备”，展现了水下、水面及空中系统设备之间的通信指控能力，验证了无人系统在监察、水雷战等对抗环境中的战备效能；第四届“人机交互”，探索了平台在目标探测、定位和追踪方面的应用，验证了机器学习、数据分析、集群决策等技术，为海军系统平台与人工智能、机器学习、自动化等技术的深度融合提供了方向和途径；第五届“备战之水下安全”，主要聚焦指控、通信、军队防护、无人系统和后勤领域（表1）。

表1　美国海军水下战中心牵头演习的基本情况

时间	主题	主要内容	规模	效果
2016年	跨域通信与指控	“黑翼”无人机在潜艇和多艘无人潜航器间的信息中继传输；浅水监视侦察系统；海战碳纳米管材料；海底持久动力源；海上声学特性建模及环境规划；海洋无人移动系统；无人平台传感系统等	30多家单位400余人参加，42份提案，10场演习	签署10份合作研发协议
2017年	对抗环境下的战场准备	对抗作战中的水下精确导航网络、海洋网络、无人潜航器信号情报、全球声学定位系统、海上态势感知等	40多家单位580余人参加，43份提案，24场演习	签署24份合作研发协议
2018年	人机交互	无人系统的通用指控和通信、分层防御的分布式传感、海底战、自主及协同水下传感和通信、深度机器学习、水下悬浮充电节点，以及无人潜航器、无人水面艇和无人机间的端到端多域连接等	55家单位800余人参加，54份提案，29场演习	签署33份合作研发协议

续表

时间	主题	主要内容	规模	效果
2019年	备战之水下安全	距离异常检测演示、分布式水下威胁的自主识别、反水雷探灭雷、近岸环境数据收集、环境情报准备、地球物理海底监视系统、海洋哺乳动物监测等	60多家单位800余人参加，86份提案，42场演习	签署49份合作研发协议

（二）美国海军与海军陆战队联合小组牵头的演习

为支持美国海军陆战队“21世纪机动作战两栖攻击”作战概念的发展，推动两栖作战力量建设，2017年4月至10月，美国海军和海军陆战队联合成立的任务小组以“舰岸机动探索与实验”为主题开展了多轮演习，重点验证了无人系统和移动宽带网络在登陆作战中的应用。演习项目包括：无人系统与有人系统协同作战、便携式无线宽带通信、可视化情报信息共享、不依赖GPS的导航定位等。

（三）美国海军信息战中心牵头的演习

美国海军信息战中心（NIWC）是美国海军信息战系统司令部的下属机构，主要负责为海军和联合部队提供指控、通信、计算机、情报监视侦察（C^4ISR），以及网络、太空、自主无人系统等领域的能力，并提供信息战有关的技术、试验和工程支持服务。该中心下设太平洋和大西洋两个分部，拥有1万余名雇员，2022财年预算近30亿美元。

2019年以来，美国海军信息战中心共牵头组织了两届“技术演习”。其中，“西部高技术演习”旨在为海军和海军陆战队提供新的指控和监视技术，以在高端战争环境中占据优势；“对抗环境下的一体化海军”演习聚焦指控、通信、机动、火力及效能、舰队支援、信息环境中作战6个能力领域，验证了技术原型在远征前沿基地作战、分布式海上作战等作战概念中的应用（表2）。

表2　美国海军信息战中心牵头两场演习基本情况

时间	主题	内容	规模
2019年	西部高技术演习	对通信、传感、对抗、指控、非动能火力、反情报监视侦察和瞄准等技术系统进行了评估	约60家单位参加，演示80多项新兴技术和系统
2021年	对抗环境下的一体化海军	评估射频波形、自主空中和海上载具、高级传感器、光通信、网络安全应用程序和各种软件功能等技术原型	160名技术人员参加，演示65项新技术和系统

（四）美国海军水面战中心牵头的演习

美国海军水面战中心（NSWC）隶属于美国海军海上系统司令部，负责提供水面作战有关的全面支持，包括研发、工程、试验、鉴定和全寿期保障，研究范围涉及水面作战的所有领域，包括水面舰艇作战系统、水面与水雷战系统、爆炸物处理、两栖作战系统、特种作战系统、武器系统、水面作战后勤与维护等。其下设8个分部，拥有雇员近2.2万人，2022财年预算为53.85亿美元。

美国海军水面战中心怀尼米港分部牵头的“技术演习”自2018年以来与海军“海岸三叉戟”演习联合进行，演习参与单位包括美国海岸警卫队、国家标准与技术研究院等。2021年美国海军水面战中心在南加州牵头的演习聚焦传感数据融合、海事通信、光谱成像、数字工程、无人系统等领域，共进行12场演习，涉及35个技术主题的50个演习项目。

（五）美国海军空战中心航空分部牵头的演习

美国海军空战中心航空分部（NAWCAD）隶属于美国海军航空系统司令部，主要负责为海军和海军陆战队飞机及其相关系统提供研发、测试和维修服务。海军空战中心拥有16640名雇员，2022财年预算近60亿美元。

2021年美国海军空战中心航空分部在帕塔克森特河海军航空基地举行为期长达11个月的“技术演习”，海军信息战中心、美联邦航空局以及大量承包商参与其中。此次演习聚焦海上联合作战，重点关注弹性通信系统和数据网络、灵活定位导航授时、无人机、5G、自主等技术，集中演示了20多个项目，有望大幅提高海军态势感知和空中交通管控能力。

三、演习特点

（一）主题贴合海军技术创新需求，响应顶层战略规划

“技术演习”围绕特定主题和技术领域进行，不提出要解决的具体问题和详细需求，以此为参与者争取构思技术方案的发挥空间。参与者只需简述拟提报方案与演习主题的契合度，就有机会参加演习。演习主题紧密贴合海军技术创新需求，一般根据专家小组、战略规划文件构想的未来作战场景进行设定。例如，水下战中心针对海洋任务小组提出的“更好地利用科技来维持水下主导地位”建议，开展“备战之水下安全”演习；围绕海军作战部长《维持海上优势设计2.0》指南提出的“从海底到太空、从水面到沿海并在信息域威慑敌人”的未来海上部队构想，信息战中心组织了“西部高技术演习”。

（二）多部门协作策划组织，推动海军技术协同创新

大部分“技术演习”都由美国海军多个科研、装备和作战部门协作策

划和组织，设计了复杂的作战场景和挑战，从技术、规模化部署、战术和作战概念等方面，快速对新兴能力进行试验、学习和反馈，为解决美国海军面临的关键作战挑战提供了机会。一般情况下，美国海军科研机构负责了解作战需求，为开发技术原型提供信息，争取与工业界和学术界合作的机会，同时对演示的技术进行评估并提供数据分析及可视化工具；美国海军作战部队参与技术解决方案的开发，对新技术的价值和适用性提出意见，评估新技术衍生的作战策略和概念；美国企业、大学和政府所属其他科研机构负责向作战人员展示新兴技术在模拟作战场景中的应用。

（三）广泛吸纳非传统供应商，转化利用先进商业技术

为最大程度地吸纳非传统供应商的参与，美国海军“技术演习”呈现出开放性、低门槛的特点，参加者不必拘束于组织形式、规模、所在地等条件，只要所提方案符合演习主题均可报名参加。在开放式征集方式下，“技术演习”征集到的方案逐年增多，如美国海军水下战中心牵头演习的方案由 2015 年的 1 份增至 2019 年的 86 份。在报名阶段，美国海军还针对性地了解企业需求，从场地、设备、人员保障等方面调派力量，以更好地调动非传统供应商参加。历次演习中，除了诺斯罗普·格鲁曼、洛克希德·马丁等军工巨头，大批从未承担国防任务的小企业也参与其中。例如，在 2019 年的“东部高技术演习”中，超过 60% 的参与者为首次参与，参与演习的大企业和小企业数量基本相当，且小企业中有较高比例的初创企业。

四、结束语

美国海军通过“技术演习”精简先进技术发现流程，搭建了海上作战需求与创新力量的直接对接平台，加速了前沿性、创新性技术在美国海军的应用。因此，可借鉴美国海军“技术演习”的做法，围绕作战需求搭建技术演示、测试和评估的平台，加快前沿性、颠覆性技术的发现和采用。

（中国船舶集团第七一四研究所　郭宇　孙兴村）

美国空军“试验旗”系列演习

近年来，美国空军将“像作战一样训练”的理念推广应用到新技术、新战术、新能力的试验中，创新推出了“橙旗”“翠旗”“黑旗”三个新的以“像作战一样试验”为核心理念、相互联动、三位一体、试训结合的“试验旗”系列演习，为加快研制“天生联合”武器装备体系和快速形成全域作战能力提供重要试验环境。

一、演习背景

为了在与中国、俄罗斯的大国竞争中保持绝对领先优势，在确保完整性和杀伤力的同时，以越来越敏捷的方式部署新的战术和技术，美国空军装备司令部试验中心和空战司令部作战中心共同创建了由“橙旗”“翡翠旗/翠旗”和“黑旗”构成的三位一体的“试验旗复杂组织体”（TFE），以提供成熟和系统性部署的全域试验能力和试验量（Capacity）。这些所谓的“试验旗”是首要的大型兵力试验活动，支持联合全域指挥与控制（JADC2）和先进战斗管理系统（ABMS）的试验，并可验证作战部队的新技术、新战术和新能力。作为全域大型兵力试验系列系统，“试验旗”重点功能包括杀伤网集成、高级生存力和数据驱动实验。美国空军试验中心（AFTC）的多域试验部队（MDTF）牵头“试验旗”演习的资源配置、组织和协调工作。美国空军“试验旗”系列演习基本情况如表1所列。

表1 美国空军“试验旗”基本情况

演习名称	起始时间	演习定位	关注重点	牵头单位	演习主基地	演习频次
“橙旗”	2017年10月	研制试验为主，引入作战背景。在装备研制早期，将具有不同成熟度等级的技术集成到典型多域作战场景中进行试验，及早发现系统使用问题，并提供更早改进机会	聚焦于在威胁密集型且具有作战代表性的环境中，使用跨领域传感器的数据信息，评估互操作性、杀伤力和生存能力，以及各个作战系统的整合能力	美国空军试验中心412试验联队	爱德华兹空军基地	1年3次
“翠旗”	2020年12月	更强调研制试验与作战试验的一体化和跨军种、跨领域的一体化试验	检验空、天、陆、网四个作战域的平台进行快速、高效、安全的大容量通信共享能力，以及通过数据驱动的信息处理及分析，加速作战决策的能力。演习旨在极大地提高美军在印太战区执行联合任务的能力	美国空军试验中心第96试验联队	埃格林空军基地	1年4次，每季度1次

续表

演习名称	起始时间	演习定位	关注重点	牵头单位	演习主基地	演习频次
“黑旗”	2020年12月	作战试验及战术开发为主	聚焦实战化、规模化、一体化的高烈度、高威胁环境，进行作战试验和战术开发，以挖掘战斗机、轰炸机、情监侦飞机等装备的新能力，并对这些装备的协同作战能力进行进一步探索	美国空军第53试验联队	内华达试验训练靶场	每年两大、两小

二、演习内容

2021年，美军践行“像作战一样试验”理念，频繁开展“橙旗”“翠旗”和“黑旗”这些首屈一指的大型兵力试验活动，支持其联合全域指挥与控制（JADC2）和先进战斗管理系统（ABMS）的试验测试，并协助开发确认作战部队的新战术和新技术。

（一）“翠旗21－1”演习旨在探索新技术、新作战概念

“翠旗”演习（图1）是一个季度性活动，旨在支持多域杀伤网技术的快速试验，这些先进的杀伤网最终是为了支持任务指挥官，协助他们快速识别和选择任务选项，并对目标产生影响，将多个传感器、效应器（从导弹到激光等）以及跨越空中、陆地、太空、地表、地下和网络领域以及不同军种的支持要素结合起来。

2021 年 3 月22 日至26 日，“翠旗21 - 1”，埃格林的第二轮本土多域试验演习在埃格林试验与训练靶场举行，由美国国防部和工业界的 20 多家机构参加参与，探索新的作战概念和新技术。“翠旗”侧重于提供一个试验场，为提升新型复杂武器系统的先进性提供一条途径。这项工作引导已部署技术与先进的远程杀伤链使能程序的交叉融合。这次大型军力试验事件将高质量的相关实验技术整合到多域作战场景/想定中，该多军种协同工作的重点是创建实时动态训练场景，同时提高联合全域指挥控制的试验效能。美军通过此次演习发现了试验训练能力的差距，打算通过使用商业设备来提高发射器的质量和数量，提高飞行员的生存能力。

图 1　“翠旗”演习概念图

（二）2021 首轮“橙旗”与“黑旗”联合演习推动跨域数据集成

2021 年 3 月2 日至4 日，“橙旗“与”黑旗”联合演习在加利福尼亚州 R - 2508 靶场综合设施和内华达州试验训练靶场（NTTR）举行，重点是将“杀伤网”集成和隐身平台对抗高科技对手的生存能力作为其核心要素。参演部队主要是美国空军第 412 联队与第 53 联队，测试了用跨域数据收集方式进行任务规划的能力。

“橙旗”演习的重点是“杀伤网”集成，就是用跨域（陆、海、空、天、网）的传感器及配套部件，运用所有可用方案，形成灵活、可调节的“杀伤网”，获得关于潜在目标的信息，然后将信息快速提交给指挥官，使其能快速选择和制定装备任务分配方案。

“黑旗”对更成熟的武器及项目进行了类似的集成演习，并测试和验证了 HH－60G“铺路鹰”直升机的空战生存能力，F－35 的电磁辐射控制策略改进状况，并评估了 F－16 战机的机载雷达。“黑旗”演习旨在通过深端试验发掘现有装备的极限能力。

（三）2021 首轮“橙旗”与“翠旗”联合演习测试大规模杀伤网和自主无人机技术

美国空军最近举行的大型兵力试验活动借助远程“杀伤网”技术和一种自主无人机的集成再一次推动现代空战的边界。2021 年 6 月 24 日，位于加利福尼亚州爱德华兹空军基地的空军试验中心第 412 试验联队主导的“橙旗 21－2”演习与远在 2000 多英里（3000 多千米）外的佛罗里达州埃格林空军基地的“翠旗”演习活动协同展开。这种组合旨在演示验证远程数据链接和目标定位能力。此外，作为“橙旗”演习的一个重要组成部分，美国空军先锋计划“天空博格人”（Skyborg）自主核心系统搭载通用原子公司的 MQ－20“复仇者”无人机参与其中，这是第一次在大型兵力试验活动中进行的自主操作无人驾驶飞行器试验。此外，美军在册的几乎所有类型的战斗机，包括一架 B－52H 和一架 B－1B 也都在 R－2508 综合体参加了“橙旗”演习。

（四）首次举行“试验旗”三旗联合演习，以促成实现远距多路杀伤链

美国空军“试验旗复杂组织体”10 月 26 日联手出击，组织“橙旗”“翠旗”和“黑旗”分别在以下 3 个地理位置同时举行了试验活动：加州爱德华兹空军基地 R－2508 综合体、佛罗里达州埃格林湾试验训练场和内华达州试验训练场。这是3个原本独立执行的大规模兵力试验活动首次实现实时协作同时执行，重点试验了确保地理位置不同的作战空间之间的电子数据共享能力，以促成远程多路杀伤链的实现。

演习期间，位于3个不同战场的飞机首次使用低延迟数据链网络进行了多路连接，由每个“试验旗”创建的机载Link－16网络，将数据传输到各种地面链路，然后进行互传，跨战场多路传输距离超过2400千米，测试了实现杀伤网的关键使能技术。其中，参与“橙旗”演习的飞机包括F－35A战斗机（图2）和两架通用原子公司MQ－20“复仇者”无人机，它们携带“天空博格人”自主核心系统进行了持续数小时的飞行试验；而“翠旗”演习特别专注于联合全域指挥与控制（JADC2）目标，完成了远距杀伤网端到端连接的关键步骤；“黑旗”演习由于有美国海军陆战队力量的最新加入，设立了大规模海上攻击作战想定，试验了EC－130H“罗盘呼叫”、F－15E“攻击鹰”和EA－18G“咆哮者”的联合电子攻击战法，以及近乎实战场景的其他能力和战术。

图2　参加“橙旗”演习的F－35A战斗机

三、几点认识

（一）演习思路颠覆传统模式，促进装备与作战集成创新

从近年美军开展的“试验旗”系列演习活动中可以看出，美国空军的“橙旗”“翠旗”和“黑旗”三种军事演习正在越来越多地结合起来，推进协同工作并提供强大的贴近实战的试验环境，有力支持了对美军联合全域指挥与控制（JADC2）和先进战斗管理系统（ABMS）的验证工作，协助推进联合全域作战和国防战略。在三旗联动演习中运用了“深端试验”理论和一体化研制试验与作战试验策略，不仅打破了传统上按线性逻辑进行顺序试验的模式，能够通过一场演习实现试验链条上的多个目标，而且能够通过其中一些试验科目的组合，体系化地解决武器和战术耦合问题，进而发掘出新的作战能力。通过强化试验边界条件的探索，美军将“深端试验”理论和“试不能”的理念贯彻到试验演习的设计、实施和评估等各个环节中，大力推动装备与作战集成创新。

（二）演习追随时代步伐，聚焦前沿技术测试

“试验旗”系列演习强调跨机型、跨军种的互操作性。近年来，随着网络化、自主化、智能化的发展趋势，以及“联合全域指挥控制”“先进战斗管理系统”等概念和平台的不断发展与成熟，“橙旗”“翠旗”等系列演习聚焦于数据的互联互通和共享、自主核心系统的跨平台测试以及跨域杀伤网的集成等前沿技术。例如，“翠旗”整合了埃格林空军基地的“5 个 W”：武器（weapon）、水（water）、网络（web）、小部件（widget）和作战人员（warfighters），构成一种高度集成化环境。在这样的环境中可以全方位测试跨域通信以及信息共享能力，从而评估其信息分析处理和作战决策能力。

通过不断试验、评估和改进，推进“全域联合作战行动”概念的落实。在未来的“试验旗”系列军演中可以期待更多涉及先进技术、先进作战概念和先进战法的试验演习信息。

（三）参演单位众多、装备谱系齐全，新老装备悉数登场

近年来，美军参与“试验旗”系列演习的单位众多，涉及预研机构、承包商、军方研制试验部门、作战试验部门和作战部队等。以“翠旗”为例，截至2021年8月，美国空军共举行了3次该系列军演，参演单位均保持在20个以上。多单位、跨部门的参与有利于检验数据链互联互通的能力，从而更加准确地评估其建设情况。近年“试验旗”系列演习的参演装备除现役主力战斗机F－15E、F－16、F/A－18、F－22、F－35、B－2A轰炸机和电子战飞机外，极少被公开曝光的RQ－170高隐身无人侦察机、在研的AN/ALQ－250“鹰被动/主动生存告警系统”（EPAWSS）、先进机载电子战系统、F－15EX、F－16V战斗机等新型装备也参与其中，甚至老龄的U－2电子侦察机和商用飞机（Xcub）也被派上用场。

（四）LVC分布式试验能力为演习提供支撑

美军“试验旗”系列演习取得成功，离不开美国国防部三大试验投资计划长期持续投入所建起的贴近实战的LVC分布式试验能力和先进试验测试技术的有力支撑。通过上述三大试验投资计划多年持续滚动投资开发的工具和基础设施能力，如试验与训练使能体系结构（TENA）中间件、InterTEC、“增强遥测综合网络”（iNET）、“通用靶场综合仪器系统”（CRIIS）和LVC仿真基础设施等，使“黑旗”“橙旗”和“翠旗”军演的主战场——内华达试训靶场（NTTR）、爱德华兹空军基地、埃格林空军基地等在其现有能力中可以提供更好的互操作性，更容易重用其他靶场的资产以及提供更逼真的试验和训练环境。

（五）组建多域试验部队，牵头演习资源配置、组织和协调

围绕“橙旗”“翠旗”等演习活动的开展，美国空军试验中心（AFTC）司令官克里斯托弗·阿扎诺少将于2020年10月1日在加利福尼亚州爱德华兹空军基地成立了空军试验中心第1分遣队，作为一支多域试验部队（MDTF），将与美国空军“橙旗”“翠旗”和“黑旗”这些大型兵力试验活动并肩工作，牵头三位一体“试验旗”系列演习中的资源配置、组织和协调，以满足美国军队对测试多域能力日益增长的需求。多域试验部队的目标是填补试验组织间的缝隙，确定以相关速度连接、协作或创造新技术能力的需求。多域试验部队是美军的一种作战实验新范式。目前，美国空军多域试验部队已经支持了“试验旗”系列、“北方利刃”等多个试验演习，初步形成了全面作战能力。

四、结束语

“橙旗”“翠旗”和“黑旗”作为三位一体“试验旗”复杂组织体协同工作，为推进美国国防战略和联合全域作战提供了一类庞大的贴近实战的试验与训练平台，可有效用于测试美军新的武器系统、新技术和战术，将装备作战能力推向极限（“试不能”），并为复杂的作战需求快速制定解决方案。由“橙旗”“翠旗”和“黑旗”构成的大型军力试验复杂组织体，正以高效和快速的方式将美国的一些最先进的能力投入前线。

（航空工业信息中心　张宝珍　杨佳会）

美军“北方利刃2021”演习

2021年5月3日至14日，美军在阿拉斯加及其周边地区举行了“北方利刃2021”联合军事演习，这是美军本年度在特定地区举行的大型军事训练演习。来自美国空军、海军、陆军及海军陆战队的1.5万名官兵、6艘舰船和240余架各型飞机/无人机参加演习，参演部队围绕深化“联合全域作战”概念，构建全域联合指挥与控制体系，强化未来高威胁环境下的攻防作战能力，展开了为期12天的多科目密集演训活动。在演习期间，美军对包括F-15EX战斗机和多种新型电子吊舱在内的新装备进行了测试，对高超声速武器杀伤链集成、四代机和五代机的电子攻击战术等新战法、新战术进行了演练，进一步加强了各军种间跨域协同联合作战能力。此次演习充分展示了美国对竞争对手实施军事威慑，加快创新战术战法，保持军事技术优势以应对未来挑战的战略意图，具有鲜明的针对性。

一、演习背景

“北方利刃”系列演习的历史可以追溯到1975年，是冷战时期美军为了应对苏联在阿拉斯加方向的威胁而组织实施的联合演习，以使各军种适应北方的气候条件和战场环境，最初一年一度，后改为两年一次，成为美军固定举行的重要演训活动之一。“北方利刃”演习以美国空军为主，美国海军、陆军和海军陆战队参与配合。尤其是进入 21 世纪后，其他军种的参与程度持续加深，呈现出多军种密切协同和联合作战的特点，这种特点在本次“北方利刃 2021”演习中表现得尤其明显。

近年来，中俄在“反介入/区域拒止”作战能力上的持续进步，让美军感受到很大的威胁；其次，本次军演也针对近年俄军在阿拉斯加和北极方向的频繁军事活动，据美国军方声称，2020 年俄军机飞越阿拉斯加空域的次数超过冷战结束以来的任何一年；最后，自 2016 年以来，美军不断推进新型作战概念的开发和论证，从“多域战”到“联合全域作战”，需要对新装备、新技术和新战法进行演示和验证，而“北方利刃”联合军演就是一个绝佳的场合（图 1）。

图 1　美军提出的“联合全域作战”概念在于将海、陆、空、天、网等全作战域的力量整合为一体来实施联合作战

二、演习过程

（一）参演兵力

“北方利刃2021”演习由美军印太司令部发起，太平洋空军司令部组织实施，来自印太司令部责任区以及美国本土的空军、海军、陆军及海军陆战队约1.5万名官兵参加演习，是近年来“北方利刃”系列军演中规模较大的一次。演习区域主要在联合太平洋阿拉斯加综合训练场、阿拉斯加湾和临时划定的区域，涵盖了从阿留申群岛到阿拉斯加半岛约15万千米^{2}的空域和约13万千米^{2}的海域。演习将依托阿拉斯加地区多处军事基地、民用及两用机场进行，包括埃尔门多夫－理查德森联合基地、埃尔森空军基地、艾伦陆军机场、泰德·史蒂文斯国际机场和朱诺国际机场等。

参加此次演习的美国空军部队及装备包括第53联队下属第28、第85测试评估中队，装备F－15EX“鹰”Ⅱ、F－15C“鹰”、F－15E“打击鹰”战斗机；第422测试评估中队，装备F－35A“闪电”Ⅱ战斗机；第556测试评估中队，装备MQ－9“死神”无人机；第49测试评估中队，装备B－52H“同温层堡垒”战略轰炸机；第96测试联队第40测试评估中队，装备F－15C/E战斗机；第9侦察机联队，装备U－2“龙夫人”高空侦察机；空中国民警卫队第174攻击机联队，装备MQ－9“死神”无人机。

美国海军及海军陆战队派出“西奥多·罗斯福”航空母舰打击群、“马金岛”两栖戒备群和第15陆战队远征部队的部分舰只和单位参加了“北方利刃2021”演习，包括尼米兹级核动力航空母舰“西奥多·罗斯福”号、提康德罗加级导弹巡洋舰“邦克山”号、阿利·伯克级导弹驱逐舰“拉塞尔”号、黄蜂级两栖攻击舰“马金岛”号、圣安东尼奥级两栖船坞登陆舰

“圣迭戈”和“萨默赛特”号6艘舰艇。其中，“西奥多·罗斯福”号航空母舰搭载的第11舰载航空联队装备了F/A－18E/F“超级大黄蜂”战斗机、EA－18G“咆哮者”电子战飞机、E－2C“鹰眼”预警机和MH－60“海鹰”直升机等。

美国陆军派出第25步兵师第4步兵旅战斗队（空降）、第17野战炮兵旅及2个航空营参加“北方利刃2021”演习。

（二）演习内容

在“北方利刃2021”演习中，以推进新概念、演练新战法、验证新技术、测试新装备为中心，安排了大量具有针对性的演训科目，对多种作战平台和作战装备进行接近实战环境的测验，对多种创新性的战术战法实施演练。本次军演重点围绕高端和真实的战场环境中的战斗机空战演练展开，尤其强调在强电子干扰条件下四代及五代战斗机的态势感知和联合进攻能力。在此基础上，又通过与陆军、海军及陆战队的协同配合对未来组织“联合全域作战”进行了探索，以达到能够从全作战域获取信息并相互支援的水平，推进联合作战能力建设，从而提高参演部队的战备水平。此外，美军还要通过此次演习为完善软硬件和战术系统提供有力支撑，为印太司令部空军将战法融入新型作战概念提供经验指导。

1. 美国空军演习活动

测试强电子对抗环境下的装备性能。F－15EX“鹰”Ⅱ战斗机是F－15系列战斗机的最新升级型，于2021年3月交付空军，首次亮相于“北方利刃2021”演习（图2）。第85测试评估中队通过对2架F－15EX的测试数据的收集，对战斗机在GPS定位系统、机载雷达以及Link－16作战数据链受到干扰的强电子对抗环境下的表现进行了评估，还对该机的“鹰”式被动/主动预警生存系统（EPAWSS）、综合雷达系统、驾驶舱和数字头盔显示系统的性能进行了测试，并检验了 F－15EX 与第四代/第五代战斗机的互操作性。

图 2　参加“北方利刃 2021”演习的 F－15EX 战斗机在进行测试飞行

F－15C 在演习中携带“军团”红外搜索跟踪吊舱，可为作战平台提供一种辅助目标捕获手段，尤其在机载雷达系统受到干扰而无法发现目标的情况下将发挥重要作用。演习显示“军团”吊舱在密集的电子攻击威胁环境下可以有效运作，这是该吊舱在实际部署前的最后测试。

F－35A 战斗机搭载 30P06 软件套件，第 422 测试评估中队对该软件在真实威胁环境下的运作情况进行了测试评估，进而提出如何降低雷达反射截面的改进建议。同时，还测试了 F－35 与第四代/第五代战斗机的电子攻击战术、技术和程序，以及在阿拉斯加湾与海军舰艇、战机的战术协同和联合互操作能力。

MQ－9“死神”无人机搭载新型吊舱，包括加固的目标瞄准吊舱和“死神防御电子支持系统吊舱”（RDESS），能够收集战场地理定位信息，确保载机在高对抗环境下与潜在威胁保持安全距离。演习还评估了 MQ－9 经过升级的抗干扰反诱骗系统，以减轻 GPS 受到干扰时对平台造成的潜在影响。

探索联合全域作战能力。纽约州空中国民警卫队第 174 攻击机联队在演习中利用 MQ-9 测试了 3 种新型吊舱，旨在将 MQ-9 集成到全域指挥与控制系统中。吊舱包括诺格的“自由”吊舱，使用 IFDL 机间数据链、MADL 多模先进数据链、Link-16 数据链和战术目标网络在四代机和五代机直接建立通信和数据交换联系；超级电子公司的“罗塞塔回声先进载荷”(REAP) 吊舱，通过改善和地面系统的数据传输增强目标指示能力；通用原子公司的中线航电吊舱，可以在 MQ-9 上集成人工智能等原始设计中不具备的硬件设备。

第 9 侦察机联队的 U-2 侦察机在演习中充当了战场情报、监视与侦察的关键角色。第 53 联队称 U-2 在演习中进行了通信网关测试，通过机载转换器使 F-22 和 F-35 战斗机实现数据链的双向通信。

除了上述具体作战平台和装备的测试评估外，美军在此次演习中还重点演示联合全域指挥与控制系统的运作，演习内容涉及联合全域指挥与控制的各个方面，包括从 SpaceX 星链和远程卫星终端提供的天基互联网能力，以及电磁频谱领域的不同技术，比如干扰和雷达。

实现高超杀伤链闭合模拟实验。第 49 测试评估中队的 B-52H 轰炸机在巴克斯代尔空军基地与埃尔门多夫-理查德森联合基地之间进行了一次长达 13 小时的远程往返飞行。B-52H 从 1000 海里外的埃尔门多夫-理查德森基地接收目标信息，之后对 600 海里外的目标模拟发射 AGM-183 高超声速导弹，从而完成了高超声速武器杀伤链闭合模拟实验。

2. 美国海军及海军陆战队演习活动

美国海军派出“西奥多·罗斯福”号航空母舰打击群参加此次演习。“西奥多·罗斯福”号在阿拉斯加湾海域进行了 300 余次舰载机起降和回收作业，累计飞行时间850小时。第1巡逻机中队的P-8“海神”巡逻机进驻埃尔门多夫-理查德森基地，为演习部队提供海上巡逻、反潜战、反水面战、情报监视与侦察以及陆地搜救等方面的支援。来自“马金岛”两栖戒备群和第15陆战队远征部队的舰只和陆战队在阿拉斯加训练场进行空中机动和两栖登陆演习。海军陆战队第164中型旋翼机中队协助后勤支援单位在冷湾建立了前沿弹药燃油补给点，为来自各军种的作战飞机提供了约85000磅[①]燃料。

3. 美国陆军演习活动

美国陆军在“北方利刃2021”演习期间在艾伦陆军机场进行了一次空降行动，第4步兵旅战斗队第501伞兵团的约300名伞兵乘坐C-17和C-130运输机实施了空降，A-10C攻击机为行动提供了近距空中支援，协助伞兵占领机场。之后，第17野战炮兵旅的M142高机动火箭系统由路易斯-麦科德联合基地出发，通过空运部署到冷湾，并在唐纳利训练场进行了实弹射击训练，展示了联合部队快速部署和实施战斗的能力。

三、几点认识

（一）演习着眼未来北极地区的利益争夺，加强北极地区军事存在

近年来，北极地区的战略价值持续上升，对北极的开发和利用日益成为国际社会关注的焦点，相关国家都陆续推出了北极战略，尤其是俄罗斯近年来在北极方向动作频频，军事活动也十分频繁，着眼于未来北极地区的利益争夺。伴随美俄战略博弈逐渐升级，尤其是双方在北极和阿拉斯加

① 1磅≈0.45千克。

等地军事对抗不断加剧，美国可能想通过“北方利刃2021”演习加强北极地区的军事存在，持续向俄施压美国借此机会一方面加强其在北极方向的战备水平，另一方借此对对手国家实施威慑。

（二）演习加速实现“联合全域作战”，推进新装备、新技术、新概念创新

“北方利刃2021”演习为美军新装备、新技术和新型作战概念的实验场。演习将空军的“敏捷战斗部署”与海军陆战队的“远征前进基地”结合起来，重点突出了“联合全域作战”概念。通过在成熟平台上测试评估各项新装备、新技术和新战法，如对F－15EX、新型作战吊舱等软硬件技术进行测试，以及高超声速武器杀伤链的初步检验，表明美国正在大力推进新型装备技术和作战概念的创新，加快现有装备的升级转型以及高超声速武器的服役，力图加速在未来高对抗战场上实现“联合全域作战”的目标，从而时刻保持军事优势。

（三）演习重点关注电子战能力，提升高对抗环境下生存能力

美军高度关注电子战能力，在演习中涉及的新装备和技术绝大部分都与电子对抗相关，如“鹰”式被动/主动预警生存系统、“军团”吊舱、30P06软件套件、“死神防御电子支持系统吊舱”等。在未来战场上实现真正的“联合全域作战”，保证平台间信息高速稳定的传输和数据链的安全运行是先决条件，因此美国将不断推进电子战装备的研发、升级改进，强化和提升其性能，以提升高对抗环境下的生存能力和任务完成能力。

（北京海鹰科技情报研究所　王彤）

北约“海上演示/强大盾牌2021”一体化防空反导实弹演习

2021 年 5 月 15 日至 6 月 3 日，美国和北约盟国在苏格兰赫布里底群岛试验靶场和挪威安德亚岛靶场举行了“海上演示/强大盾牌 2021”一体化防空反导实弹演习（图 1）。此次演习融合了“海上演示”与“强大盾牌”两个演习，成为北约规模最大、演习场景最复杂的一体化防空反导实弹演习。

图 1　“海上演示/强大盾牌 2021”图标

一、背景动因

（一）演习背景

“海上演示”演习由海上战区导弹防御论坛于2015年首次举办，演习重点是跟踪和应对空中和弹道导弹威胁。海上战区导弹防御论坛是一个成立于1999年的非正式机构，目前由11个国家组成，旨在与海上战区导弹防御领域组织开展国际合作。“强大盾牌”演习在“海上演示”的基础上于2017年首次举办，每两年举行一次。演习的重点是利用北约指挥控制架构，提高成员国在一体化防空反导实弹环境中的互操作性，验证北约的一体化防空反导能力，增强各国共享战术和态势感知信息、进行任务规划和交战协调的能力。“海上演示/强大盾牌2021”演习的科目融合了“海上演示”与“强大盾牌”两个演习的重点，旨在评估美盟的防空反导互操作性，提高联合防御亚声速、超声速巡航导弹和弹道导弹威胁的能力。

（二）演习动因

1. 检验多平台多武器协同作战能力

与盟友和伙伴间的联合防空反导训练和演习，是美国建设更为有效的、联合的防空反导能力的重要方式。多国联合防空反导演习有助于美军及其盟军在联合环境下检验战争规划、试验武器系统、训练作战人员以及演练作战样式，可提高美军和盟军武器间与士兵间的互操作性，确保了在遭遇攻击时的战备状态。演习还有助于美军及其盟军对不同战斗场景进行预演，并协助发展对这些场景的合理应对手段。

美国与盟友和伙伴间的防空反导合作，强调互操作性，并寻求适当的能力整合。在当今复杂的导弹威胁环境下，需要尽早探测导弹的发射，尽早跟踪并实施拦截，这要求在多个防空反导能力间实现互操作，包括指挥控制网络、传感器和一体化防空反导系统。推进可互操作的一体化防空反导系统间联网可降低成本，更好地分担抵御对手“反介入/区域拒止”策略带来的损耗。

2. 增强美国与北约各国间的互信与协同

美国与盟友和伙伴间的联合防空反导训练和演习，可强化盟友对防空反导系统的信心，并为未来的合作创造可能。2018 年，美《国防战略》确认盟友及伙伴对美国安全至关重要，可提供竞争对手无可匹敌的持久、非对称的战略优势。《国防战略》指出：“与盟友和伙伴一道，美国可为其提升长远利益最大可能积蓄力量，维持力量的最佳平衡，慑止进犯行为，支持稳定，促进经济增长。”

随着进攻型导弹能力持续扩散，防空反导合作对于美国来说愈发重要。北约可互操作的主动防空反导系统将改善北大西洋集体防御能力。美国正在不断寻求强化与盟友和伙伴的合作关系，加强并推进联合防空反导和威慑体系建设。

二、基本情况

（一）参演兵力

“海上演示/强大盾牌 2021”演习由美国海军第六舰队领导，美国导弹防御局、海上战区导弹防御论坛共同参与组织，来自美国、比利时、丹麦、法国、德国、意大利、荷兰、挪威、西班牙、英国 10 个北约国家的 16 艘舰艇、31 架飞机和约 3300 名作战人员参加。

（二）演习内容

（1）防空演习。一是利用多型防空导弹拦截超声速和亚声速巡航导弹。意大利“安东尼奥·马塞利亚”号护卫舰、英国“飞龙”号防空驱逐舰和法国“福尔班”号防空护卫舰发射“紫菀”-30导弹拦截超声速和亚声速目标。其中，“福尔班”号发射“紫菀”-30导弹成功拦截了一枚GQM-163A“土狼”超声速掠海飞行靶弹，该靶弹飞行速度超过3000千米/小时。西班牙“克里斯托弗·哥伦布”号导弹护卫舰、挪威“弗里德约夫·南森”号护卫舰和荷兰“七省”号护卫舰发射“改进型海麻雀”导弹（图2）。美国“罗斯”号导弹驱逐舰发射“标准”-2导弹拦截亚声速目标。驻扎在英国莱肯希思基地的美国第48战斗机联队的F-15E/C“打击鹰”作为部分靶弹的发射平台，协作完成了此次演习。二是将人工智能和机器学习融入防空场景之中。来自英国国防科学与技术实验室和相关技术公司的专家，在英国“飞龙”号驱逐舰、“兰卡斯特”号护卫舰上测试了“惊奇”（STARTLE）自主威胁监控系统和“系统协调综合效果分配”（SYCOIEA）人工智能系统。“惊奇”自主威胁监控系统通过提供实时警报和建议，减轻海军作战人员监控空中图像的负担。“系统协调综合效果分配”系统以此为基础，利用自动化平台进行部队威胁评估和火力分配，有效识别来袭导弹并提供最佳打击方案，能够比最有经验的作战人员更快地应对威胁。

（2）反导演习。一是美军利用盟友雷达系统实现“标准”-3导弹“远程发射”。5月26日和5月30日，演习部队从赫布里底靶场发射了两枚弹道导弹靶弹，荷兰“七省”号护卫舰使用SMART-L雷达对弹道导弹威胁进行弹道预警，并将弹道信息传送至美军舰。收到弹道信息后，美国“保罗·伊格内修斯”号导弹驱逐舰进行计算并发射两枚“标准”-3 Block 1A导弹，对靶弹成功进行拦截。这是将盟友的传感器集成到美军防空反导系统中的一个重要里程碑。二是进行防空反导综合演习。美国“罗斯福”号导弹驱逐舰发射了两枚“标准” –3 和两枚“标准” –2 导弹，同时对中程弹道导弹靶弹和亚声速靶弹进行拦截试验。

图2　意、荷护卫舰与美导弹驱逐舰联合演习

（3）火力打击演习。一是从空、海两域运用“鱼叉”导弹进行反舰作战。美国第六舰队的 P –8A “波塞冬”巡逻机与第 4 和第 40 巡逻中队协作发射两枚“鱼叉”反舰导弹打击挪威海岸附近的一艘靶船；丹麦“伊万·休特菲尔德”号导弹护卫舰和荷兰“七省”号护卫舰发射“鱼叉”导弹进行反舰打击。二是实验美国海军陆战队在北约作战体系中进行近海打击的方法。北约进一步将美国海军陆战队纳入海上和近海联合作战行动，并运用其战略运输能力，将“海马斯”火箭炮系统运送至近海作战地区，并进行了发射。

（4）作战支持。位于德国拉姆施泰因的北约联合空中司令部的弹道导弹防御作战中心在弹道导弹防御拦截作战试验期间提供了指挥控制能力；北约的“机载预警和控制系统”侦察机提供了空中监视能力并确保演习空域安全；美国空军国民警卫队的俄亥俄州第121、缅因州第101和爱荷华州第185空中加油联队的KC－135加油机为战斗机和预警机提供了空中加油支持。

三、几点认识

（一）演习全面展示北约成员国一体化防空反导联合作战方式

北约始终谋求强化一体化防空反导能力，近年来北约进一步加强了其一体化防空反导任务，以确保其保持灵活性和适应新兴威胁的能力。“海上演示/强大盾牌2021”演习场景，从传统的防空反导增加到火力打击，加强了信息共享，加快了决策速度。在传统的防空反导场景中，北约针对当前主要的远程打击威胁进行了多杀伤链的防御实验。在新增的火力打击场景中，北约进一步将美国海军陆战队纳入海上和近海联合作战行动中，并增加了打击对手导弹发射平台的主动防御内容，这种转变需要极强的多国、多兵种间协作能力，此次演习为这一转变迈出了坚实的一步。

（二）演习验证了美军与盟友防空反导的互操作能力

要部署一个一体化程度更高的导弹防御系统，取决于美军与盟友和伙伴之间在实现互操作性方面取得的持续进展。随着美国盟友的导弹防御能力的提升，加强导弹防御系统的互操作能力有助于在应对导弹攻击时作出更有效的协同反应，且可在一定程度上减少美军的装备研制成本。提升与盟友的互操作性一直以来都是“强大盾牌”的主要目标之一，并在“海上演示/强大盾牌 2021”演习中取得了突破。在该演习中，美国海军利用荷兰皇家海军的舰载雷达，进行“标准”-3 Block1A 导弹“远程发射”试验，并取得成功。此次试验展示了美国将盟国的反导系统与自己的反导系统有效整合的能力。这种具有极高技术水平的互操作性，将成为北约一体化防空反导的关键。

（三）人工智能将成为北约防空反导的重要辅助技术

当前人工智能技术可辅助作战人员分析作战环境中的信息并确定火力分配的优先级，还可根据视距、弹药状态等因素使用最佳的射手来打击目标，使作战人员能够更好地决策，火力能够更好地分配。未来人工智能更将彻底实现最佳“传感器到射手”的自主选择，将“人在环路中”模式转变为“人在环路上”。在“海上演示/强大盾牌 2021”演习中，英国利用人工智能技术优化了防空预警监测和火力分配能力，解放部分人力资源，增强威胁探测能力、快速决策能力，优化杀伤链，提升杀伤链闭合速度，提升作战效能。

（四）高性能靶弹有效保证演习效果

为了验证作战能力，并收集数据支持后续的评估工作，需要在防空反导作战实验中提供有效的靶弹及对抗措施，以保护美国本土及其部署的部队和盟国免受导弹攻击。美军始终致力于开发高质量、有代表性的、具有系统严谨性的靶弹解决方案，使防空反导系统能够测试其性能，并证明其在相关威胁环境中的有效性。在“海上演示/强大盾牌 2021”演习中，美国海军水面战中心怀尼米港分部及白沙导弹靶场分遣队，提供了“宙斯盾战备评估飞行器 B 组”（ARAV-B）、“探路者僵尸”、GQM-163“郊狼”等多种靶弹，分别用于在演习中模拟弹道导弹、超声速巡航导弹等威胁目标。这些先进、多样的靶弹之间的协调发射，有效构建了设想的威胁场景，为演习提供了有力的支撑。

四、结束语

“海上演示/强大盾牌2021”演习展现了美国及其盟友的防空反导系统防御超声速、亚声速巡航导弹和弹道导弹的能力，这些能力可应对潜在对手的“反介入/区域拒止”作战行动。美国将继续鼓励北约盟友改进其防空反导系统能力，投资拦截弹和传感器，扩大数据分享和集成，以及采取其他恰当步骤对抗现有及预想的弹道导弹和巡航导弹威胁，并提升其与美国系统的集成和互操作性。通过与盟友合作，美国区域导弹防御能力进一步提升，不仅能保护美军自身安全，同时能增强与盟友的互信，巩固了合作性区域安全架构。美国将充分利用国外的工业基础，扩大与国际伙伴的合作，包括支持防空反导采办决策的联合分析、合作研发、部署，以及联合生产，并确定和评估改善防御系统所需的技术。

（中国航天科工集团第二研究院二〇八所　姜源）

美国网络司令部举行多国联合“网络旗帜21－1”演习

2021年11月15日至20日，美国网络司令部组织举行“网络旗帜21－1”演习。本次演习是美国网络司令部迄今为止规模最大的跨国网络演习，旨在培训和检验网络供应链防御能力，提高美国及其盟友在网络空间领域的集体防御能力。

一、基本情况

（一）演习背景

“网络旗帜”系列演习始于2011年11月，是美国网络司令部的重要年度网络攻防演习之一。随着美军大力建设其网络作战能力，特别是美国国防部完成133支网络任务部队（CMF）组建后，该系列演习的规模与范围快速扩大，逐渐发展成为以跨领域线上举办为主的网络领域系列演习（表1）。

表1　近5年"网络旗帜"系列演习情况

演习名称	时间	组织单位	参演单位	主题	目的
"网络旗帜21－2"	2021年6月	美国网络司令部、美国各军种	美国各军种、众议院等，英国，加拿大	模拟太平洋地区"美盟后勤保障基地"遭受网络攻击	评估网络防御措施，验证训练环境，加强国际合作
"网络旗帜20－2"	2020年6月	美国网络司令部	美国国民警卫队、能源部等，英国，加拿大，澳大利亚，新西兰	模拟欧洲地区空军基地遭受网络攻击	加强网络作战协作，提高网络防御能力
"网络旗帜19－1"	2019年6月	美国网络司令部	美国海军陆战队、国土安全部等，英国，加拿大，澳大利亚，新西兰	模拟海港工控系统遭受网络攻击	评估网络作战能力，验证"持续交锋"作战概念
"网络旗帜18"	2018年3月	美国网络司令部	—	—	—
"网络旗帜17"	–	美国战略司令部下属网络司令部	美国，英国，澳大利亚，加拿大，新西兰	模拟敌国和黑客组织恶意攻击	评估网防御能力，加强供应商合作
"网络旗帜16"	2016年6月	美国战略司令部下属网络司令部、国土安全部、联邦调查局	美国国民警卫队、航空管理局等，英国，加拿大，澳大利亚	模拟美国军事航空航天控制中心遭受网络攻击	测试网络危机应急能力

"网络旗帜21－1"演习是对"太阳风"攻击事件的回应，旨在提高美盟集体防御能力。2020年底，美国企业和政府网络突遭"太阳风"网络攻

击。黑客利用“太阳风”公司的网管软件漏洞，攻陷了美国多个联邦机构及财富500强企业网络，美国国务院、国防部、国土安全部、商务部、财政部、国家核安全委员会等多个政府部门也遭到入侵。美国国防部认为，“太阳风”网络事件是一起影响范围广、潜伏时间长、隐蔽性强、高度复杂的网络攻击事件，是“史上最严重”的网络供应链攻击事件，波及全球多个国家和地区，其背后的攻击组织训练有素、作战指挥协同达到了很高的水准。

（二）组织单位、参演单位

本次演习由美国网络司令部举行，参演人员主要来自加拿大、丹麦、爱沙尼亚、法国、德国、立陶宛、挪威、荷兰、波兰、瑞典、英国等23个国家的网络防御团队，共200多名网络作战人员。其中，14个国家现场参加，其他国家则通过美国“国家网络靶场”线上参与。

（三）演习内容

本次演习模拟了美国网络供应链遭受网络攻击的场景，评估了供应链网络攻防环境下参演人员确定解决方案的能力，测试了美国网络防御团队检测威胁、驱逐恶意行为、漏洞修复等流程。美国网络司令部认为，各国的网络防御工具、程序各不相同，通过网络防御领域的跨国培训，能够了解合作伙伴和盟友如何应对威胁，有助于识别攻击者的意图，以更好地利用混合或联合应对措施，保护本国网络安全。因此，演习过程中，美国还特别强调与盟友网络防御力量的协同，旨在提高美国与盟友及合作伙伴的集体防御能力。演习最后一天，参演人员和观察员参加了一场战略性网络空间兵棋推演，重点是在整个网络冲突范围内实现同步施策、计划和部署。

（四）参演装备

本次演习运用了美国“国家网络靶场”，为参演人员线上演训提供保障。该靶场现由美国国防部实验资源管理中心管理，旨在搭建一个真实的、高质量的测量、评估、检验平台与环境，供美国国防部等政府部门开展虚拟、混合的网络空间演训实验任务。本次演习期间，美国“国家网络靶场”搭建了个性化网络态势模型，成功模拟了美国和盟国的网络战术、技术和程序，并对其进行了高度集成、开发和评估，以支持参演部队完成跨边界和跨网络的防御性任务。

二、演习特点

本次演习旨在提高美盟防御性网络行动的协作程度，以加强美国及其盟国共同应对供应链网络威胁的能力。

（一）美国网络司令部规模最大的跨国网络演习

本次演习是美国网络司令部迄今为止规模最大的跨国网络演习，共有来自加拿大、丹麦、爱沙尼亚、法国、德国、立陶宛、挪威、荷兰、波兰、瑞典、英国等23个国家参与，参演国家数量创历年之最。

（二）以“集体防御”为核心理念

“网络威胁没有地理界限，任何特定国家面临的网络威胁很容易会蔓延到另一个国家”。此次演习以“集体防御”为核心理念，聚焦“保护国家网络免受共同威胁”，将各国网络作战人员汇集，培训网络协同防御技能，加强对网络威胁响应的统一性管理，以提高美国及其盟友网络空间领域的集体安全。

（三）实现网络地形建模的定制化

本次演习通过美国“国家网络靶场”，构建了逼真的防御性网络空间地形，并能够根据不同作战场景需求进行定制化调整，以适合每个参演国家的网络部队。此外，“国家网络靶场”还为演习提供了反复循环功能，有助于美国及其盟友磨合网络空间领域“集体防御”。

三、影响意义

（一）演习威慑意味浓厚，是对外发出的强力信号

演习威慑意味浓厚，向网络恶意攻击者发出一种强力信号，即美国及盟友、合作伙伴将团结一致，共同应对网络空间威胁。本次演习是美国网络司令部在网络空间领域实现综合威慑的重要途径，是美国国防部“大国竞争”战略思想的重要体现，也是美国争夺网络空间领域优先权、慑阻大国对手、巩固其全球主导权的重要部署。

（二）探索了美盟网络空间集体防御作战新样式

演习探索了美盟网络空间集体防御作战新样式。美国网络司令部愈加重视与盟国开展网络攻防领域合作，本次演习纳入加拿大、丹麦、爱沙尼亚、法国、德国、立陶宛、挪威、荷兰、波兰、瑞典、英国等23国网络团队，进一步推动了美国与盟友之间实现网络空间领域行动流程、防护措施的标准化，加强了美盟网络安全弹性，提高了美盟网络空间集体防御能力。

（三）提高了“国家网络靶场”国际适用性

本次演习提高了“国家网络靶场”国际适用性，持续满足了美盟网络空间领域联合演训需求。演习中，“国家网络靶场”团队重点关注了系统适用性，实现了系统与盟友网络系统的兼容，为后续更多跨国联合网络演习提供保障。此外，靶场团队还在演习中测试了“跨域效应”的相关性能，推动了“国家网络靶场”的迭代更新。

（国家工业信息安全发展研究中心　樊伟　刘永艳）

美军“全球闪电”核力量演习

2021 年 3 月 8 日至 12 日，美国国防部举行“全球闪电 2021”核力量演习，对国防部部队开展军事训练并评估不同部门间的联合作战备战情况，美国战略司令部、太空司令部、欧洲司令部及澳大利亚国防军、加拿大国防军和英国国防部等参与演习。演习期间进行了多科目演练，战略司令部与欧洲司令部和太空司令部进行了作战模式整合和信息共享演练，重点演练多域作战，并引入太空能力，同时美军各司令部、盟军及合作伙伴注重演练集成互操作性，提升联合部队的协同作战能力。美军通过开展“全球闪电”演习，增强核力量战备状态，并为有效应对各种威胁采取战略威慑措施。

一、背景目的

（一）演习背景

“全球闪电”演习是美国国防部组织的年度核力量演习，每年举行一次。“全球闪电”核力量演习通常是一个全球综合演习，与其他几个演习相关联，与美国欧洲司令部“严峻挑战”演习、网络司令部“网络闪电”演习、北美防空司令部及美国北方司令部“警惕之盾”演习、参联会“正义反击”等演习均属于“全球一体化演习”框架。例如，2019 年进行的“全球闪电 2019”演习旨在支持美国欧洲司令部，并因此与几个以欧洲为重点的演习相关联，包括欧洲司令部的“严峻挑战”演习和英国的联合演习；2020 年进行的“全球闪电 2020”演习与美国网络司令部的“网络闪电 2020”演习、北美防空司令部和美北方司令部的“警惕之盾 2020”演习，以及美国太空司令部的演习有关。

“全球闪电”核力量演习的具体内容透露有限，从目前披露的历次演习信息看，演习装备涉及“三位一体”核装备，B－52 战略轰炸机和 B－2 隐身轰炸机均有参与，战略导弹试射也属于演习内容，如战略核潜艇从太平洋发射“三叉戟”－2 型潜基洲际弹道导弹，加利福尼亚州的范登堡基地发射“民兵”－3 陆基洲际弹道导弹等；演习兵力涉及美国空军与海军的核作战部队及其他常规军种。

“全球闪电”核力量演习除军事人员参与外，商业公司的非军事人员也会根据演习内容参与演习，如在 2020 年的演习中，商业一体化小组（CIC）中的 7 家商业公司的非军事人员通过快速研判和解决在轨需求，为演习提供了支持，使“全球闪电 2020”成为该系列演习迄今为止商业参与度最高的一次演习。

（二）演习目的

“全球闪电”演习是美军为顺利实施和调整核打击计划而开展的核力量演习，这些核打击计划已纳入战略性“作战计划（OPLAN）8010－12”之下的一系列计划以及各种地区计划。

“全球闪电”核力量演习由战略司令部指挥，联合其他的作战部门以及相关的政府机构一同举行，旨在训练联合部队，评估战备水平，为进行有效威慑创造条件。该演习作为一种核力量演习，是以核力量突击作为基本内容的演练行动，不局限于战役战术范围内的细节，而是模拟发动全球的打击行动，以具有战略打击能力的轰炸机为主，演练和展示全球快速打击能力。

二、演习内容

（一）“全球闪电 2017”演习：确保战略威慑力量弹性、冗余性和生存能力的核指挥和控制演习

美国战略司令部 2017 年 2 月进行了“全球闪电 2017”演习。这是一次核指挥和控制演习，旨在确保美国战略威慑力量的弹性、冗余性和生存能力，并重点关注战略司令部在危机或应急期间对各地区战斗部队指挥官的支持，演习情景针对的是战略司令部任务区内面临的各种战略威胁。在“全球闪电 2017”进行的同时，美国欧洲司令部进行了“严酷挑战 2017”演习。这是一次计算机辅助指挥演习，目标是在涉及欧洲安全的多个情景中进行多个战斗部队的指挥协调训练。

美国军方对战略司令部举行的“全球闪电 2017”演习进行了总结，认为这次演习十分圆满。这是 25 年来美国战略核力量规模最大的一次演习。俄罗斯专家认为，这是对俄罗斯战略核力量 2016 年举行演习的回应。

（二）“全球闪电 2019”演习：训练美军并评估战略司令部任务辖区内的联合战备状态

2019 年 3 月 13 日，美国战略司令部启动“全球闪电 2019”演习。这是一次年度指挥控制与作战人员演习，旨在训练美军并评估战略司令部任务辖区内的联合战备状态。本次演习重点支持美国欧洲司令部，为战略司令部总部人员、组成部门、作战单元和指挥所提供演练机会，以便与欧洲司

令部和其他指挥部进行同步与整合。演习中，先后有 6 架 B－52 战略轰炸机部署到英国皇家空军费尔福德（Fairford）空军基地，在欧洲执行为期一个月的任务，其中包括史无前例的4 架轰炸机攻击编队，飞越波罗的海东部和挪威海岸以北。

“全球闪电 2019”演习参演部队包括来自多个国家的盟军人员，如澳大利亚、加拿大和英国常驻战略司令部的外国联络官。

（三）“全球闪电 2020”演习：训练美国国防部核与相关部队的作战能力以及评估美国战略司令部所有部门的联合备战状态

“全球闪电 2020”核力量演习于 2020 年 1 月 23 日开始，1 月 30 日结束，指挥官是美国战略司令部司令查尔斯·理查德。本年度的演习是一次指挥控制和作战人员演习，旨在训练国防部核力量与相关部队的作战能力，评估战略司令部所有部门的联合备战状态，B－52、B－2 战略轰炸机参演。值得注意的是，此次演习是首次完全借助战略司令部的新指挥和控制设施（也被称为 C2F）进行的演习。本次演习还涉及来自美国各个盟国的相关人员，包括从澳大利亚、加拿大和英国向战略司令部长期指派的联络官。

演习期间，商业一体化小组（CIC）中 7 家商业公司的非军事人员通过快速研判和解决在轨需求，为演习提供了支持。商业公司、美国太空司令部、美国太空军总部人员和其他参与方通过演训、整合和同步各自的太空工作来支持跨多个作战司令部的多域作战。此次演习显著扩大了军事和商业通信合作，让商业伙伴更加了解美国国防部在发生危机和突发事件期间的特殊作战需求。CIC 旨在将商业卫星所有者和运营商整合到联合太空作战中心中，以在太空环境中寻求更大的协同与合作。CIC 提供的太空能力包括但不限于近地轨道、地球同步赤道轨道，以及具有多波段通信支持、移动通信、语音和数据连接、天基技术解决方案，以及地面成像能力的卫星等。

（四）“全球闪电 2021”演习：测试核力量参与的多域作战能力

美军在 2021 年 3 月举行的“全球闪电 2021”演习中，对核力量的演习科目没有透露具体信息，有限报道消息集中于多域作战能力演习，强调特别测试了多域太空作战能力。美国太空司令部司令詹姆斯·迪金森表示：“太空对于任何战斗都至关重要，该演习可使我们演练如何在作战指挥、及时协调、相互合作和执行时取得跨多个作战域的军事行动胜利”。在整个为期5 天的演习中，美国太空司令部总部人员与美国战略司令部、美国欧洲司令部盟友和合作伙伴，一起演练了协调、集成和同步互操作性能力，及相关作战技能。美国空军弗兰克上校表示：“我们正在向我们的联合战争者提供指挥和控制联合太空力量的能力，整合全域，形成最终有效的战术、战斗能力!”

三、几点认识

（一）“全球闪电”演习是美军实验核常融合作战能力的抓手

美军当前的核作战计划“OPLAN－8010”于 2012 年 7 月生效。OPLAN 拥有足够的灵活性，能够根据态势的发展进行正常调整，除了核力量，打击计划还包括使用常规巡航导弹。核作战计划的灵活性以及武器装备的核常兼备发展，使核能力和常规能力正在日益融合。“全球闪电”核力量演习与另一年度例行核力量演习“全球雷霆”，均一定程度检验了核常融合作战能力。例如，“全球闪电 2019”演习中，美军在英国皇家空军费尔福德基地部署了4 架 B－52 轰炸机，其中包括2 架可携带核弹头的飞机，以及2 架已被改装为仅执行常规任务的飞机。通过“全球闪电”演习，美军在提高核行动的可信度和综合质量的同时，推动核力量与常规力量进行更多的融合，包括导弹防御和进攻能力的融合，使核常融合作战能力不断得到发展。

（二）“全球闪电”演习是美军实验探索 NC3 与 JADC2 融合的着力点

2018 年美国国防部《核态势评估》报告提出，要改进核指挥控制与通信（NC3）系统。考虑到联合全域指挥控制（JADC2）的全域作战能力将为 NC3 系统提供全球数据共享，美军参联会和战略司令部均在考虑如何将 NC3 系统与 JADC2 系统结合起来，增强核威慑力量，巩固核优势地位。从公布的“全球闪电”核力量演习的内容看，该演习最初主要演练核力量的指挥控制及核作战，评估核力量战备状态，近年逐步引入网络、太空等演习内容，并在 2021 年的演习中明确提出实验多域作战能力。同时在另一核力量演习“全球雷霆 2020”中，除了演练核作战能力，还实验了太空战、网络战和电子战等新内容。在核作战与全域作战发展的牵引下，美军在核力量演习中，通过引入多域作战实验，或在实验 JADC2 与 NC3 的融合，为未来 NC3 现代化改进和 NC3 作战概念开发开展前沿探索。

（三）“全球闪电”演习是美军与盟友和商业力量协同实验的平台

“全球闪电”演习主体为美国核力量及相关常规力量，但近年美国国防部，一方面引入盟友军事力量参演，演练美军与盟友间的协同作战能力，如美军战略轰炸机与盟友战斗机的协同飞行、远程加油等；另一方面，在演习中提升商业力量的参与度，尤其是商业航天力量，演练商业航天转化为军事应用的能力，发展弹性太空体系对核作战和全域作战的赋能能力。

（北京航天长征科技信息研究院　赵国柱）

FU LU

附　录

2021 年作战实验领域科技发展十大事件

一、美国陆军“会聚工程 –2021”验证联合全域作战新技术

2021 年 10 月至 11 月，美国陆军开展“会聚工程 – 2021”作战实验，通过模拟在印太地区的第一岛链和第二岛链执行任务的联合全域态势感知、联合防空反导、联合火力打击、半自主保障补给、人工智能赋能侦察感知、综合视觉增强系统赋能空中突击、人工智能赋能地面突击等 7 大作战场景，验证挫败对手“反介入/区域拒止”能力，推动联合全域作战概念发展的新型作战技术。“会聚工程 – 2021”会聚了新战略、新概念、新部队、新技术、新方式等诸多创新要素，以远程精确火力、下一代战车、未来垂直起降、陆军网络、一体化防空反导、士兵杀伤力 6 大项目群为核心支撑，围绕人工智能、自主系统、机器人、数据、网络 5 大先进技术群，试验 100 余项新技术的作战运用，以“左手蓝图、右手实验”的模式，加速打造陆军创新场，推动未来陆战转型。

二、美国空军完成“先进战斗管理系统”第4、第5次实验

2021年2月，美国空军举行“先进战斗管理系统”（ABMS）第4次实验，即“高速公路匝道”演习实验，重点演练：英国空军F-15战斗机借助美、英两国的情报、监视、侦察资源，发射AGM-158联合空对地防区外导弹，执行远程打击任务；美国空军与荷兰空军以荷兰空军F-35战斗机为通信中继，开展基地防御作战。7月，美国空军举行ABMS第5次实验，即“架构演示与评估”演习实验，重点演练：运用人工智能获得决策优势；借助商业组网技术与通信途径来改善通信质量；提升边缘计算与储存能力支持分布式作战；运用商业卫星和地面蜂窝网络支持机动作战；通过STITCHES（异构电子系统之系统技术集成工具链）集成自动数据翻译和威胁跟踪融合能力。ABMS作为美军实现“联合全域指挥与控制”（JADC2）的构想依托和关键支撑，逐步开始技术成果转化，推进系统在各作战司令部的应用部署。

三、美国空军“金帐汗国”项目完成多轮多弹协同作战实验

2020年12月，美国空军“金帐汗国”项目开展第1轮多弹协同作战实验，2枚“协同小直径炸弹”（CSDB）组建通信链路，但因软件问题未能击中目标。2021年2月，该项目开展第2轮多弹协同作战实验，4枚CSDB组建通信链路，按照预定交战规则，以同步方式打击多个目标。5月，该项目开展第3轮多弹协同作战实验，6枚CSDB组建通信链路，根据地面站信息更新目标优先级，完成多打一、多打多等打击任务。系列实验表明，美

国空军已初步突破多弹协同作战技术。目前，该项目已完成第一阶段的3轮测试，进入“原型愿景”竞赛阶段，通过创建“斗兽场”多层级数字武器生态环境，以快速整合、开发和测试“组网协同自主”武器技术，引领下一代智能弹药发展。

四、美国陆军完成一体化防空反导作战指挥系统研发试验

2021年7月，美国陆军一体化防空反导作战指挥系统（IBCS）在新墨西哥州白沙导弹靶场，完成了第8次也是最后一次研发试验，集成了迄今为止最广泛的传感器，验证了IBCS连接跨军种传感器的能力，为初始作战试验鉴定奠定了基础。此次试验首次现场测试和演示了“联合跟踪管理能力”（JTMC），在陆军IBCS和海军“协同作战能力”（CEC）之间“架起了一座桥梁”，使IBCS通过“一体化火控网络”（IFCN）首次共享了海军陆战队的AN/TPS-80地面/空中任务导向雷达G/ATOR系统的跟踪数据。10月，IBCS开展初始作战试验鉴定，并完成分布式硬件回路测试、实战环境模拟试验、拦截飞行试验3个阶段的测试。12月，诺斯罗普·格鲁曼公司获得了美国国防部授予的为期5年、价值14亿美元的IBCS生产合同，合同涉及低速初始生产和全速生产，IBCS正式进入生产阶段。随着IBCS的实战部署，将显著提升美国陆军前沿机动部队应对多种威胁目标的一体化防空反导能力。

五、美国海军演习验证一体化无人作战技术

2021年4月，美国海军开展了“一体化无人作战问题21”演习。演习

旨在进一步研究复杂作战场景中无人系统综合作战问题，凝练战术、技术和程序，使作战人员获得作战环境下的海上无人系统使用经验。本次演习期间，美国海军集结大量有人、无人装备。参加演习的有人舰艇和飞机包括：近海战斗舰、两栖船坞运输舰、导弹巡洋舰、导弹驱逐舰、攻击型核潜艇、海上多任务飞机、预警机、电子战飞机以及直升机。参演的无人系统包括：中型无人水面艇、超长航时无人机、无人直升机、无人机、水下/水面双模航行器。此次演习验证了作战部队如何使用无人机、无人水面艇和无人潜航器支持有人舰队，重点评估情监侦、目标指示、导弹射击3 个领域的有人 - 无人编组能力，以及水面、空中、水下系统或平台的有人 - 无人编组能力。这是美国海军首次聚焦无人系统的演习，也是继 3 月发布《无人作战框架》后举行的首次大型演习，以加快有人 - 无人混合部队建设，形成作战优势。

六、美国印太司令部开展“大规模全球演习 2021”

2021 年 8 月 2 日至 27 日，美国印太司令部举行了“大规模全球演习 2021”（LSGE 21），是美国 21 世纪以来最大规模的军事演习。此次演习由美军与其全球合作伙伴在整个印太地区进行，旨在提升多舰队海上同步化作战的水平，支持联合部队。演习在以中俄为假想敌的系列高端作战场景下，验证了分布式海上作战、远征前进基地作战、对抗环境下近海作战、联合全域作战等新型作战概念，测试了多支海军部队在全球竞争环境中共享全域传感器、武器和平台，实施全域作战的能力，评估了无人化、智能化新型技术，并检验了基于“实况 - 虚拟 - 构造”技术的作战实验体系架构。演习提高了美军与盟国和合作伙伴的互操作性、互信性和互相理解能力，检验了指挥官在任何时间、任何域实现协同作战效果的能力，增强了美军当前和未来战备水平。

七、俄罗斯首次举行反高超声速武器演习

2021 年 10 月，俄罗斯成功进行首次反高超声速武器演习。来自多个军区的防空导弹团在空天军防空反导指控系统统一协同下，进行了针对假想敌巡航导弹和高超声速武器大规模袭击的模拟演练。演习中，俄罗斯防空部队在阿斯特拉罕州阿沙卢克靶场对模拟高超声速目标的靶弹进行了实弹拦截。按照演习部署，西部军区 S－400 防空导弹团从列宁格勒州快速机动到阿斯特拉罕州的阿沙卢克靶场，抵达指定阵地后，迅速展开战斗状态对敌方飞机、弹道导弹、巡航导弹和高超声速导弹的模拟靶弹进行了实弹射击。防空导弹团还顺利通过了技术、战术和导弹射击的年度考核。同时俄罗斯东部军区 S－400 和“铠甲” －S1 防空导弹团在卡普斯京亚尔靶场进行了梯次防御协同演习，成功摧毁 6 架高速、机动和超低空飞行的测试靶机。俄军事专家指出，在外军尚未装备高超声速武器的前提下，俄防空部队进行高超声速武器防御演习，具有超前的战略意义。

八、美国空军“试验旗”系列演习测试跨地域数据共享

2021 年 10 月，美国空军首次分别在加利福尼亚、佛罗里达和内华达同时举行了“橙旗”“翠旗”和“黑旗”演习，以验证空军在不同战场之间的数据共享能力。演习期间，位于3 个不同战场的飞机首次使用低延迟数据链网络进行了多路连接，由每个试验旗创建的机载 Link－16 网络，将数据

传输到各种地面链路，进行跨战场多路远距离传输。其中，参与“橙旗”演习的飞机包括 F－35A 战斗机和 2 架 MQ－20“复仇者”无人机，无人机装配“天空博格人”自主核心系统进行了数小时的飞行试验；“翠旗”演习在“联合全域指挥控制”概念下测试连接各部门系统，完成了远距杀伤网端到端连接的关键步骤；“黑旗”演习主要测试 EC－130H 电子干扰飞机、F－15E 战斗机和 EA－18G 电子战飞机的电子战能力，以及实战场景中的能力与战术等。美军通过“试验旗”系列大型试验活动，支持联合全域指挥控制和先进战斗管理系统测试，加快形成全域作战能力。

九、美国空军开展高功率电磁武器对抗推演

2021 年 6 月，美国空军研究实验室定向能理事会在柯特兰空军基地举行本年度第 2 次定向能武器运用概念实验（DEUCE），开展定向能武器兵棋推演、建模和模拟活动，以评估定向能武器在未来战场潜在军事用途。第 1 次实验在 1 月举行，重点评估机载高能激光武器对抗威胁、保护平台、基地防空的能力。第 2 次实验重点评估地面高功率电磁武器的防空效能。实验中，高功率电磁武器表现出反应速度快、打击精度高、持续时间长的特点，可有效弥补动能武器的短板。两次实验都采取“红”“蓝”双方虚拟对抗的方式，作战人员通过虚拟界面应对威胁情况，并在实验中使用美国空军研究实验室开发的“武器交战优化器”，帮助作战人员实时分析复杂的战场数据，提高高级指挥人员指挥决策能力。此次推演和模拟有助于在早期指导美国空军研究实验室的系统研发，将定向能技术快速转化集成到未来战争。

十、DARPA“小精灵”项目完成无人机回收实验

2021 年 10 月，Dynetics 公司开展 DARPA“小精灵”项目第 4 次飞行试验。期间，2 架 X－61A“小精灵”无人机在完成自主编队飞行、验证安全特性后，其中 1 架抵近 C－130 运输机伴飞，并被 C－130 运输机装备的回收系统成功回收。该回收系统由自动对接装置、全电动回收臂，以及任务控制台等组成，能够同时装载 4 架 X－61A“小精灵”无人机，具备连续投放与回收功能。Dynetics 公司此前曾开展 3 次“小精灵”项目飞行试验，完成无人机首飞、无人机抵近伴飞、无人机编队飞行，但均未成功回收无人机。此次成功，标志着运输机回收处于飞行状态的无人机具备可行性，有望大幅扩展无人机的作战范围与潜在效能，支持未来分布式空中作战。

2021 年作战实验领域科技发展大事记

美国空军开展定向能实用概念实验活动 1 月 11 日至 15 日，美国空军研究实验室定向能部门在新罕布什尔州科特兰空军基地举行了其最新的兵棋推演、模拟和仿真活动。该活动名为“定向能实用概念实验”（DEUCE）活动。此次活动在该定向能部门兵棋推演小组的领导下，汇集了 F－16 战机飞行员、F－15E 战机武器系统军官、机载预警与控制系统空战管理人员等，旨在评估定向能在未来战场的作战能力。此次活动于室内举行，使用了联网的基于虚拟现实头盔的飞行模拟器。空军研究实验室为作战人员设定了几个作战场景，并在实验结束后让作战人员进行了评估，从而发现定向能武器一些潜在的军事用途。此次活动模拟了作战人员操作激光武器系统，以及应用激光武器应对未来威胁，从而实现空基防空和平台保护任务。

美国海军陆战队开展“冬季暴怒”演习 1 月 19 日至 2 月 19 日，美国海军陆战队第 3 飞机联队在美国本土西海岸的南加利福尼亚州、亚利桑那州及沿海岛屿实施了名为“冬季暴怒”（Winter Fury）的大规模演习。该演习主要演练第 3 飞机联队运用其所有作战飞机，对付“近对等敌手”的能力。演习中，第 3 飞机联队将实施远距离打击，部署和支援部队，运送步兵，并向地面陆战队员提供后勤支援等演练，还将与海军紧密协作，实施远征前进基地作战，包括建立前沿装载和加油点。

美国空军开展“红旗 21－1”空战演习 1 月 25 日至 2 月 12 日，美国空军在内华达州内利斯空军基地启动“红旗 21－1”空战演习。此次演习旨在为大国竞争做准备，设置了 27 个不同的攻防场景，共有约 2400 名人员参加；参演机型包括 A－10 攻击机，F－15E、F－16、F－22、F－35 战斗机，B－1B、B－2 轰炸机；获得了其他军种的支持，其中美国太空军提供天基攻防能力，美国海军提供电磁作战能力，美国陆军提供作战指挥控制能力，美国海军陆战队提供战术指挥控制能力。此外，此次演习空域面积达 3.1 万平方千米（193 千米 × 161 千米），是“红旗 20－1”的两倍，大幅提升了美国空军空中作战范围。

美国国防部将气候变化因素纳入兵棋推演 1 月 27 日，美国国防部表示，计划将气候变化风险纳入到军事仿真与兵棋推演当中。在过去的十年里，美国的军事与情报官员就气体变化带来的安全威胁达成了广泛一致，这是由于气候变化在人口密集的沿海地区造成了自然灾害，破坏了美军的全球基地，也打开了新的自然资源领地，引发了全球竞争。美国国防部长劳埃德·奥斯汀表示，国防部会立即采取相应的政策行动，将气候变化因素列为他们的活动和风险评估的重点内容，以缓解气候变化造成的不稳定。作为各机构的领导者，国防部会支持将气候风险分析加入到建模、仿真、兵棋推演、分析和下一份国防战略中。

美国创新实验室开展各军种间联合作战系统的互联互通测试 1 月 28 日，美国陆军创新实验室表示，基于“联合全域指挥与控制”计划，美军各军种开发的联合作战系统须具备互联互通能力，因此需要有专门的机构开展协调工作。位于阿伯丁试验场的美国陆军创新实验室，将作为中央实验室，整合各军种实验室的联合作战系统网络，其 C⁵ISR 中心将管理各军种实验室，并提供平台开展协同测试工作。目前，负责“联合全域指挥与控制”计划的参谋长联席会议高级官员与各军种数据负责人在中央实验室就开发通用数据标准的讨论已取得进展。中央实验室还将与其他相关机构合作开展联合作战概念研究，一旦完成互联互通，实验室之间即可实现端到端的任务线程，并能在虚拟环境中开展协同实验。C⁵ISR 中心相关人员表示，与其他实验室的互联互通工作预计在今年 3 月达到全面运行能力。

美国国防信息系统局为联合全域指挥和控制实验增加重要通信能力 2 月 1 日，美国国防信息系统局表示，美军将以印太为背景，开展“北方利刃2021”（Northern Edge 21）和“护身军刀 2021”（Talisman Saber 21）大规模演习，并在此期间进行下一轮“联合全域指挥和控制”（JADC2）实验。美国国防信息系统局（DISA）太平洋应急/演习部门负责相关的通信和信息技术支持。目前，该部门正在协助开发和提交为 JADC2 实验建立卫星通信所需的卫星和地面访问请求。印度－太平洋地区远离美国本土，而关岛在该战区的作用越来越突出。DISA 将为关岛增加重要通信能力。这是 DISA 提高印度－太平洋地区网络、地面站、情报、监视和侦察能力工作的一部分。DISA 的“机载情报、监视和侦察（ISR）计划”正在为该地区带来新的视频和传感器分发、战术中继、ISR 地面站，以及 ISR 网络运行能力。而位于关岛的规划中的区域枢纽节点将为此提供极大便利——该节点将支持卫星链路。

美、日、澳开展“对抗北方 2021”军事演习 2 月3 日至19 日，美国、日本和澳大利亚空军于安德森空军基地举行了“对抗北方 2021”军演。演习旨在为部队提供完善的联合空中战术演习机会，为执行印太地区任务提供更多支持。本次任务由美国空军、美国海军、美国海军陆战队、澳大利亚皇家空军、日本航空自卫队参与，参加军事人员达2000多名，作战飞机共95架。演习内容包括大型部队部署、空军作战训练、人道主义救援和救灾行动，同时，战斗机将执行近距离空中支援、进攻性与防御性防空任务，以及空中加油任务。

美国海军陆战队军开展“阿加尼亚暴怒21”演习 2月初，美国海军陆战队在冲绳地区的浮原岛（Ukibaru）举行了一次代号为“阿加尼亚暴怒21”的演习。陆战3师8团3营的陆战队员参演。这是一次近程防空战术演练：海军陆战队的CH-53E“超种马”重型运输直升机实施模拟空中打击，陆战队员搭乘战斗突击橡皮艇，使用FIM-92“毒刺”便携式防空导弹进行拦截射击。FIM-92“毒刺”是一种肩扛式的热寻地防空导弹，主要用于拦截低空飞行的固定翼飞机、直升机和无人机。近年来，为了应对小型无人机发展和战场运用的新形势，美军已经对该型导弹进行了相应的改进。

美国陆军为“会聚工程-2021”演习建立联合系统集成实验室 2月4日，美国陆军表示其近日建立了联合系统集成实验室，以测试新技术，并确定其是否适用于“会聚工程-2021”（PC21）。在“会聚工程-2020”（PC20）之后，美国陆军分析了收集到的数据，并为“会聚工程-2021”建立一个基线网络。以此为基础，2021年1月初，美国陆军联合现代化司令部和未来司令部在阿伯丁试验场进行了一次通信演习，验证了超过25个将在“会聚工程-2021”期间使用的通信系统。此次演习中测试的所有通信系统都是陆军系统，第2次演习将采用联合通信系统。“会聚工程-2021”于2021年秋季进行，包括一系列相关实验，大部分实验在尤马试验场进行，部分实验在白沙导弹靶场进行。

美、以结束首次虚拟“杜松猎鹰”演习 2月12日，美国和以色列结束了为期两周的首次虚拟“杜松猎鹰”弹道导弹防御联合演习。该演习的重点是通过联合协调、共享能力和持续的军事关系来增强美、以的弹道导弹防御能力。来自美国、以色列和德国各地的大约500名美国和以色列军事人员参加了“杜松猎鹰”演习，该系列演习每两年举行一次，最近一次于2019年2月进行。来自两国的演习参与者通过虚拟和有限的亲身接触，实现了加强以色列防务合作的目标。在整个演习过程中，参与者接受了各种计算机辅助仿真的测试，包括弹道导弹防御、后勤补给和外国人道主义援助。

美国空军与意大利空军进行“敏捷战斗部署”演练 2月16日至17日，美国空军与意大利空军在意大利阿蒙多拉空军基地进行了“敏捷战斗部署”（ACE）演练。美军第555和第510战斗机中队与隶属罗马空军司令部的意大利空军第32联队进行了空中对抗演练。演练中，美国空军第31战斗机联队的8架F-16战机、来自米尔登霍尔英国皇家空军基地第100空中加油联队的2架美军KC-135“同温层”加油机、意大利空军的6架F-35战机和6架“台风”战斗机一起进行了训练。通过对多架飞机的整合，机组人员能够对不同的目标进行针对性训练，这对加强北约的集体防御至关重要。

欧洲防务局组织开展网络实弹演习 2月19日，来自18个欧洲国家的军事网络反应小组进行了一次实弹演习，旨在测试欧盟在发生网络攻击时联结部队的能力。此次活动由欧洲防务局（EDA）组织，是整个夏季活动的序幕，包括培训课程和会议。其理念是加强网络领域的合作，与民用领域相比，这一领域仍然不愿意跨越国界分享敏感的威胁数据和战术。这是首次从纯军事角度考虑欧盟规模的网络威胁。此次演习被称为“实弹射击”活动，因为它在具有真实目标的基于云的网络靶场内进行。三支对抗部队，包括一支由来自五个成员国的专家组成的队伍，要求防御小组对不可预见的攻击作出反应。该情景包括找出攻击的来源，并确定谁是幕后黑手。

美国空军完成“金帐汗国”自主弹药蜂群第二次技术演示 2月19日，美国空军研究实验室宣布，“金帐汗国”自主弹药蜂群项目已完成第二次合作式武器技术飞行试验。空军研究实验室在此次试验中使用一架F-16战斗机投放了4枚“协同式小直径炸弹”，数量较首次飞行试验增加2枚。空军研究实验室表示，4枚“协同式小直径炸弹”在试验中建立了通信，识别了突然出现的目标，并根据预设的交战规则对多个目标进行了自主评估和分配，最终以“命中时间同步”模式完成打击。

美国和日本开展“弹性盾牌2021”演习 2月22日至26日，美国和日本开展了“弹性盾牌2021”演习，此次演习由日本横须贺舰队活动指挥官和该地区其他指挥中心共同参与。“弹性盾牌”演习为一年一度，是基于计算机的舰队综合训练联合演习，重点是弹道导弹防御。该演习旨在测试美国海军针对潜在区域威胁的战术、技术和程序，同时确保日、美两国军队在执行这些战术、技术和程序时能训练有素。“弹性盾牌2021”特别侧重于在整个导弹防御演习中，保持和提高日本海上自卫队、日本航空自卫队和美国联合部队的综合作战能力。

美国空军开展“马赛克虎”演习 2月22日至26日，美国空中机动司令部在美国佐治亚州穆迪空军基地举行了“马赛克虎”演习，演练了“敏捷战斗部署”概念。本次演习由穆迪空军基地第23联队牵头，还有来自美国特拉华州多佛空军基地第3空运中队和美国新泽西州麦奎尔-迪克斯-莱克赫斯特联合基地的第6空运中队。该演习在模拟的部署环境中测试了“敏捷战斗部署”技能，以训练能够适应未来的、具备多种能力的空军人员。来自空中机动司令部的空军人员也参加了这次演习，以强化战备，并加强对联合作战人员和空中作战司令部的支持。

美国空军完成新一轮“先进战斗管理系统”技术演示活动 2月底，美国空军驻欧洲空军司令部完成了“先进战斗管理系统”（ABMS）新一轮“高速公路匝道”技术演示活动。荷兰空军、波兰空军和英国空军均参与了此次演示活动，这是“高速公路匝道”技术演示活动首次纳入非美国军事力量，也是ABMS项目在遭到美国国会大幅削减2021财年预算后举行的首次技术演示活动。此次活动的空战场景为美国空军F-15C战斗机掩护F-15E战斗机飞抵波罗的海海域，随后发射AGM-158“联合空地防区外导弹”。与此同时，美国空军还与荷兰空军的F-35战斗机在德国拉姆施泰因空军基地进行了基地防御演习，内容包括联合部队和合成单位共同防御敌方无人机和巡航导弹攻击。

美国海军完成F135发动机海上垂直补给概念验证 3月6日，美国海军“尼米兹”级核动力航空母舰“卡尔·文森”号（CVN-70）在海上进行了一次垂直补给，模拟利用直升机将F135发动机部件从补给舰运上航空母舰的能力，向F-35C战斗机未来部署又迈出了关键一步。此次演示中，美国军事海运司令部干货弹药船“理查德·E·伯德”号（T-AKE 4）搭载的欧直AS332“超级美洲狮”直升机和美国海军陆战队第466重型直升机中队的CH-53E“超级种马”直升机使用机腹吊索，将与F135发动机动力模块重量相当的模拟载荷从“伯德”号送至“文森”号的飞行甲板，成功完成海上垂直补给概念验证。美国海军表示，“使用‘鱼鹰’岸舰补给和直升机海上垂直补给将确保F-35C航行中维护的快速部件供应，为快节奏作战提供支持”。

美国智库提出军方应通过兵棋推演增强战术优势 3月8日，美国智库兰德公司发文探讨了美军的兵棋推演发展情况及现状。文章指出，在目前的情况下，推广兵棋推演存在一些阻碍。一是制定和完善兵棋推演计划面临领导层的阻碍；二是如果计划领导人没有兵棋推演方面的专长，那么计划也将面临极大局限；三是兵棋推演需要推广到基层，但军事人员的流动会导致关键人员的不稳定，无法深入推行。兰德公司提出，要解决这些问题，军方领导人需要进行切实的支持，包括成立具体的教育性兵棋推演基金，用于鼓励各单位购买兵棋推演工具，支持学习活动等。各军种还应制定关于教育性兵棋推演的官方指南，并促进作战部队和兵棋推演组织之间的常规合作，促进相关专业知识的传递。

北约开展“光学风车联合计划2021/坚定装甲2021”演习 3月8日至26日，来自8个国家的数十个军事单位及相关人员在欧洲和美国的15个地点，举行“光学风车联合计划2021/坚定装甲2021”（JPOW/STAR21）防空反导联合演习。演习侧重程序性工作，借助概念开发和实验元素，在模拟环境中测试和评估伙伴关系、行动模式和新系统，同步训练战术层和最高战略层。其中，组织协调工作和大部分演习活动在荷兰弗雷德佩尔军营进行；盟军空军司令部位于德国拉姆斯坦；专家来自德国空军司令部总部、乌德姆联合空中作战中心、北约弹道导弹防御作战中心和地基防空反导能力中心，负责协调和同步盟国军队并解决冲突。这是北约首次将“光学风车联合计划”和两年一次的“坚定装甲”演习相结合，表明北约各成员国在从战术到战略的所有层面都能够且愿意有效合作，从而抵御所有可能的空中威胁。

美国太空司令部开展“全球闪电2021”演习 3月8日至12日，美国太空司令部进行了“全球闪电2021”演习，测试了一系列多域太空能力。演习在太空司令部联合作战中心举行。100多名太空司令部人员和总共900名参与者参加了“全球闪电2021”演习，将太空能力纳入多域演习。“全球闪电”是美国国防部年度演习，旨在训练联合部队，评估创造条件下的战备情况，从而有效威慑各类威胁。此次模拟的冲突情境涉及3个作战司令部：美国太空司令部、美国战略司令部和美国欧洲司令部。在为期5天的演习中，美国太空司令部总部人员及其构成与美国战略司令部、美国欧洲司令部、盟国和合作伙伴集成并同步了互操作性工作。澳大利亚国防部队、加拿大国防部队和英国国防部队均直接参与了“全球闪电2021”演习。

美国海军陆战队开展“漂流者21.1”演习 3月9日，美国海军陆战队于日本冲绳县饭岛市开展了“漂流者21.1”演习。该演习由海军陆战队第12团主导。演习中，美国海军陆战队侦察营（特种部队）、陆军特种部队和空军特种作战部队的成员以隐蔽渗透和插入的方式，突袭伊江岛。这些部队采取的方式包括空中快速投送和夜间两栖渗透。该演习演示了海军陆战队与联合部队整合，占领并保卫重要的海上地形，提供低信号保障，并执行远距离精确打击，以支持远征前进基地作战的能力。

美国空军开展“橙旗”和“黑旗”演习 3月10日，美国空军宣布，在当周开展的“橙旗”和“黑旗”演习中测试了用跨域数据收集方式进行任务规划的情况。测试中实现了空军提出的“全域指挥与控制”要求。“橙旗”演习的重点是“杀伤网整合”，就是用跨军事领域（陆海空天网）的传感器及配套部件，运用所有可用方案，形成灵活、可调节的“杀伤网”，获得关于潜在目标的信息，然后将数据快速提交给指挥官，让他们能快速选择和制定装备任务分配方案。“黑旗”进行的也是类似的集成演习，但参演的都是更加成熟的武器及项目，测试和验证了HH-60G“铺路鹰”直升机的空战生存能力，F-35的排放控制策略改进情况，并评估了F-16战机的机载雷达。

美国陆军开展“陆军远征战士实验” 3月12日，美国陆军表示“陆军远征战士实验21”（AEWE 21）继续了美国陆军在国际上参与评估新能力和新技术的长期传统。在“陆军远征战士实验21”期间，士兵们评估了42种能力，以确保美国陆军做好战斗准备，赢得今天和未来的胜利。此次实验，由来自英国皇家爱尔兰团的一个步兵部和荷兰陆军的第13轻旅机器人团队帮助美国陆军各机构解决了对小单元现代化的学习需求。“陆军远征战士实验”是一种用于士兵和小单元现代化的实况原型评估实验。“陆军远征战士实验21”包括实弹射击和部队对部队实验，在班和排级别上使用了50多种最新技术。为陆军的“会聚工程”实验提供了信息支持。

美国陆军首次将网络演习与远征战士实验演习相结合 3月16日，美国陆军未来司令部宣布已结束为期13天的“网络探索2021”演习。此次演习在戈登堡网络卓越中心举行，首次与陆军“远征战士实验”演习联合协同进行，以寻求在更真实的战术环境中测试新兴网络技术需求。美国陆军派出第4步兵师、第1装甲师、网络保护旅、第915网络战营，以及旅参谋部参与演习。演习中测试的系统主要用于扩展即将投入使用的地面层系统，该系统是陆军第一个集成了电子战、信号情报和网络的平台。美国陆军官员称，两个演习的结合，符合陆军和国防部推动多域作战的要求。

美国海军开展有人－无人机编队实验活动 3月17日，美国海军透露，正在进行有人－无人机编队实验活动。此项实验活动意图开发E－2D先进“鹰眼”预警机直接控制MQ－25A“黄貂鱼”无人机的有人－无人机编队技术。美国海军要求诺斯罗普·格鲁曼公司为有人－无人机编队试验活动，以及20飞行测试评估中队开发、验证雷达校准系统提供技术保障。MQ－25A采用的有人－无人机编队技术由美国海军“对位压制工程”开发，“对位压制工程”旨在利用人工智能技术开发出能够组织飞机、水面舰艇和地面车辆协同行动的舰队通信网络。美国海军认为，未来航空母舰40%以上的舰载机均为无人机。因此，美国海军试图利用MQ－25A无人机探索出在航空母舰甲板有限的空间内操控无人机的方法。

美国北方司令部举行“全球信息优势”演习 3月18日至23日，美国北方司令部举行了“全球信息优势”演习，旨在将全新的人工智能技术应用到决策过程。此次演习是推动军方人工智能发展的关键，将重点融合来自不同传感器的网络数据，并利用数据改进决策方案。这是美军第2次举行“全球信息优势演习”，演习中，北方司令部将接管另外9个战斗机指挥部，以整合军队不同分部的系统，并测试3种“决策辅助”技术。该司令部已经集成了与“联合全域指挥控制”相关的能力，如可为野战部队提供覆盖范围更广的通信能力，且可以监视对手位置。该项新技术已被用于美军北方司令部应对新冠疫情的行动中。

DARPA利用人工智能技术控制战斗机进行编队格斗 3月18日，DARPA表示其在“空战演进”（ACE）项目中模拟测试了人工智能控制战斗机之间的2对1编队空中格斗。试验中，由约翰·霍普金斯应用物理实验室执行的“混战1号”模拟进行了人工智能算法的测试，即两架“蓝色”友军F-16战斗机共同与一架“红色”敌军飞机作战。与2020年8月进行的“阿尔法空中格斗”（AlphaDogfight）模拟试验不同的是，“阿尔法空中格斗”是近距1对1战斗机格斗模拟，而此次试验包括远程导弹的交战模拟。DARPA在2021年下半年将其空中格斗的人工智能算法从模拟过渡到规模较小的实际战斗机空战演示当中。

美国海军陆战队开展“斯巴达暴怒21.1”演习 3月19日，美国海军陆战队于夏威夷地区的瓦胡岛、考艾岛和夏威岛开展了“斯巴达暴怒21.1”演习。此次演习美国空军将陆军的“海马斯”火箭炮系统发射车和陆军“多域特遣部队”投送到太平洋导弹试验场进行模拟导弹发射。美国海军“哈尔西”号导弹驱逐舰停泊在珍珠港，与陆战队员协同，使用其先进的传感器提供精准的目标定位信息，还使用小型无人机和卫星，来共享目标定位系统。海军陆战队的 MV－22“鱼鹰”运输机、运输直升机和 C－130 运输机提供了后勤支援。美国印度太平洋司令部联合情报中心前官员表示，此次演习代表着美军在印度太平洋战区进行联合作战训练迈出了重要一步，主要体现在指挥、控制、通信、计算机、情报、监视与侦察的整合上取得了实质的成果。

俄罗斯使用“道尔”－M2 防空系统开展反无人机模拟试验 3 月 22 日，俄罗斯西部军区坦克旅使用“道尔”－M2（Tor－M2）地对空导弹系统开展了反无人机模拟演习试验。试验表明，该装备可探测、识别并攻击模拟的敌方空中目标。试验中，“道尔”－M2 系统跟踪了多达 4 个目标，并实时观测到了一个目标被摧毁的情形。约 120 名军人和 30 个武器系统参与了本次试验，上述人员和系统使用了专用软件，模拟了敌方无人机的发射及定位打击等工作，共摧毁了约 40 架模拟无人机和固定/旋转翼飞机。

美国空军开展“剃刀利爪”演习 3 月 22 日至 26 日，美国多佛空军基地的 8 个空军单位的飞行员在西摩约翰逊空军基地参加了由第 4 战斗机联队领导的“剃刀利爪”演习。演习中，这些空军机动司令部的飞行员进行了“多能力飞行员”队伍演练。“多能力飞行员”概念包括教导飞行员如何完成他们主要专业领域之外的任务，以及创建一个动态的、跨职能的团队来提供战斗支撑。美国空军机动司令部认为“多能力飞行员”概念对“敏捷作战”概念至关重要，可提供符合“敏捷作战”概念的全球作战指挥官。未来多佛空军基地的“多能力飞行员”队伍将以稳固作战优势为中心，并确保各部队和“多能力飞行员”队伍经过适当的“敏捷作战”训练和认证。

俄罗斯将“针”与“布克”－M3 两型防空系统集成开展演习 4 月初，俄罗斯武装部队将最新型“布克”－M3 中程地空导弹系统与单兵式防空系统“针”相集成，在库尔斯克地区举行了一次演习，演练对重要设施的保护。约500名军人和90多种武器系统参与演习。“针”单兵携带防空系统的固体燃料导弹带有高爆性碎片弹头，可打击飞行高度10～3500米、距离5200米的空中目标。“针”－S是其最新型号，可在夜间使用夜视镜进行作战。出口型“针”－S系统携带的战斗部效能更高，打击目标距离达6000米。“针”和“针”－S防空武器配备了现代电子模拟器，可用于训练作战人员进行现代化作战。

美国陆军举行反小型无人机首次技术演示 4月5日至9日，美国陆军在亚利桑那州的尤马试验场举行了反小型无人机首次技术演示。旨在演示能够击败小型1级和2级无人机或轻巧型飞机的系统。3个供应商参加了该项演示，极光飞行科学公司演示了其模块化拦截无人机航空电子设备（MIDAS），这是一种具有AI功能的多旋翼小型无人机，配备了光学传感器和定制的有效载荷，可以在每次飞行中击败多个小型无人机，且副作用小。该系统本质上是击落敌方的防御性无人机。ELTA北美公司演示了其“无人机毁伤无人机”（DKD）系统，该系统可使用钢丝网缠住飞行中敌对无人机的旋翼。XTEND公司演示了其“天空霸主兀鹫”系统，该系统使用“人类为中心”导航（如增强现实），甚至没有飞行经验的操作员也可以使用它。该系统还使用金属网击落敌方无人机。

美国陆军与英、法陆军开展“战士21－4”演习 4月6日至15日，美国陆军部队司令部完成了提高与英、法部队互操作性的联合演习。该演习是美国、英国和法国陆军师联合实施的一项大型跨国演习。各国陆军士兵在多个基地参加演习，包括美国胡德堡和布利斯堡、布拉格堡，以及德国的格拉芬沃尔。本次演习基于计算机仿真，目的是通过大型地面作战活动训练陆军军级和师级单位。盟军的参与非常重要，让参与国更深入了解互操作性需求，同时多国演习的挑战也让各国陆军变得更加强大。演习活动的过程说明美国陆军可能无法实现所需的互操作性。本次活动中，美国陆军还采取了许多以前从未尝试的行动，如将美军的旅级部队置于法国师级部队之下。

法国举行大规模战略核力量演习 4月7日，法国空军和太空军发布声明称，法国举行了大规模的战略核力量演习，演习包括在法国领土上空进行的模拟核空袭；对战斗机进行空中加油；战斗轰炸机的低空突防和模拟击落导弹。在演习中，法国空军和太空军紧急出动50架军机，包括现“阵风”战斗机、WC－135核侦察机、A330 MRTT空中加油机、E－3预警机，以及幻影2000战斗机。演习中一些飞机扮演敌军角色，而另一些“法国”飞机则攻击位于中央高原模拟的敌方领土。尽管这些演习只是一次试验，但一旦发生真正的危机并对法国构成直接威胁时，“阵风”战斗机能发挥带头作用，进行警告和攻击。

美国、英国和荷兰空军联合举行“零秒战区”演习 4月8日，美国、英国和荷兰空军在北海上空联合举行“零秒战区”（Point Blank）空战演习。据悉，美国空军和英国皇家空军每个季度都在英国开展一次“零秒战区”演习，目的是增强美、英和其他北约部队的作战能力。此次演习为期4天，共有50架飞机参加，其中英国皇家空军的“台风”战斗机、“旅行者”号飞机，以及荷兰皇家空军的F－16和F－35A战斗机是首次参加“零秒战区”演习。

美国陆军未来司令部开展“10倍排”实验 4月8日，美国陆军宣布，“10倍排”实验正在征集提交有关人工智能、网络和机器人技术的想法，该实验正在尝试技术以升级未来的步兵部队。近期目标是明年在本宁堡举行的年度机动战士会议上进行一系列现场演示，并将其作为未来司令部2022

年的“汇聚工程”（Project Convergence）演习的一部分。最终目标是2028年至2035年，陆军可以利用无人驾驶的传感器、机器人、网络和人工智能系统共享情报并为指挥官提供指导，从而能够使步兵排比以前看得更远、射击更远并且做出更好的决策，且效率比以前快10倍。

美国太空司令部进行2021年“先进概念加速”训练 4月9日，美国太空司令部两大二级司令部完成“先进概念加速”训练，旨在满足快速变化的作战需求，提升太空协同作战与战备能力。演习中，太空防御联合特遣部队司令部商业作战小组利用原型系统，快速集成多国非密的商业太空态势感知数据，再将其集成进涉密数据环境中，并将数据发送至联盟力量太空司令部，后者负责与盟友协同。该系列训练每年开展3次，将改善美及盟友利用商业太空态势感知数据的集成效率，提升作战灵活性。

美国海军信息战中心成功举办“先进海军技术”演习 4月14日，美国海军信息战中心在北卡罗来纳州举办的“先进海军技术”演习正式结束。此次演习由海军信息战中心与海军水面作战中心克兰分部、海军作战发展司令部、海军陆战队作战实验室联合举办，为期10天，主题为“对抗环境下的一体化海军”，共160名技术评估人员对指控、通信、机动、火力及效能、舰队支持，以及信息环境中操作等6个能力领域的65项新技术进行了评估，验证相关技术是否可支持“分布式海上作战”和“远征前进基地作战”等作战概念。65项技术主要针对射频波形、自主空中和海上载具、高级传感器、光通信、赛博安全应用程序和各种软件功能。

美国海军举办“无人系统综合战斗问题21”演习 4月19日至26日，美国海军开展了“无人系统综合战斗问题21”演习。演习期间，美国海军集结大量有人、无人装备，验证作战部队如何使用无人机、无人水面艇和无人潜航器支持有人舰队。演习旨在“演练无人指控，凝练战术、技术和程序，使操作员获得作战环境下的海上无人系统使用经验”。本次演习的重点是评估“情、监、侦”、目标指示、导弹射击三个领域的有人－无人编组能力，以及水面、空中、水下系统或平台的有人－无人编组能力。

美国太空军完成第11次“太空旗”演习 4月26日至5月6日，美国太空军开展了“太空旗21－2”（SF21－2）演习，主要目的是在对抗、降级、行动受限的环境下，保护和捍卫美国在太空中的机动自由。太空军的武器和战术官员在演习开始前召开任务规划会议，向参演人员演示了战术任务规划流程，最终获得了积极的结果反馈。此外，此次是美国太空军首次采取在两处训练场同时进行的分布式演习，提高参与度的同时加大了演习规划与执行难度，成功检验了演习控制专家小组实时解决冲突的能力。

美国空战司令部开展“敏捷旗21－2”实验 4月26日至5月7日，美国空战司令部将开展“敏捷旗21－2”实验。该实验将测试第4战斗机联队（北卡罗来纳州西摩－约翰逊空军基地）作为主要空中远征联队部署到战区的能力。该联队将使用来自佛罗里达州廷德尔空军基地的任务生成、指挥和控制，以及基地作战支持集成单元，并同时为佛罗里达州赫尔伯特基地的一个前进作战基地，以及杜克菲尔德和乔克托的两个应急地点提供支援。

美国海军陆战队利用虚拟现实技术开发新型作战训练系统 4月27日，美国海军陆战队表示，近期在演习中演示了“联合终端攻击控制员虚拟训练器”（JVT）及“3D作战人员增强现实”（3D WAR）两个新型训练系统。这两个系统专门用于开展美国海军陆战队火力支援队员及联合终端攻击控制员作战训练。开发这些系统旨在使训练更具沉浸感和吸引力。系统主要面向美国海军陆战队，未来的训练系统需要易于访问，具有适用性，并覆盖实弹演习中的训练科目。

美国空军、海军开展“灵敏死神”演习 4月28日，美国空军与海军、海军陆战队在加利福尼亚州穆古点海军航空站和圣克莱门特岛，一同开展一场名为“灵敏死神”的演习。演习的目的是让空军主要用于反恐行动的猎杀型无人机 MQ-9“死神”将任务范围扩大到海上。演习期间，空军士兵测试了如何快速发射、回收和重新武装这种无人机，让其快速开展下次行动。据空军官员称，通过这些演习，士兵会练习用前线处更少的人员和装备开展行动，让 MQ-9 承担起更多的海上任务，为未来的冲突做好准备。这是“灵敏死神”系列演习第 2 次上演，第 1 次是去年秋天进行的。在这次演习中，空军练习了用更先进的海上侦察法和近空支援打击方式来支援海军陆战队进行登岸行动。

美国陆军于实弹演习中测试实验性人工智能技术 4 月 28 日，美国陆军宣布由人工智能驱动的战斗网络正在各战区进行实弹演习。3 月，美国陆军多域特遣队实验部队在华盛顿州完成了演习之后，将在 5 月前往欧洲，7 月前往太平洋，然后在秋天返回美国参与“汇聚工程 21”演习。这些演习的目标是：链接海马斯（HIMARS）火箭炮、M777 榴弹炮、“增程火炮”（ERCA）和“精确打击导弹”（PrSM）等装备，在接近实战的条件下进行压力测试人工智能算法和网络链接。美国陆军希望通过使人员、电子设备和算法步入实战状态，以找出导致杀伤链效率低下的原因，然后通过针对性研发投入来加速“杀伤链”。

美国“海豹突击队”在俄罗斯附近进行水陆作战演训 5 月初，美国欧洲特种作战司令部与北约盟友及伙伴国的特种作战部队举行了最大规模的年度演习“特洛伊足迹 21”和较小规模的“黑天鹅 21”训练活动。美国海军“海豹突击队”、海军特种作战舟艇队、绿色贝雷帽和空中突击队参与了演习，其他参与演习的还有奥地利、保加利亚、克罗地亚、德国、格鲁吉亚、匈牙利、黑山、北马其顿、西班牙、乌克兰的特种作战人员。根据美国欧洲特种作战司令部的计划，这两场演训是同时展开的，在罗马尼亚和整个欧洲东部，模拟与俄罗斯从波罗的海国家到斯堪的纳维亚再到乌克兰和黑海地区发生全面冲突的情况。除了测试不同国家特种作战部队在近空支援、近距离作战、登机、搜救和抓捕方面的互通性，这两场演习（特别是“特洛伊足迹21”）的重点还包括如何让常规部队和特种作战部队在与俄罗斯的大型冲突中整合协作。

法国、日本和美国海军在印太地区建立后勤网络 5月，法国海军“西北风”级两栖戒备群分别与美国海军和日本海上自卫队进行了海上补给演习，这项活动由三国共同策划。5月4日，日本海上自卫队AOE 425“摩周”号补给舰在菲律宾海对法国F 711“舒尔库夫”号护卫舰进行了海上补给。5月19日，美国海军“大号”号补给舰同样在菲律宾海对法国L 9014“雷电”号两栖攻击舰进行了海上补给。补给作业包括海上加油、横向补给、垂直补给。美国海军西太平洋后勤部队（COMPL WESTPAC）/第73特遣部队指挥官乔伊·泰恩奇少将表示，海上补给演习是一项复杂的海上行动，突显了合作伙伴间的战术互操作性水平，使海军部队执行海上持久作战任务时不受补给港口的限制，这种能力在新冠疫情时期尤为重要。

美国陆军驻欧、非部队举行“火力冲击”演习 5月1日至6月19日，美国陆军驻欧洲和非洲部队举行“火力冲击”系列野战炮兵军演，在波罗的海至黑海，以及北极至北非地区对快速部署远程精确火力和联合强制进入火力开展演习，旨在检验美军在选定的时间和地点在全球范围内同时规划、部署和执行多项任务的能力。“火力冲击”系列军演是美军第41野战炮兵旅在欧洲和非洲参加的一系列野战炮兵联合军演。第1次演习于5月1日至7日在爱沙尼亚举行，第41野战炮兵旅参加了“快速反应2021”演习；第2次演习于5月2日至24日在德国和波兰举行，第41野战炮兵旅联合13个盟国及其伙伴国的炮兵部队开展了“动态前线2021”实弹火力演习；第3次演习于6月2日在保加利亚与保加利亚部队进行了“军刀卫士2021”火力任务军演；第4次演习于6月9日在摩洛哥参加了“非洲雄狮2021”联合军演，这是非洲首次实弹演习；最后一次演习于6月1日至14日在挪威参加了“雷霆”联合军演。

美国空军于日本开展敏捷战斗部署演习 5月3日，美国嘉手纳空军基地第18联队、三泽空军基地、横田空军基地的飞行员，以及美国海军陆战队员一起于嘉手纳空军基地进行了敏捷战斗部署（ACE）演习。此次演习的重点是提升嘉手纳空军基地的F-15C“鹰”战机和三泽空军基地的F-16“猎鹰”战机补给过程的整体效率，空军和海军陆战队之间的互操作性，以及这两个组织的效率。来自第18联队第44飞机维护部队的多机组飞行员负责迅速建立一个前方操作站，用于人员的住宿和与飞机的通信。海军陆战队为这次任务和空中优势的投射提供了直升机应急加油系统。

美国开展“北方利刃2021”演习 5月3日至14日，美国印太司令部在阿拉斯加及周边地区举行了“北方利刃2021”（NE21）联合演习。美军称，演习旨在进行高端和真实环境下的战斗机训练，开发并提高联合可互操作能力，提高参演部队的战备水平。参演兵力包括“罗斯福”航空母舰打击群及其第11舰载机联队（CVW-11）、马金岛两栖战备大队及其第15海军陆战队远征队、第4步兵旅战斗队（空降）、第25步兵师、第17野战炮兵旅、第3远征航空和太空特遣队、美国空军第53联队等，共有来自美国空军、陆军、海军和海军陆战队的15000名人员、6艘舰艇和240架飞机参演。“北方利刃”每两年举行一次，从今年公开报道已知此次演习演练的内容包括：联合全域指挥控制、远程超音速杀伤链集成、F-15EX、空降以及电子战。

美国陆军开展“实验性演示网关”演习 5月3日至14日，美国陆军在达格威试验场举行“实验性演示网关”演习（EDGE）。该演习由美国陆军未来司令部组织实施，重点关注高空和低空相关技术，高空主要针对F-35战机和侦察机，低空主要针对直升机和无人机，围绕两个作战想定进行。第1个作战想定中，“阿尔忒弥斯”侦察机从高空侦察目标，F-35战机执行目标打击任务。第2个作战想定是空袭，采用“黑鹰”直升机和小型无人机遂行监视任务。此次演习面向国防部长和国会，假想背景是未来的中美冲突，引入了高达50项（含多个机密技术）新型技术，展示了“红狼”无人机、新型远程巡飞弹、新型机载传感能力、可识别近程防空系统，并为远程武器提供打击坐标；演习仅披露了部分技术细节，对于目标识别、定位和攻击等细节则严格保密；演习的最大挑战是如何调动、协调所有兵力。

澳大利亚空军举行“黑色匕首”演习 5月3日至14日，澳大利亚皇家空军举行了“黑色匕首21-1”演习（Exercise Black Dagger 21-1），以完成第67号联合末端攻击控制员（JTAC）课程的最后一项培训内容。本次演习在澳大利亚德拉梅勒航空武器靶场进行。“黑色匕首”演习是由澳大利亚皇家空军主办的实弹演习，目的是确保JTAC准备好从前线位置指挥近距空中支援飞机和其他战斗机，从而支持联合部队。参加演习的联合特遣部队将执行典型近距空中支援任务从计划和简报，再到控制和报告的所有阶段工作。JTAC学员可在真实和模拟的空地打击中协调飞机和军械，巩固他们在为期5周的JTAC课程中所学到的知识与技能。

美军成功模拟测试空基高超杀伤链 5月6日，美国印太司令部表示，在阿拉斯加周边开展的“北方利刃2021”高端作战演习中，B-52H轰炸机从路易斯安那空军基地起飞，通过“全域作战能力-实验”（ADOC-E）

系统，接收到1850千米外阿拉斯加州陆－空联合基地多个传感器发出的目标数据，随即模拟发射了一枚AGM－183A高超声速助推滑翔导弹，导弹击中约1100千米处的目标，B－52H完成打击任务后返回路易斯安那州，全程历时13小时。ADOC－E是一种新型的分布式指控和数据融合生态系统，旨在试验前线的同步联合功能。此次演习成功测试了空射快速响应武器（ARRW）的完整杀伤链，并通过使用传感器实现试验数据的共享与互通互联，演练了美军在基于全域作战能力指控概念下，使用高超声速打击的全新作战方式。

北约举行“联合勇士21－1”演习 5月8日至20日，北约举行了“联合勇士21－1”（JW21－1）演习，并首次与“打击勇士21”演习整合。演习开始，北约第1常备海事小组及其合作伙伴在苏格兰西北水域实施战斗增强/部队整合训练计划。之后，第1常备海事小组进入自由发挥阶段，对突发事件及威胁做出快速反应。“联合勇士”演习是由英国领导的多国演习，每年在英国周边海域举行两次，旨在协调联合作战，跨军种广泛演练备战的能力。

美国空军测试先进作战管理系统的边缘计算能力 5月10日，亚马逊网络服务公司（AWS）表示，其近日参加了第4次“On－ramp”技术演习，测试美国空军先进作战管理系统（ABMS）的边缘计算能力。ABMS是美国空军针对美国国防部联合全域指挥控制（JADC2）愿景提出的系统。由美国空军组织的“On－ramp 4”演习在德国拉姆施泰因空军基地进行，测试来自美国与其盟国供应商与军事组织的能力。根据与ABMS的一项合作研发协议，AWS测试了利用高韧性网络连接和通信以集成并部署战术边缘节点解决方案的能力。利用AWS的边缘计算设备“雪球边缘”（Snowball Edge），AWS能够将云能力带到模拟的战术边缘位置。AWS与其合作伙伴部署了战术边缘节点解决方案。测试结果展示了如 DevSecOps、部署人工智能和机器学习应用、边缘 Kubernetes 集群等能力，以及将开发代码从公开网络移动到加密网络的能力。

美国空军开展“方格旗”演习 5 月10 日至21 日，美国空军开展了迄今为止最大规模的“方格旗”演习。此次演习重点是整合空军和海军的空中作战平台，包括战斗机、加油机、电子战和指挥控制飞机。廷德尔空军基地为主要演习地点，杰克逊维尔的塞西尔机场和埃格林空军基地也为此次演习提供了场所，允许演习参与者在空中会面之前通过视频电话会议计划任务。“方格旗”演习中的部分飞机也参与了第 53 联队的“武器系统评估计划（WSEP）东部 21 –8”（也被称为“战斗弓手”（Combat Archer））空军联合计划，测试空空和空地武器的使用情况，同时提供额外的训练。“方格旗”演习和 WSEP 直接支持了空战司令部指挥官训练“即时反应部队”的计划。“即时反应部队”是一支准备好在全球范围内对不可预见或计划外的行动进行快速反应的专门部队。第325 战斗机联队主持和培育了联合整合环境和训练演习。

日、美、法陆上部队将首次在日举行军事演习 5 月11 日至17 日，日本陆上自卫队将与法国陆军和美国海军陆战队开展联合演习。第一阶段在长崎县相浦驻地实施，合作拟定作战计划；第二阶段在跨宫崎县和鹿儿岛的雾岛演习场实施，开展水陆两栖及城市作战训练，提高离岛防卫的联合作战能力。日本陆上自卫队“水陆机动团”、美国海军陆战队 4 架“鱼鹰”运输机、法国陆军部队“圣女贞德”号训练舰参加演习。这是日、美、法三国陆上部队首次在日进行的军事演习。

美、日、法、澳在东海开展 ARC 21 联合演习 5 月11 日至17 日，日本海上自卫队将在东海与美国、澳大利亚、法国开展 ARC 21 联合演习，旨在提升岛屿防御能力，并加强国际防务合作，实现所谓的“自由开放的印度洋与太平洋”。此次主要演习项目包括防空、反潜和登陆训练，参演装备包括日本“伊势”号直升机母舰、“足柄”“朝日”“金刚”号驱逐舰、“大隅”号两栖运输舰、“苍鹰”“白鹰”号导弹艇等，美国“新奥尔良”号船坞登陆舰、P－8A 海上多任务飞机、MV－22 倾转旋翼机，澳大利亚“帕拉马塔”号护卫舰，以及法国“托内尔”号两栖攻击舰、“速科夫”号护卫舰。

美国陆军精确打击导弹打破试射射程最远纪录 5 月 12 日，美国陆军在白沙导弹靶场完成精确打击导弹（PrSM）第 4 次试射测试，射程达 400 千米，相当于纽约市和纽约罗切斯特之间的距离，打破了 PrSM 飞行的最远纪录。此次测试目标包括确认从发射到命中目标的飞行轨迹、射程和精度，以及弹头杀伤力、与高机动火箭炮系统的集成度和导弹总体性能。PrSM 由高机动火箭炮系统发射器发射，以预期的精度飞向目标区域，在目标区再次验证了精确和有效的弹头杀伤力。该导弹曾在 2020 年“技术成熟和风险降低”阶段进行了 240 千米、180 千米和 85 千米的 3 次试射。此次试射是 PrSM 第 4 次飞行试验，也是“延长技术成熟和风险降低”阶段 3 次飞行试验的首次试射。该型导弹属于陆军优先发展计划，旨在取代陆军战术导弹系统，在陆军未来实施“纵深打击”能力中发挥重要作用。

俄罗斯 S－400 防空导弹武器系统首次击退密集导弹攻击 5 月 12 日，俄军表示于阿斯特拉罕近郊的卡普斯京雅尔靶场进行了高射炮兵训练，训练期间首次使用 S－400“凯旋”防空导弹武器系统击退了高速高机动导弹密集攻击。军区新闻处代表指出，俄罗斯“凯旋”防空导弹武器系统的战勤人员在实施专项演习框架内成功摧毁了 8 枚“野猪”“沙锥鸟”“阿尔马维尔”低空高速高机动靶弹。此外，俄罗斯军人制定了对抗敌方假想目标群的措施，演练了在各种地段上协同行动等内容。在训练中，“凯旋”演示了其独有的能力并取得了良好的成绩，俄罗斯也以此展示了其优异的武器装备潜能。

美国空军开展“蓝旗 21 – 1”本土防空演习 5 月 14 日，北美防空联合司令部第一航空队完成了为期一周的“蓝旗”演习，重点对各项程序进行改进，以更好地应对网络、巡航导弹以及空/天/网等领域的相关威胁。“蓝旗 21 – 1”演习集中在北美防空联合司令部第一航空队的第 601 空战中心进行，空战中心人员实施了全方位的航空警报和控制措施，包括制定从日常部署过渡到战时的方案。通过这次演习，北美防空联合司令部第一航空队和第 601 空战中心可以在模拟环境中利用高保真的构造模型和虚拟模型，在实战级别的多域指挥与控制决策环境中开展演练。针对本土防御的关键作战阶段，为对抗可能的国家威胁，“蓝旗”演习提供了一个整体作战场景，专门用于训练北美防空联合司令部第一航空队参谋部、第 601 空战中心，以及东西部防空部门。

美国空军开展“机动卫士 2021”演习 5 月 15 日至 27 日，美国空军在密歇根州阿尔皮纳战备训练中心开展了美国空军规模最大、时间最长的快速全球机动性演习“机动卫士 2021”演习，旨在提供强大和有意义的培训来发展力量，构建全频谱战备就绪状态，为在竞争、降级和作战受限的环境中进行战斗增加额外的复杂性。该演习为 1500 多名机动飞行员提供了一个逼真的训练环境，来磨练他们在当前和未来冲突中提供快速全球机动的技能。此外，此次演习的特色是实验空中机动司令部首个大规模集成前沿概念，以提高作战能力。美国空军第 305 空中机动联队为演习人员提供了重要支持。他们的参与使机组人员和支持机构能够在使用新的战术数据链能力的同时，练习和开发支持“敏捷战斗部署”和“任务类型命令”的新战术，并在有限的沟通条件下做出决策。

北约举行“海上演示/强大盾牌2021”防空反导演习 5月15日至6月3日，美国和北约盟国开始在苏格兰西部的英国国防部赫布里底群岛试验靶场举行“海上演示/强大盾牌2021”（ASD/FS）军演。此次实弹一体化防空反导（IAMD）演习由美国海军第6舰队领导，由北约指挥结构和北约部队结构总部负责指挥和控制，比利时、丹麦、法国、德国、意大利、荷兰、挪威、西班牙、英国和美国10个国家参加此次军演，派遣了15艘舰艇，以及飞机和地面部队前往北大西洋的两个联合行动区。此次演习以西班牙F-105型“克里斯托弗·哥伦布”号护卫舰（Cristóbal Colón）作为旗舰，通过使用北约指挥和控制报告结构，展示盟军在实弹联合IAMD环境中的互操作性。

美国陆军开展“网络现代化实验” 5月19日，美国陆军表示，自5月17日开始，美国陆军未来司令部在新泽西州麦奎尔·迪克斯·拉克赫斯特联合基地进行“网络现代化实验21”（NetModX 21），正在将新兴的网络和电子战能力“推向前台”。来自陆军未来司令部作战能力发展司令部的指挥、控制、通信、计算机、网络、情报、监视和侦察（C5ISR）中心的科学家和工程师将在该年度实验期间评估早期的研发工作和新兴的行业解决方案，该活动将于7月30日结束。“网络现代化实验21”将专注于融合自动化和受保护的通信，以实现多域杀伤力。实验期间将评估大约40种技术，包括中心的C^4ISR/电磁战模块化开放式标准套件、低拦截概率/低概率检测技术和支持集成视觉增强系统的通信系统。美国陆军还将利用“网络现代化实验21”来探索降低“汇聚工程”（Project Convergence）风险的方法。

北约举行“坚定捍卫者2021”演习 5月20日，来自北美和欧洲的11个国家开始海上实弹演习。海上实弹演习属于北约“坚定捍卫者2021”演习，侧重于北美部队对北约欧洲盟国的快速增援，超过5000名军人、20艘舰艇和40架战机参加。“坚定捍卫者2021”是北约2021年的旗舰演习，在大西洋和欧洲举行，包括三部分：海上实弹演习，重点关注跨大西洋增援；侧重于盟军最高指挥官欧洲责任区启用、军事机动和北约反应部队部署；重点关注盟国和伙伴国将参加的各种演习。

美国空军开展首次信息战相关演习 5月20日，美国空军在新墨西哥州普拉亚斯的训练设施举行了首次信息战相关演习。此次演习以信息战为重点，提供实战训练设施服务，包括实弹射击和实弹飞行，集合了网络、情报与电子战空军人员，旨在改进信息战战术，提高美军网络电子战和电磁频谱能力，从而建立一支可适应信息战环境的专业作战团队。此次演习遵循了美国空军信息战部队第16航空队司令所倡导的“融合”概念。在这一概念的指导下，美国空军第16航空队下属第67网络空间联队已经开始涉足电子战、情报等其他领域，如与专门从事目标定位的美国空军第363情报、监视和侦察联队加强合作。第16航空队是美国空军首个负责全球情报、监视和侦察、网络、电子战，以及信息行动的作战部门。

美国成立太空战作战研发实验室 5月20日，美国空军研究实验室正式建成太空战作战研发实验室（SWORD Laboratory），实验室位于新墨西哥州阿尔伯克基的菲利普斯研究基地，该项目耗资1280万美元，包括占地面积约465米^{2}的高顶棚实验室和占地面积约465米^{2}的安全办公室、实验室和会议空间。空军研究实验室是美军空天前沿科技研发与集成机构，曾在X－37B轨道试验飞行器上搭载秘密载荷；发射“老鹰”卫星，入轨后在轨释放Mycroft等多颗子卫星，并与Mycroft等在轨演练攻防对抗。作为空军研究实验室下设的太空控制专门机构，太空战作战研发实验室的成立，将进一步加快太空战技术研发，使美军提升战场环境下的太空作战能力。

美国空军进行“金帐汗国”合作式武器技术验证 5月25日，美国空军研究实验室表示在一次多阶段最终飞行测试中，来自佛罗里达州埃格林空军基地第96测试联队的两架F-16战斗机，在新墨西哥州白沙导弹靶场上空投放了6枚GBU-39小直径炸弹，其中一架投下4枚，另一架投下2枚。6枚炸弹使用L3Harris Banshee 2无线电设备建立了彼此的通信，并与地面站建立了通信，在飞行中改变了目标，然后对一个新的高优先级目标实施了打击。美国空军研究实验室表示，飞行中改变目标表明“金帐汗国”武器具有与更大的联合全域指挥和控制网络对接的能力，这是开发未来的“组网/协同/自治”（NCA）武器的关键。

加拿大利用兵棋推演进行培训 5月26日，加拿大表示其军队正在持续发展其战略兵棋推演能力，目前正在规划课程，向国防部工作人员推广这种培训。在布里斯托尔举行的2021年国防教育、模拟和训练（DSET 2021）会议上，加拿大联合作战中心联合兵棋推演实验与模拟小组的斯科特·罗奇少校告诉与会代表，加拿大即将推出其首个兵棋推演课程。罗奇表示，他们现在准备推出“兵棋推演101”课程。总部位于渥太华的联合兵棋推演实验与模拟小组着眼于战略和战役层面，已成为北约首要兵棋推演组织之一，并与美国海军陆战队和美国空军等建立了战略合作伙伴关系。该小组的大部分工作是为加拿大联合作战司令部（CJOC）、联合作战计划小组（JOPG）和加拿大部队学院提供服务，后者为加拿大高级军事领导人提供培训。

美国海军进行“标准”-3拦截弹道导弹互操作实验 5月26日和5月30日，在北约“海上演示/强大盾牌2021”演习中，美国海军阿利伯克级导弹驱逐舰“保罗·伊格内修斯”号（DDG 117）发射了两枚“标准”-3导弹，成功拦截了从赫布里底群岛发射的弹道导弹靶弹。此次拦截实验中，荷兰皇家海军的“HNLMS 德泽文普洛文西恩”号舰（F802）使用其“SMART－L MM/N”雷达提供了预警弹道轨迹。收到此轨迹信息后，“保罗·伊格内修斯”号能够计算出发射“标准”－3 导弹并消除威胁的解决方案。美国认为，此次实验展示了将盟国完全整合到以前由美国独立承担的任务中的能力，这种具有极高技术水平的互操作性是导弹防御的关键。

美国海军演示新型通信技术　5 月 27 日，美国 Viasat 公司表示，近日在美国海军“竞争环境中的海军融合”演习（ANTX）中展示了新型通信技术。其中，云通信技术可利用其远征轻型综合战术边缘（ELITE）套件和上滚/下滚 G－18 Ku/Ka 波段天线样机，为海上和地面平台提供移动卫星通信能力，使指挥官能够根据作战需求调整其指挥与控制能力。同时，该公司还展示了其 NetAgility 移动软件定义网络路由器，该路由器能连接和聚合多条通信路径，实现从战术作战中心到小型传感器集成自动流量路由。该公司还通过模拟 Link－16 轨迹，将多条视距无线链路分发给网络中的所有节点和徒步作战人员，展示了 ELITE 套件的 C2 网关能力。这些技术可被海军和海军陆战队用于支持远征先进基地作战（EABO）和竞争环境中的沿海作战（LOCE）。

澳大利亚 E－7A 预警机在“太平洋利刃”演习中支持美国 F－22A 战斗机　6 月 2 日，皇家澳大利亚空军（RAAF）宣布，该军种的一架 E－7A“楔尾雕”（Wedgetail）预警机参加了在美国夏威夷举行的“太平洋利刃 21”（Pacific Edge 21）联盟演习。该演习旨在通过集成美国及其盟国部队的飞机来进一步提升互用性，从而增强空中战斗能力。这架“楔尾雕”由位于澳大利亚威廉镇基地的第 2 中队操作，于 2021 年 4 月部署到美国，在夏威夷参加演习，并在演习中为美国夏威夷空中国民警卫队第 199 和第 19 战斗机中队的 F－22A“猛禽”战斗机提供了支持，对抗由美国空军第 442

训练和评估中队的F-16“战隼”战斗机扮演的对手。该演习设置了多种战斗遭遇情况，E-7A在演习过程中发挥了关键作用。

美国海军陆战队演习“远征前进基地”概念 6月2日至17日，由美国海军陆战队3d后勤组和海军第4机动建设营组成的“海蜂部队”，在日本冲绳岛附近的岛屿上开展“波塞冬的瞭望塔”演习，进行海军集成和“远征前进基地”作战训练。“波塞冬的瞭望塔”演习是建立在海军工程部队于2021年4月举办的“太平洋先锋”演习基础上的。美国海军陆战队表示，“波塞冬的瞭望塔”演习为海军远征部队提供了一个完善海军概念的绝佳机会，例如最近发布的《“远征前进基地”暂行手册》。在没有后勤基础设施的滨海环境中作战，将需要独特的技能集，只有海军陆战队才能提供沿海舰队的机动、火力和后勤支持。

美国海军在“敏捷匕首21”演习中验证快速响应部署能力 6月4日，美国太平洋舰队三分之一的潜艇在获得临时指令后，离开夏威夷珍珠港、华盛顿州布雷默顿和加利福尼亚州圣地亚哥等港口，参加“敏捷匕首21”演习（AD21），以评估战备情况和建立联合部队的能力。美国太平洋舰队潜艇部队司令杰夫·贾布隆海军少将表示，太平洋舰队潜艇部队随时保持战备状态，在“敏捷匕首21”演习期间成功验证了快速响应部署能力。美国太平洋舰队潜艇部队可在全球范围内进行反潜战、反舰战、对陆精确打击，可提供“情、监、侦”和预警、特种作战能力，实现战略威慑。

美国海军在演习中打破与北约盟国的通信壁垒 6月4日，美国海军表示在坚定捍卫者演习（STDE21）期间，美国海军第2舰队和诺福克联合部队司令部（JFCNF）的通信小组打破了北约盟国与美国海军之间的通信壁垒。演习期间，美国第2舰队担任海上联合司令部，对指定部队进行战术指挥。加拿大海军少将史蒂文·瓦德尔作为第2舰队的副指挥官，带领其团队登上“蓝岭”级“惠特尼山”号指挥舰进行作战指挥。他表示“该通信小组基于现有通信架构建立了北约秘密广域网的访问通道，使盟军特遣部队能快速实施有效的指挥控制，而无须昂贵和冗余的前期系统安装工作”。

美国及盟友举行“波罗的海行动50”联合演习 6月6日至18日，美国海军陆战队与18个北约盟国和欧洲合作伙伴将举行“波罗的海行动50”（BALTOPS 50）联合军演。“波罗的海行动”是波罗的海地区的重要海上演习，该演习旨在提高盟国和合作伙伴海上部队之间高端互操作性，此次演习是该演习自1972年以来第50次。“波罗的海行动50”演习由美国海军第6舰队司令、北约海军打击与支援部队司令吉恩·布莱克中将指挥，美国海军陆战队第26远征队（MEU）约30名海军陆战队员和水手，以及北卡罗来纳州莱琼营地第2海军陆战队远征旅（MEB）的海军陆战队员和水手参加了“波罗的海行动50”演习。美国海军陆战队第26远征队指挥官丹尼斯·桑普森上校表示，演习期间将参与一次建设性的、情景驱动的演习，以增强各作战领域指挥人员熟练度，测试先进远征作战概念，提升部队杀伤力、互操作性和综合作战能力。

美国海军AH-1Z“蝰蛇”完成新型数字互操作性套件首飞测试 6月7日，美国海军表示AH-1Z“蝰蛇”武装直升机完成了新型数字互操作性套件的首飞测试，首次在飞行中成功建立地面站与机载Link-16和先进网络宽带波形（ANW2）系统的双向连接。在1小时的飞行测试中，飞行员成功与PRC-117G多频段联网单兵便携式无线电台和移动系统集成实验室建立了通信。数字互操作性套件是美国海军“H-1升级项目”系列平台的一项新功能，包括可实现跨网络信息共享的Link-16和ANW2数据链，以及可在通用显示器上显示这些数据链信息的新的数字移动地图，使AH-1Z能够直接与其他海军陆战队航空联队和舰载系统交换关键数据。AH-1Z上的飞行测试还将持续，预计2022年将进行机队的初步集成。

美、英等多国将进行F-35战斗机联合军演 6月7日至15日，来自美国、英国、意大利、以色列空军的F-35战斗机在意大利阿蒙多拉空军基地参加了“猎鹰攻击21”（FS21）联合军演，此次军演是一次多国联合演习，目的是在大规模部队部署活动中，整合第四代与第五代战斗机的作战能力。以色列军方表示，该次演习的目的一部分是为了让以色列空军做好准备对付伊朗部队。美国空军表示，这次演习提升了F-35战斗机在远距作战和后勤方面的合作水平，使美国空军和伙伴国在联合作战中有了更强的互操作性。

美国太空司令部为北极联合防空训练提供卫星快速重构能力 6月10日至18日，美国太空司令部近日参与了北美空天防御司令部领导的名为“银汞飞镖”（Amlagam Dart）的北极联合防空演训。“银汞飞镖”演训旨在训练北美空天防御司令部开展“高贵之鹰”（Noble Eagle）反恐防空响应行动的相关能力，并落实美国国会在《2021财年国防授权法》中对“战术响应式发射”的进一步要求。该演训中，太空司令部利用战术响应式发射技术，模拟太空能力的快速重构，确保天基导弹的连续监测与预警，可在冲突期间的数小时内重构降级系统，迫使对手因攻击太空系统的成本问题而重新决策，从而使美国太空司令部能够为联合部队提供对抗多域攻击的持续天基能力。

美军开展“网络洋基”演习 6月14日至18日，来自新英格兰的网络士兵在科德角联合基地参加了第七届年度“网络洋基”演习，以增强美国网军在数字空间挫败恶意行为者的能力。此次演习的“红方”为海军陆战队和海军陆战队预备役军人，“蓝方”为国民警卫队及代表不同关键基础设施部门（如电力、水和天然气公司）的行业合作伙伴，使用的作战环境为

“持久网络训练环境”（PCTE）。“红方”的任务是建立一个典型的公用事业公司，模拟正常的公司活动，如电子邮件和网络流量，并对关键基础设施进行隐蔽攻击。“蓝方”的任务是支持行业合作伙伴的响应，通过识别异常活动来发现攻击和恶意程序，然后减轻攻击的影响，并最终确定损害的范围、攻击向量和最有可能的威胁行动者。

澳大利亚皇家空军开展“阿纳姆雷霆21”演习 6月15日，澳大利亚皇家空军“阿纳姆雷霆21”（Arnhem Thunder 21）大规模空中作战演习成功按计划结束。该演习是在澳大利亚北领地的达尔文基地和廷德尔基地进行的大型训练演习。澳大利亚皇家空军500多名人员和50架军机参演。其中，战斗机在德拉米尔航空武器靶场（Delamere Air Weapons Range）进行了空对空战斗场景训练，并投射了实弹；一个应急响应中队在邦迪山训练区（Mount Bundey Training Area）的恶劣条件下激活了一个前沿作战基地。这是澳大利亚皇家空军的F-35A于2020年形成初始作战能力以来首次参加演习部署，也是该型机与F/A-18E/F、EA-18G首次作为高端作战空战组合包部署在一起。

美国空军研究实验室举办高功率电磁武器兵棋推演活动 6月21日至25日，美国空军研究实验室定向能源理事会在空军科特兰基地进行了第二次兵棋推演、建模和仿真活动。此次活动是最新的定向能效用概念实验（DEUCE），侧重于使用高功率电磁武器（HPEM）增强综合防空能力，而1月举行的DEUCE则侧重于高能激光系统的能力。与第一次DEUCE类似，HPEM活动将作战人员置于具有基于物理的红色和蓝色系统模型的虚拟环境中，通过仿真界面应对威胁。兵棋推演首席研究员刘易斯称，两次DEUCE都演示了武器交战优化器（WOPR），这是美国空军研究实验室正在开发的基于人工智能的战斗管理系统，旨在协助作战人员管理复杂的战场。

WOPR 将用于实时分析复杂的数据系统，以增强指挥官和作战人员的决策能力。

美国海军研究生院用兵棋推演分析国家安全问题 6 月23 日，美国海军研究生院（NPS）的学生们在海军战争研究所（NWSI）兵棋推演中心主办的兵棋推演周活动中，通过分析性兵棋推演解决了一些最关键的国家安全问题。在该活动中，海军研究生院的学生们开发并运行了一系列不同的兵棋推演，深入研究了远征行动、竞争环境下的后勤、对抗大规模杀伤性武器等技术和概念问题。未来海军研究生院还将利用兵棋推演探索无人驾驶系统的使用，分布式海上作战/远征前进基地作战在竞争环境下的后勤指控。他们开发兵棋的目的并不是“用这个工具来解决某个问题”，而是“用这个工具帮助遇到问题的人理解如何解决这个问题”。

日、美举行“东方之盾2021”演习 6 月24 日至7 月9 日，日本陆上自卫队与美国陆军在日本多地开展“东方之盾2021”军演，此次演习的参演人数约3000 人，目的在于加强日、美合作。该演习主要进行两部分内容：一是在鹿儿岛县的美军驻地，日本陆上自卫队中部方面队中程地空导弹部队，将与美国陆军“爱国者”地空导弹部队进行对空作战演习，设想利用日、美防空系统打击来袭的飞机；二是在北海道矢臼别演习场，陆上自卫队多管火箭炮系统和美国陆军“海玛斯”高机动性火箭炮系统将进行首次联合射击训练。

美国空军完成“红旗阿拉斯加21 -2”演习 6 月25 日，“红旗阿拉斯加21 -2”演习于阿拉斯加州埃尔门多夫 - 里查德森联合基地结束。“红旗阿拉斯加”演习是由美国太平洋空军组织开展的联合战术空战应用演习，旨在通过一系列大型部队专业训练、近距离空中支援和联合进攻反空袭演习，提供模拟作战环境。该演习所在地为阿拉斯加艾尔森空军基地和埃尔门多夫－里查德森联合基地，演习空域包括联合太平洋阿拉斯加山脉综合体及加拿大西部空域，超过17万平方千米。演习内容包括空中加油训练、空降作战训练、指挥和控制训练、任务训练、向艾尔森基地交付物资以及低强度演习，有效实现全球合作伙伴战术、技术和流程交流，同时提高互操作性。在本轮演习结束后，“红旗阿拉斯加21－3”演习将于8月举行。

美国网络司令部开展“巨型旗帜”活动 6月28日，美国网络司令部宣布，加拿大皇家海军团队在“巨型旗帜”（Big Flag）活动中获胜，该活动是美国年度网络防御训练“网络旗帜21－2”演习的一部分。该活动总部位于美国马里兰州乔治·米德堡，由3个不同时区通过远程连接同时开展。此次活动共有430多名参与者，17个团队参加，参与人员来自美国军事部门、跨部门合作伙伴、美国海岸警卫队、众议院、美国邮政局，以及加拿大和英国。各团队在特定场景中执行防御任务、应对攻击，由网络司令部评估员根据其网络防御行动进行评判。最终，来自加拿大皇家海军的团队获得胜利。“巨型旗帜”活动展示了“持续网络训练环境”（PCTE）平台的虚拟网络训练能力。美国网络司令部司令保罗·中曾根将军表示，“网络旗帜21－2”演习检验了最优秀、最聪明的网络保护团队，评估了其战术网络技能，同时整体提高了各团队的网络应变能力。

美、乌举办“海风2021”演习 6月28日至7月10日，美国和乌克兰在黑海地区举办了“海风2021”演习。“海风”演习是一年一度的多国海上演习，涉及海、陆、空三个作战域，由美国和乌克兰共同主办，旨在增强黑海地区参演部队之间的互操作性和作战能力。该演习将集中在多个作战领域，包括两栖作战、陆地机动作战、潜水作战、海上拦截作战、防空作战、特种作战一体化、反潜战和搜救行动。“海风2021”演习是历史上参加国数最多的一次，来自六大洲的32个国家共5000名士兵、32艘舰船、

40架飞机以及18个特种作战和潜水队计划参加此次演习。"海风2021"为参与国的士兵提供了参与现实海事培训的机会，以积累经验和加强互操作性，全方位提升了海上和陆地行动的能力。

美国虚拟"宙斯盾"武器系统成功连通陆军、空军作战系统 6月29日，美国印太司令部表示在2020年9月"勇敢盾牌2020"演习期间，使用了虚拟"宙斯盾"武器系统（VAWS），验证了舰载"宙斯盾"武器系统与陆军、空军作战系统的互操作性。美国印太司令部将舰载"宙斯盾"武器系统打包安装到太平洋空军夏威夷多域作战中心，与陆军炮兵部队、空军指挥节点和F-35"闪电"Ⅱ战斗机连接，进行了两项实验：在一项实验中，虚拟"宙斯盾"武器系统发送驱逐舰和巡洋舰等目标信息，位于关岛安德森空军基地陆军第17野战炮兵旅通过"联合自动化深度作战协调系统/先进野战炮兵技术数据系统"（JADOCS/AFATOS）接收到目标信息，然后使用陆军"海玛斯"系统模拟开展了反舰作战；在另一项实验中，F-35"闪电"Ⅱ战斗机将威胁目标信息发送到虚拟"宙斯盾"武器系统，虚拟"宙斯盾"武器系统将信息发送到"爱国者"-3系统，"爱国者"-3系统模拟打击了威胁目标。

美国战略司令部组织联合电磁频谱作战桌面演习 6月29日至7月1日，美国战略司令部于弗吉尼亚州萨福克主办了一次联合电磁频谱作战（JEMSO）桌面演习（TTX），旨在进一步将JEMSO纳入到作战模拟结构中，并支持联合特遣部队态势感知、欺骗行动。在2030年冲突场景下，整合多域优势以应对近对等威胁。美国印太司令部、美国非洲司令部、美国欧洲司令部、美国中央司令部、美国太空司令部、美国特种作战司令部、美国国家侦察局、美国海军陆战队指挥部和美国海军舰队网络司令部等多个作战司令部和机构参加了此次桌面演习。美国战略司令部先进作战单元为这次桌面演习建立了框架。参与司令部和机构给桌面演习提供的数据将进一步帮助美国战略司令部了解在建模和作战模拟中如何能够更好地反映JEMSO的优先事项及其基本需求。美国战略司令部通过JEMSO参与者在这次桌面演习中将能抓取到在战区战役的任务中需要考虑的JEMSO关键行动。

DARPA进行“机动部队防护”自主反无人机系统试验 6月8日，美国国防部高级研究计划局（DARPA）表示近日在美国空军埃格林空军基地进行了“机动部队防护”（MFP）系统的测试，验证了该系统应对未授权的无人机对军事设施和军事行动的威胁能力。该系统是一种低成本、可重复使用的自主反无人机系统，旨在保护在可能的人口密集地区行进的高价值车队免受自主导航小型无人机的攻击，在这些地区要求避免采用爆炸性防御武器以防止产生附带伤害。测试中，该系统首先利用新研发的X波段雷达自主感知与识别无人机系统威胁，然后通过与指控系统相连的自动化决策引擎将目标与特定的拦截机配对，在无操作人员干预的情况下，边移动边发射、引导旋转翼、固定翼拦截机来实施拦截。该系统采用的无人机压制方法主要为，通过可重复使用的拦截机发射结实的细条状丝带缠绕来袭无人机的螺旋桨，造成其推进力丧失。

美国陆军组织开展“联合作战评估21”多国实验 6月14日至24日，美国陆军在夏威夷、科罗拉多和华盛顿组织开展了“联合作战评估21”（JWA 21）多国实验，其重点是多域作战。英国、澳大利亚和加拿大也参与了此次实验。通过此次实验，美国联合部队将寻找新的方法来提高其与盟友之间的互操作性。“联合作战评估21”最终将归于“汇聚工程21”。在“联合作战评估21”期间，美国陆军正在实验一种可能的未来信息优势编队，该编队将利用其能力实现决策、保护陆军信息、告知和教育国内受众、告知和影响国际受众和向对手进行信息攻击的能力。未来信息优势编队的设想为：这样的编队可以通过影响敌方指挥官的态度、动机和认知来影响敌方的军事行动，并提高指挥官感知、理解和行动的能力。除此之外，美国陆军还将对太空能力和编队进行实验。陆军将保留有组织的天基能力，以促进跨域火力，从而在多域作战中实现所有作战职能和编队的机动和支持。“联合作战评估”系列实验是美国陆军最大的年度实况多国实验，专注于通过士兵和领导者在现场实验中的反馈来完善概念、能力和编队，有助于陆军评估新概念、集成新技术，并促进陆军、其他军种和其跨国合作伙伴之间的互操作性，这是多域作战成功的关键。

美国陆军进行自主多域发射器试验 6 月 16 日，美国陆军第 18 野战炮兵旅海马斯排在亚利桑那州尤马试验场开展代号为“太平洋聚焦”的模拟演示，旨在使用“自主多域发射器”（AML）摧毁敌方舰艇和岛屿防空系统。陆军此次共发射了 7 枚火炮弹，模拟从约 500 千米外用“精确打击导弹”实施打击的情况。此外还展示了用较短程火箭弹实施打击的能力，反映了采用战术战斗方式对师和团实施支援的情形。

DARPA PROTEUS 项目将转移给美国海军陆战队作战实验室 6 月 22 日，DARPA 透露，“远征城市场景弹性作战原型试验台”（PROTEUS）项目已经在美国海军陆战队列尊营成功完成最终演示验证，将移交给位于匡蒂科的海军陆战队作战实验室（MCWL）。DARPA 于 2017 年 6 月启动 PROTEUS 项目，旨在创建并演示验证工具，支持开发和测试基于动态可组合兵力配置的敏捷远征城市作战概念。PROTEUS 目前是一型兵力设计与实验工具，可使美国海军陆战队从班到营各级能够探索并开发新型多域作战概念。该工具使美国海军陆战队能够集成新兴能力，并学习如何在真实远征战斗场景中高效运用这些能力。

美国海军陆战队实施未来步兵营改组实验 6 月 23 日，美国海军陆战队表示，已经启动了面向2030年的步兵营实验行动计划（IBX 30 Infantry Battalion Experiment Campaign Plan）。这个计划从2020年底就开始了，主要由海军陆战队作战实验室负责，将持续到2022年，届时向海军陆战队司令提交成型的陆战队步兵营改组方案（建议）。该计划以2030年与近对等敌军冲突为背景塑造未来战场上分散部署行动的部队，同时能够应对无人机和网络攻击等新技术的挑战。目前，美国海军陆战队步兵营的基本构成为3个步兵连、1个武器连和1个营部连，不能适应未来分布式作战的需要。关于未来步兵营初步的设想为，撤销武器连，并训练陆战队的步兵连能够使用多种武器。总体思路是，用小规模分队来运用更多类型武器，提升生存和执行任务的能力，使陆战队远征队、陆战队濒海团的作战能力实现新的发展。

美国空军测试新型战术数据链技术 6月24日，美军汉斯科姆空军基地战术数据链增强团队近期成功完成了“海姆达”（Heimdall）新型战术数据链系统演示，测试了战术数据链创新性技术，以增强战斗机在竞争激烈的近空环境下的数据共享能力，提高战斗机的整体作战性能。该团队在F－15C鹰式战斗机和C－12J休伦运输机上加装了该系统，在新墨西哥州白沙导弹靶场上空执行试飞任务，随后参加了在阿拉斯加州艾尔森空军基地和埃尔门多夫·理查森联合基地举行的“北缘21”演习，验证了该项技术在各种场景下成功应对多种威胁的能力。美国、北约和联军主要使用战术数据链在盟国之间传输和交换实时数据以共享战场态势信息，但战术数据链往往需要数年甚至数十年时间才能实现系统集成和投入使用。“海姆达”新型战术数据链系统可实现快速安装，能够兼容新旧空中平台，通过分阶段开发并投入使用的方式，使战术数据链系统更加适应当前及未来的作战需要。

美军测试自主性集成和超远距离杀伤链集成 6月24日，美军位于加利福尼亚州爱德华兹空军基地的空军测试中心第412试验联队主导的“橙旗21-2”演习（Orange Flag）与远在2000多英里（2000英里约3219千米）外的佛罗里达州埃格林空军基地的“翠旗”演习（Emerald Flag）相连接。这种组合旨在演示验证远程数据链接和目标定位能力。此外，作为“橙旗”演习的一个重要组成部分，美国空军先锋计划通用原子公司的MQ-20“复仇者”无人机搭载“天空博格”无人自主系统参与了此次行动。通过两个以“旗帜”为代号的演习，美国空军最新的大型部队试验活动利用远程“杀伤网”技术和自主无人机的整合再次突破了现代空战的界限。据一名试验中心的试飞员介绍，这两个分别位于美国东部和西部的空军基地共同演示验证了数据链的融合，而空军的“天空博格人”项目对其如何在复杂的空中战斗空间安全有效地运作，进行了早期但重要的演示验证。

美国空军研究实验室测试新型定位导航授时技术 6月30日，美国空军战略发展规划实验办公室与海军地面作战中心近日在科罗拉多州成功对机载试验台进行了6次第1阶段飞行实验，验证了融合的视觉导航和泛在无线信号系统，可搭载多种飞机的敏捷吊舱。该试验台采用开放软件体系结构，通过配备的视觉导航（VisNav）、机会信号（SoOP）和磁异常导航（MAGNAV）等定位、导航、授时（PNT）技术，实现美国空军的新型PNT作战概念。目前，该团队已在新墨西哥州霍洛曼空军基地的T-38飞机上完成装配测试检查，预计8月份前由586飞行测试中队进行第2阶段飞行测试。

以色列开展“蓝色卫士”国际遥控飞行器演习 7月2日至16日，以色列空军举办了首个国际遥控飞行器（RPAV）演习“蓝色卫士”。参与此次演习的还有来自美国、德国、意大利、法国和英国的机组人员，他们将在帕尔马希姆空军基地与以色列空军操作员一起执行联合飞行和作战任务。这一为期两周的历史性演习将加强各国之间的相互学习，并为未来在遥控飞行器这一革命性领域的国际合作铺平道路。“蓝色卫士”计划分为两部分：第一周将集中于训练国际技术人员操作以色列国际遥控飞行器“Zik”（Hermes 450）号；在演习的第二周，参与各国将演练盟国联盟对抗敌人的模拟战斗场景，部队将以联合编队飞行，并与国际空军的战斗机、直升机师，以及突击队进行合作。

美国及其盟国海军举行“太平洋先锋”演习 7月5日，澳大利亚、日本、韩国和美国的海上部队开始在澳大利亚东海岸附近海域会合，开展“太平洋先锋2021”海上联合军事演习。今年海上联演由澳大利亚皇家海军主办，展现四国的合作与互信。此次海上联合军演能加强印度－太平洋地区四国的海军海上作战技能，演习内容包括反潜战、空战、实弹导弹演习、高级机动。澳大利亚皇家海军代表军舰为：澳大利亚皇家海军舰艇霍巴特级驱逐舰“布里斯班”号（DDG 41）、柯林斯级潜艇“兰金”号（SSG 78），还包括澳大利亚皇家空军战斗机；美国海军的代表则是：第15驱逐舰中队、阿利·伯克级导弹驱逐舰“拉斐尔·佩拉尔塔”号（DDG 115）；韩国海军忠武公李舜臣级驱逐舰“王建”号（DDH978）同样参加了此次演习。

英国陆军开展“春季风暴”演习 7月5日，英国陆军在爱沙尼亚的“卡布里”行动中，参加了北约年度大规模“春季风暴”演习，首次在演习中使用了人工智能（AI）技术。演习约有2000名盟军参加，比利时、爱沙尼亚、法国、丹麦和英国士兵使用人工智能技术进行了实弹演习。英国第20装甲步兵旅使用了可提供有关周围环境和地形信息的人工智能引擎。该引擎可快速处理大量复杂数据，为用户提供所需信息；英国陆军通过这些信息规划各自的活动和输出，改进指挥和控制流程，节省时间和精力；可以托管在云端或以独立模式运行。英国武装部队的目标是，未来将人工智能进一步应用于对敌人行为预测、侦察，以及从战区传输实时情报等。

英国陆军举办大规模军演检验未来战备情况 7月6日，英国陆军第7步兵旅结束了“韦塞克斯风暴2021”演习，检验了部队未来作战的准备情况。参演单位包括：第7步兵旅爱尔兰团第1营、苏格兰龙骑兵卫队、第7后勤兵团、第4炮兵团、第32、33工程兵团、陆航攻击直升机和空军运输直升机等。演习主要内容：指挥所演练、炮兵机动演练、情报监视侦察与目标捕获、后勤与装备支援、工程与医疗支援、轻骑兵和机动步兵保护、爆炸物处理、空中支援和空中机动演练等。

俄罗斯开展远程航空部队战术飞行演习 7月6日，作为预定战术飞行演习的一部分，部署在萨拉托夫、阿穆尔河、伊尔库茨克和梁赞地区的俄罗斯空天防御部队远程航空部队已经开始战术飞行演习。演习期间，机组人员将训练如何将飞机重新部署到作战机场、空中加油、在试验场地使用空中武器攻击地面目标。据俄罗斯国防部称，约20个航空设备单元参与本次演习，包括战略导弹轰炸机图－160、图－95MC和伊尔－78加油机。航空单元战术飞行演习由远程航空指挥官谢尔盖·科比拉什中将负责，于7月9日结束。

俄罗斯S－400系统在演习中成功抵御假想敌导弹袭击 7月6日，俄黑海舰队新闻办公室宣布，驻扎在克拉斯诺达尔的防空部队在演习中成功用S－400防空系统抵御了假想敌的大规模导弹袭击。6月28日至7月10日，北约多国在黑海进行“海风－2021”演习。与此同时，俄军为保护黑海舰队的重要设施，进行了防御假想敌导弹袭击的演习。俄军约100名人员以及30多套军事设施参加了演习。演习中，S－400防空系统和“铠甲”－

S 弹炮结合系统演习了一种测量算法，以探测和跟踪假想敌的空中目标，并通过电子发射系统成功将目标摧毁，“铠甲”–S 弹炮结合系统在阵地转移过程中保护 S–400 防空系统免受袭击。

美国陆军测试新技术开发以实现通信现代化 7 月 6 日，美国陆军为加速推进“融合计划 2021”，正在进行一系列能力集测试，以部署新的现代化战术通信技术。其中，“能力集 23”的目标包括统一网络、建设通用操作环境、实现联合互操作性/可访问性，以及提高指挥所机动性与生存能力，重点关注指挥、控制、通信、计算机、情报、监视与侦察/电子战模块化开放式标准套件（CMOSS），CMOSS 旨在整合任务指挥、移动、机动、火力等作战能力；研究、测试并开发模块化“通信节点–先进飞地”以建立通信安全网络。“能力集 25”的目标包括升级无线电能力、定位导航授时与任务指挥系统等。

美国海军陆战队于“夏季暴怒 21”演习练远程海上打击 7 月 7 日至 30 日，美国海军陆战队第 3 飞机联队，在美国西海岸举行了最大规模的陆战队航空兵作战演习——“夏季暴怒 21”演习，以提升陆战队飞机联队支持陆战队远征军海上作战的能力。7 月 7 日至 9 日，第 3 陆战队飞机联队演练了在空中投送并快速组成前沿装弹和加油点的情况下，对模拟敌军海上水面作战舰实施远程海上打击，验证了其 F/A–18C“大黄蜂”战斗机和 F–35B“闪电”Ⅱ战斗机在分布式海上环境中打击敌军水面作战舰的能力。此外演习内容还包括支持前进海军基地、防空作战、多个分布式指挥控制中心，以及一次导弹射击。

美国陆军于“太平洋捍卫者”演习中探索电子战新作战方式 7 月 8 日，美国陆军宣布计划在 2021 年夏季举行的“太平洋捍卫者”演习中，开展一项名为“星际火焰”的探索活动，将编码人员及软件开发人员部署到战术前线，现场对电子战系统及射频系统进行重编程，以便大幅缩短利用新信号的时间。参加此次探索活动的是新成立的第915网络战营，该营由12支特遣网络团队组成，旨在为旅提供额外的网络及电子战能力。美国陆军认为，在大国冲突背景下，陆军极有可能遇到从未见过的信号，必须先截获、分类这些信号后才知道如何利用或对抗它们，这一过程在冷战时期可能需要数年时间，而现在陆军希望能在数周内完成。此外，这项探索活动还可以发现陆军的能力差距，并为制定条令及政策提供信息。

美国第3次全球信息优势实验测试人工智能辅助决策能力 7月8日至15日，美国北方司令部于2021年开展了第3次全球信息优势实验（GIDE3），测试利用各种基于人工智能/机器学习的决策辅助工具，提升指挥官的行动能力。这些工具包括雷达整合工具、可以聚合各种传感器甚至社交媒体信息的“信息优势”工具，以及可形成虚拟3D战场的“跨指挥协同”工具。北方司令部司令格伦·范赫克表示，其将在实验结果出来后向国防部副部长凯瑟琳·希克斯以及参联会副主席约翰·海滕汇报，以此次实验为案例，向他们证明人工智能决策工具已经做好准备，且战斗指挥官也迫切需要这种能力。

美国空军部完成第5次架构演示与评估 7月8日至28日，美国空军部首席架构办公室进行了第5次架构演示和评估（ADE 5）演示实验（之前被称为ABMS“On ramp”/“高速公路驶入匝道”演示），集成了商业技术以实现决策优势。本次实验联合了所有11个战斗司令部，以及美国太平洋空军、北方司令部、联合人工智能中心和负责情报与安全的国防部副部长。为实现国防部敏捷决策优势任务架构，第5次ADE实验结合了3个主要方面：来自空军和太空部队的新兴技术和作战概念；第3次全球信息优势实验；“太平洋钢铁2021”敏捷战斗部署演习。ADE 5的一体化目标包括：提高对全球竞争和危机行动的领域意识；通过人工智能增强了信息主导地位；通过制定可行的威慑行动方案，提高决策优势；通过快速交叉作战指挥协作加强全球一体化；通过一体化、分布式、弹性通信、计算和软件提高敏捷决策的优势，在边缘实现敏捷战斗部署。

美军开展“觅食者21”演习 7月11日至8月6日，美国第1军领导美国陆军太平洋部队开展“觅食者21”演习，该演习旨在试验和提升美国陆军在太平洋部署力量的能力，执行指挥和控制，并在整个大洋洲有效地进行多域作战。“觅食者21”演习为支持“太平洋捍卫者21”演习的主要演训。演习包括：第82空降行动、与日本陆上自卫队和第1特种部队大队的双边空降行动、AH－64实弹演习、多域作战（包括“斯特赖克”“复仇者”和“高机动火炮火箭系统”在陆海空域的运动），以及在太空和网络相关技术的现代化运用，大约有4000名美国人员直接参加了该演习。“觅食者21”演习是美国陆军太平洋部队和第1军在印太地区首次训练和作战合作。该演习使美国陆军能够动态地向太平洋派遣部队，以支持其在陆、海、空、太空和网络等领域的区域联盟和国际协议。该演习还使美国陆军能够与其盟友和伙伴进行后续交流和演习，以深化其几十年来建立的军事互操作性。

以色列在实战中使用人工智能无人机蜂群 7月11日，以色列军方承认在2021年5月对加沙的哈马斯组织发动空袭和导弹打击期间，使用了人工智能辅助的无人机蜂群。这些部署在加沙上空的无人机蜂群可相互通信、精确定位目标，甚至能够指挥空袭，主要用于监视火箭弹发射地点，通知以色列空军或地面部队打击这些地点，并协助其他无人机对目标实施攻击。以色列军方还与埃尔比特系统公司密切合作，在作战过程中不断调整无人机相关能力。目前全世界范围内只有少数国家拥有先进的国产无人机作战项目，而此次无人机实战应用使以色列成为首个整合人工智能技术来指挥无人机蜂群战场作战的国家。

美国、英国与荷兰在亚丁湾进行联合演习 7月12日，美国、英国和荷兰于亚丁湾进行大规模的联合军事演习，旨在增强美国、英国和荷兰海上力量的互操作性，深化联盟伙伴关系，并通过一系列训练场景展示海军的融合性，以更好地应对地区安全的共同威胁。参演部队重点演练防空、反水面和反潜作战的战术和程序，包括精确机动、跟踪假想敌的潜艇、对模拟空中和海上目标进行分层防御、对假想敌部队进行远程海上打击等能力。参演单位包括美国海军“里根”号航空母舰战斗群、“硫磺岛”号两栖攻击舰，英国海军“伊丽莎白女王”号航空母舰、23型护卫舰，荷兰海军“埃弗森”号防空护卫舰等。

美军于关岛和天宁岛开展“太平洋钢铁2021”行动 7月13日，美国太平洋空军和空战司令部约40架飞机及约800名飞行员参与“太平洋钢铁2021”行动。“太平洋钢铁2021”是太平洋空军动态部队部署行动，旨在将部队投射到美国印太司令部责任区域，支持2018年国防战略（NDS），形成更具致命性、适应性和弹性的部队。行动期间，战斗机、机动性飞机、飞行员和所需的支持设备将在关岛的安德森空军基地、安东尼奥·汪帕特国际机场、西北机场以及天宁岛的天宁国际机场，进行“敏捷战斗部署”行动。飞行员将展示多种技能，并进行模拟战斗飞行行动。

美国空军成功进行“武库机”杀伤链闭环模拟试验 7月14日，美国空军战略发展规划和实验办公室宣布，其主导的“迅龙”项目在“北方利刃21”演习中成功进行了杀伤链闭环模拟试验，首次演示了“武库机”的动态目标瞄准能力。试验中，一个非机载传感器发现了新目标，并通过超视距通信系统将新目标信息传输到MC-130J特种作战飞机，这些数据为机载弹药模拟器分配了一个新的路线和目标，并启动了“托盘化弹药”的虚拟发射，展示了“武库机”按照新目标指令打击新目标的能力。此次演示为2021年夏季的系统级空投试验和2021年底的实弹空投试验奠定了基础。“迅龙”项目由美国空军“托盘化弹药”项目演变而来，旨在在不对运输机进行任何改装的情况下将其打造成“武库机”，使其能按照标准空投流程空投大量弹药武器，补充战斗机和轰炸机的打击能力。

澳、美举行“护身军刀2021”军演 7月14日至31日，两年一度的“护身军刀”演习在澳大利亚举行。参演国包括澳大利亚、美国、加拿大、日本、新西兰、韩国和英国，共有约17000人。“护身军刀2021”旨在加强澳美部队在陆海空以及网络领域的互操作性，将进行两栖登陆、地面部队演习、城市作战、空战、海上作战等演练，参演飞机包括F/A-18F“超级大黄蜂”战斗机、EA-18G“咆哮者”电子战飞机、C-17A“环球霸王Ⅲ”运输机、KC-30A MRTT加油机。

美国陆军一体化防空反导作战指挥系统完成最终研发试验 7月15日，美国陆军一体化防空反导作战指挥系统（IBCS）在新墨西哥州白沙导弹靶场，完成了IBCS的第8次也是最后一次研发试验。试验中发射了两枚巡航导弹靶弹（用无人机替代的），一枚靶弹负责执行电子攻击任务以破坏雷达性能，另一枚靶弹负责对高价值资产进行打击。来自第6防空炮兵团第3营的防空反导试验分队的士兵使用IBCS探测跟踪来袭巡航导弹，识别威胁目标，并发射“爱国者”-3导弹成功进行了拦截。此次飞行试验首次现场测试和演示了“联合跟踪管理能力”（JTMC），依托该能力，第一次在陆军IBCS和海军“协同作战能力”（CEC）之间“架起了一座桥梁”，从而使IBCS通过一体化火控网络（IFCN）首次共享了海军陆战队的AN/TPS-80地面/空中任务导向雷达G/ATOR系统的跟踪数据。此外试验中，诺斯罗普·格鲁曼公司在IFCN中集成了迄今为止品种最多的传感器。

乌克兰与美国、波兰、立陶宛举行“三剑2021”演习 7月17日至30日，乌克兰、美国、波兰和立陶宛在乌克兰境内的亚沃利夫训练场举行“三剑2021”联合军事演习，共1200余名军事人员和200余辆战车参与，旨在促进参演国家部队协同作战。2014年，乌克兰、波兰和立陶宛在波兰东部城市卢布林成立联合作战部队，该部队由2600名波兰士兵、570名立陶宛士兵和340名乌克兰士兵组成，此次是3国军事合作以来首次开展的军事演习。此前，乌克兰国防部6月下旬与美国海军在黑海举行了“海风2021”联合军事演习，为期两周。

美国海军开展“太平洋要塞2021”演习 7月19日，美国海军设施司令部和太平洋舰队开始举行“太平洋要塞2021”演习，旨在评估指挥与控制能力，确保印太地区反恐计划的战备有效性。演习将模拟射击、冲锋和爆炸等真实的威胁场景，以提高安全部队的应急响应能力，确保高水平的战备状态。演习于7月19日至23日在日本、8月9日至13日在夏威夷、8月23日至27日在韩国，以及10月4日至8日在马里亚纳联合地区分别进行。

美军举行“红旗21-3”联合空战演习 7月19日至8月6日，来自美国空军、海军、海军陆战队和空军国民警卫队的2200多名人员，在美国空军内利斯基地参加“红旗21-3”演习。“红旗21-3”演习能提供高端、现实的训练场景，提高联合部队的互操作性，磨练空战技能，备战未来全域作战。此次参演单位全部为美军部队，担任红方的飞机扩展了多项能力，蓝方飞机提升了整体集成能力，通过不同的战术和技术进行空战演练，并探索了第五代战斗机应对各种威胁的机动战术。参演飞机超过100架，包括40架第五代飞机，主要机型有F-35、F-16、F/A-18、EA-18G、B-52、F-117、KC-46、KC-135等。

英国皇家海军陆战队训练使用蜂群无人机 7月20日，英国表示，皇家海军陆战队在坎布里亚郡和多塞特郡进行的“自主前进部队4.0”实验性演习中，使用了系列水下、水上、空中和陆地自主系统，对多种复杂敌方阵地进行突袭训练，比如导弹和雷达设施。其中，一组6架中型无人机由一个地面控制站集中在一个自主控制蜂群中进行操作。这些无人机的任务是为突击队员提供战术补给，从而为进攻部队提供弹药，为战地医生提供血浆。突击队员在岸上和海上袭击敌方目标时，这些无人机还执行了侦察任务并提供情报。

美军演示单部终端与LEO和GEO星座的动中通/暂停通能力 7月22日，全球移动通信公司Kymeta宣布，在一年一度的美国军事作战实验室演习中，Kymeta u8终端实现了Kepler通信公司低地球轨道（LEO）卫星与地球静止轨道（GEO）卫星之间的无缝切换。此次演习侧重于作战、情报和技术的集成。演示结果超出了预期目标，结果显示：延迟更低，传输速度也比早期产品快近10倍，性能显著提高。演示中，下载速度为240兆比特/秒，上传速度为193兆比特/秒，在一次与低地球轨道卫星的连接操作中传输的数据超过2吉字节。这种能力在极地地区很有用，极地区域通常无法实现高吞吐量通信，机械控制天线难以在如此低温下工作。

此次演示进一步验证了u8终端与低轨卫星的连通能力，以及综合利用多种卫星星座和地面LTE混合网络的能力。

美国导弹防御局与美国海军进行宙斯盾武器系统飞行试验 7月24日，美国导弹防御局与美国海军在夏威夷西北部海域联合对“宙斯盾”武器系统进行了飞行试验。此次试验中的导弹发射舰使用的是阿利伯克级制导导弹驱逐舰“拉尔夫·约翰逊”号。阿利伯克级驱逐舰都配有“宙斯盾”战斗系统和SPY-1D多功能无源电子扫描阵列雷达。此次飞行试验活动中，用4枚“标准”-6 Dual Ⅱ型导弹拦截了2个短程弹道导弹目标。从试验的初步观察结果来看，1个目标被成功拦截了，不过目前还没有足够的信息来确定是否成功拦截了第2个目标。此次对“宙斯盾”武器系统进行了飞行试验，是导弹防御局执行的最复杂的一次任务（要准备2个试验靶标和2个共可容纳4枚导弹的“标准”-6 Dual Ⅱ发射井），也是配备“宙斯盾”弹道导弹防御系统的船只第3次使用“标准”-6 Dual Ⅱ型导弹进行飞行试验。这种导弹的设计目标是在中短程弹道导弹飞行轨道的最后阶段时使用。

印度三天内两次成功试射“阿卡什”-NG导弹　7月25日，印度国防研究与发展组织（DRDO）在巴拉索尔的奥里萨邦海岸成功试射了本土开发的新一代“阿卡什”地空导弹防御导弹（Akash-NG）。这是DRDO于3天内完成的第2次对30千米射程防空导弹系统的试射，第1次试射于21日中午12时45分进行，第2次试射于23日11时45分进行。测试是在恶劣的天气条件下进行的，证明了武器系统的全天候能力，也验证了导弹与自主研发的射频导引头、发射器、多功能雷达和指挥、控制和通信系统组成的完整武器系统的功能。DRDO官员表示，一旦部署“阿卡什”-NG武器系统，将证明其将是印度空军防空能力的力量倍增器。

美国空军为充实北极战略进行兵棋推演和技术实验　7月27日，美国空军表示与盟国正在进行“北极交战”“蓝色计划”兵棋推演，了解竞争的性质和各自解决问题的能力水平，以在北极应对大国竞争。负责战略、整合与需求的空军副参谋长克林顿·希诺特称，兵棋推演旨在对抗大国，研究竞争对手如何利用北极损害美国及盟国利益。与北极战略相关的兵棋推演包括“北极交战”“蓝色计划”“全球交战”和“未来游戏”，将用于测试、验证新概念和技术，了解北极情况，探索新的作战方法，以提高北极地区的态势感知和威慑能力。

俄罗斯“竞速”机动防空团开展实验演练 7月27日，在卡普斯京亚尔靶场进行的实验性演习中，俄罗斯“竞速”机动防空团成功击退了假想敌的大规模空袭。配备“铠甲”弹炮合一系统的防空团的主要任务是尽快向前推进并覆盖指定目标，保护其免受假想敌攻击。该防空团携带的武器装备不仅可以打击飞机和直升机，甚至还可以摧毁无人机、巡航导弹和校正炸弹。演习期间，机动防空团对空中目标和地面目标实施了打击，遂行了主要作战任务。军事专家认为，传统的防空手段已经无法应对当前的空中威胁，防空系统必须具备较强的机动性，能够迅速向所需方向推进，甚至在移动中对目标实施探测和打击，“铠甲”弹炮合一系统就属于这类武器，它采用了现代自动化防空指挥控制系统，同时拥有丰富的实战应用经验（叙利亚行动）。因此，配备了这一系统的机动防空团必将从根本上提高俄军防空部队的作战能力。

雷声公司完成“郊狼”Block 3攻击无人机蜂群试验 7月27日，雷声导弹与防御公司现已完成“郊狼”（Coyote）Block 3非动能巡飞弹攻击无人机蜂群的实际测试。“郊狼”Block 3非动能巡飞弹是以“郊狼”巡飞弹为基础，加装非动能战斗部而成的无人机打击弹药。这种弹药可在不离开战场的情况下回收、装填和再次使用，既能大幅度节省作战成本，又能减少附带性伤亡。试验中，“郊狼”Block 3攻击了由10架不同尺寸、结构、机动性和不同航程无人机组成的无人机蜂群，首次实现使用非动能巡飞弹实施空空打击，首次完成隐蔽保存、回收、装填和再次使用等操作，首次利用“郊狼”Block 2系统发射“郊狼”Block 3巡飞弹，首次拓展了“郊狼”Block 3的打击距离、通信距离，以及KuRFS多用途雷达的探测距离。

雷声公司完成陆基远程联合精密进近和着陆系统测试 7月28日，美国雷声表示，公司近期在亚利桑那州尤马海军陆战队航空站进行了“远程联合精密进近着陆系统”（eJPALS）的能力验证试验，对装备该系统的飞机进行了持续三周的包括直线进近、垂直着陆、远距离着陆等试验。本次试验的结果显示，该飞机可降落在距离系统实际位置 18.5 千米的地方。eJPALS 是陆基的“联合精密进近着陆系统”（JPALS），可支持严苛环境跑道的分散式作战和飞行，还可装在箱中运输，架设在需要的区域，为包括 F-35 在内装有 JPALS 的机型提供辅助着陆服务，为美国海军陆战队实现印太地区分散式作战愿景提供保障。

英国埃尔比特系统公司在北约演习中部署新型战斗管理应用系统 7 月 28 日，英国埃尔比特系统公司表示在 6 月举行的北约“联军战士互操作性演习 2021”（CWIX 2021）中，部署了基于 Torch-X 指挥控制平台的战斗管理应用系统（BMA），以支持英国为“五眼联盟”和北约行动开展的准备活动。CWIX 2021 演习约有 28 个国家参加，在海、陆、空和网络环境中进行了超过 10000 次技术互操作性测试，埃尔比特系统公司团队在演习期间对基于 Torch-X 指挥控制平台的 BMA 进行了互操作性评估，提高了五眼联盟和北约的多域能力，以及互操作性。

美国民警卫队举办“北方打击 21-2”演习 7 月 31 日至 8 月 14 日，美国密歇根国民警卫队举办了“北方打击 21-2”演习。此次演习约有来自美国陆军、空军、海军陆战队和海军，以及英国、拉脱维亚和利比里亚部队的约 5100 人参加，演习在国家全域作战中心进行，包括格雷林营机动训练中心和阿尔皮纳战备训练中心：约 600 千米^2 的机动空间和 4.4 万千米^2 的专用空域。该演习旨在模拟“真实的战时环境”，侧重于远征技能、指挥和控制、保障和联合综合火力，主要为：联合武器实弹训练、近距离空中支援、联合火力支援、火力协同机动和空中机动，包括指挥、控制、通信、计算机和决定性行动场景中的战区空地系统情报。密歇根国民警卫队从2012年开始举办“北方打击”演习，要求来自不同军种，甚至不同国家的人员在复杂、紧迫的场景开展协作行动，是增进各军种、多国和跨机构伙伴合作，培养高效联合作战人员的重要活动。这样的训练，将为士兵未来迎战强敌做好准备。

美国海军陆战队运用防空模拟器开展联合整合训练 8月，美国海军陆战队第一飞行联队第121战斗机攻击中队（VMFA－121）的F－35B“闪电”战斗机，于三泽空军基地与美国空军第14战斗机中队的F－16一起进行整合训练。此次训练于三泽空军基地的德劳恩靶场进行，目的是试用新部署的“联合威胁发射器”。“联合威胁发射器”能够模拟地空导弹威胁，为训练提供模拟的对抗性环境。此次整合训练的主要内容为防空压制、打击任务及对空防御。美国海军陆战队表示，战斗机攻击中队需要拥有在任何地方作战的能力，与合作伙伴和盟友的整合是实现这种能力的重要组成部分。此外，VMFA－121还与日本航空自卫队的飞行员和维修人员进行了双边F－35合作会谈。

美国印太司令部开展“大规模全球演习－2021” 8月2日至27日，美国印太司令部将举行“大规模全球演习21”（LSGE21）。“大规模全球演习21”是由美国印太司令部执行的国防部演习，参与演习的有美国陆军、空军、海军和海军陆战队部队，以及英国武装部队、澳大利亚国防军和日本自卫队。此次全域演习，美军将与其全球合作伙伴在整个印太地区进行，主要演习内容为：野战训练、后勤支持活动、两栖登陆、空中和地面机动、空中作战、海上作战和特种作战活动。此次演习旨在提高美军与盟国和合作伙伴的互操作性、互信性和互相理解能力，以更好地应对影响所有国家的安全挑战。美国致力于在当前复杂的作战环境中与其盟国和伙伴关系加强网络合作，以确保地区稳定，加强基于规则的内部秩序，确保通信线路的安全。

美国海军举行“大规模演习-2021” 8月3日至17日，美国舰队司令部、美国太平洋舰队司令部和美国海军欧洲司令部举行“大规模演习2021”（LSE 2021）。LSE 2021是由海军作战部长负责指挥、多舰队参加的实况-虚拟-构造的全球综合训练，旨在改进海军多舰队海上协同作战能力，为联合部队提供支持。此次演练将在一系列场景下评估和完善舰队实施“分布式海上作战”“远征前进基地作战”和“竞争环境下的沿海作战”等新作战概念，以及评估无人技术等各种作战领域的实验技术。LSE 2021将有助于美国海军和海军陆战队规划、指导和打造全频谱海军作战。LSE每三年举行一次，通过整合多支海军部队的战斗力，在全球竞争环境下实现跨域传感器、武器和平台的共享。LSE 2021是第一次迭代，未来的迭代计划将有美军合作伙伴和盟友参加。

波音公司主导实施虚拟有人/无人编队技术演示 8月4日，波音公司表示其主导的研发团队在虚拟环境中进行了有人/无人编队（MUM-T）技术演示。MUM-T是美国海军未来无人作战计划中的一项关键能力。基于MUM-T框架，海军能够集成无人系统能力，实现致命性、高可生存性和可扩展性作战效应，支撑航空母舰战斗群作战行动。本次演示达到了美国海军研究办公室的支持，使用了诺斯罗普·格鲁曼公司的便携式E-2D预警机模拟器、波音公司的F/A-18战斗机和MQ-25无人机模拟器，构建了一个数据链通信网络，实现了对MQ-25无人机运行状态的有效监督。在虚拟任务场景中，E-2D成功实现了同时为MQ-25、F/A-18加油；并在执行情报、监视与侦察（ISR）任务期间与MQ-25有效协同。通过使用现有作战飞行程序，E-2D可与MQ-25协同实现MUM-T相关任务。

美国空军进行不依赖传统雷达空射打击试验 8月5日，美国空军宣布其第85测试和评估中队使用红外搜索与跟踪系统（IRST），首次从F-15C战斗机上发射AIM-120D导弹，成功命中一架QF-16靶机。第85测试和评估中队空空武器负责人表示，这次实弹测试成功具有重大意义，配有IRST系统的F-15C能够在不依赖雷达的情况下实现探测、跟踪、瞄准和攻击目标。美国空军F-15C装有IRST系统的LegionPod吊舱，IRST系统与APG-63（V）3有源相控阵雷达相结合，可将目标位置信息通过数据链传送至AIM-120D导弹。

美、日、澳三国海军举行“盟国联合作战问题”演习 8月5日至8日，美、日、澳三国海军于太平洋举行了“盟国联合作战问题”演习，旨在通过一系列演习场景，验证多域作战概念，提高指挥官决策能力和各部队的协同作战能力。参演单位包括美国海军“美国”号远征打击群、海军陆战队第31远征部队，澳大利亚海军“堪培拉”号两栖攻击舰、“巴拉纳特”号护卫舰，以及日本海上自卫队“秋月”号导弹驱逐舰。演习内容包括海上机动、海上油料补给、直升机跨甲板起降等。

DARPA演示无人机网络抵御黑客入侵 8月6日，DARPA对其为4架遥控直升机开发的防黑客软件——高保证网络军事系统（HACMS）进行了测试，并于DEF CON网络安全大会上邀请了所有项目参与方尝试入侵并接管系统。最终，凭借被称为“形式方法”的技术，HACMS系统成功在演示中确保了黑客无法侵入并接管无人机系统。DARPA于2012年启动HACMS项目，目标是创建旨在使用基于“形式方法”的软件和硬件开发方法来构建高度可靠的网络物理系统技术，生成开源的、高度可靠的操作系统和控制系统组件，以构建高度可靠的军用网络飞机平台，并将相关技术转移到国防和商业领域。

英国宇航系统公司推出能够支持多域战的新式虚拟测试平台 8月7日，

英国宇航系统公司发布了其虚拟系统测试平台，该平台可对已部署技术和新技术以及高级数据管理流程进行建模、模拟和评估，然后再将其应用到多域战环境中去。该测试平台是一个开放体系结构系统集成和工程工具，能够将正式的体系结构规范、数字体系结构建模、高保真建模和仿真，以及高级指挥控制（Command and Control，C2）这些支撑技术联系起来。这种联系可根据成本、能力和资源来确定并向决策者推荐最佳解决方案。通过对数字工程工件、杀伤链性能和数据管理系统进行全面的基于模型的系统工程分析，英国宇航系统的测试平台具有确定技术和系统局限性的能力。该平台推荐的领域中，新兴技术（如人工智能、机器学习、自动化等）能够改善对时间敏感的作战时间表和联合目标任务的制定。测试平台可通过极致的可追溯性、直接映射和虚拟建模来实现此目标。

洛克希德·马丁公司进行“爱国者”-3 系统拦截试验 8 月9 日，洛克希德·马丁公司于白沙导弹靶场进行了“爱国者”-3 分段增强型（MSE）拦截弹与“爱国者”-3 成本降低计划（CRI）拦截弹的拦截试验。试验中，一枚升级型“爱国者”-3 MSE 拦截弹成功拦截了一枚战术弹道导弹靶标，验证了导弹、发射软件和硬件组件的升级性能。升级型“爱国者”-3 MSE 拦截弹将于 2022 年投入生产。此外，两枚“爱国者”-3 CRI 拦截弹分别成功拦截了一枚战术弹道导弹靶标，验证了该型拦截弹的可靠性。“爱国者”-3 CRI 拦截弹将用于支持美国陆军战场监视计划（FSP），本次试验实现了“爱国者”-3 CRI 拦截弹在美国陆军战场监视计划中的第 17 次和第 18 次成功拦截，试验在确认拦截弹可靠性满足需求的同时，验证了拦截弹探测、跟踪和拦截威胁目标的能力。

美国海军水下战中心为新的兵棋推演概念开发 8 月9 日至 10 日，美国海军水下战中心基波特分部为新的兵棋推演概念举办了一次演练开发活动。此次活动是“与同等对手冲突中的前线作战后勤兵棋推演”（WOLFPAC）的一部分，目的是完善推演规则和能力。与其他侧重演习或作战行动的兵棋推演不同，WOLFPAC 聚焦于长期后勤支援、分布式海上作战的影响，探究了和平时期向战时过渡和战时行动中的动态变化。这项推演是公开的，可作为教学材料供全员使用，直接支持今年 1 月发布的《战时采购响应计划指南》中战略目标的实现。首轮 WOLFPAC 倾向于推演武器和燃料，未来可能会加入战损评估、维修补给、新技术运用等，并与其他兵棋推演集成关联。在理想情况下，WOLFPAC 方案预计将于 2022 年最终确定，其对应的兵棋也将被分发至各作战中心。

美国陆军测试指挥所综合基础设施（CPI2）系统 8 月 11 日，美国陆军表示已经开始测试一种移动指挥中心临时解决方案——指挥所综合基础设施（CPI2）系统。该系统可以更快速搭建，采用无线连接，分散运行，可快速撤收和移动，以免成为攻击目标。自 2021 年 5 月以来，美国陆军一直在对一组车辆实施新配置，目前 CPI2 已投入使用，且美国陆军正在为秋季的师级演习做准备。届时，美国陆军将采用新的服务器、布线、战术商业无线电、发电机、天线（包括中低轨卫星通信天线）和大量软件，以及车辆。在 7 月 28 日结束的年度“刺刀聚焦演习”（Bayonet Focus Exercise）中，美国陆军第 2 步兵师第 2 斯瑞克旅战斗队完成了 CPI2 增量 0 的首次作战评估。CPI2 第 2 次作战评估加入了第 101 空降师第 3 旅战斗队，于 9 月在欧文堡国家训练中心和波尔克堡联合战备训练中心开展。10 月 26 日至 11 月 5 日，第 4 步兵师在卡森堡对 CPI2 进行了师级测试。

美国陆军成功完成首次激光武器作战应用试验 8 月 12 日，美国陆军表示研制出一款具有战斗能力的高能激光武器样机，可安装在斯特赖克战车上，用于防御无人机、火箭、大炮和迫击炮袭击。该新型武器，今年夏天在俄克拉何马州的锡尔堡，成功地进行了一次针对一系列可能的战斗场景的作战试验。此次试验是陆军机动部队对激光武器的首次作战应用试验，也是诺斯罗普·格鲁曼公司和雷声公司之间的一次竞争性试验，两家都开发了50千瓦激光武器。在此次试验中，定向能机动近程防空激光样机采用了以士兵为中心的设计方法，士兵在几天内就能熟练操作该系统。美国陆军快速能力和关键技术办公室表示，预计在2022财年交付4辆装备有激光武器的“斯特赖克”战车，目前计划在缺乏近程防空能力的欧洲进行部署。此外，陆军正在研制用于防御巡航导弹的300千瓦级车载激光武器，希望在2024年前准备就绪。

美国国防部使用“苍鹰”无人机成功进行自主无人机拦截演示试验 8月12日，以色列Robotican公司发布通告称，其使用“苍鹰”拦截无人机成功向美国国防部非正规战技术支持局（IWTSD）进行自主无人机拦截演示试验。“苍鹰”无人机可在任务的各阶段对无人机系统进行自主拦截。“苍鹰”无人机使用特制的网，实现捕获对手无人机，并可将捕获的无人机运送至预定区域进行安全处置，且过程中不会造成附带损害。在演示中，对手无人机从偏远位置发射，入侵“苍鹰”无人机保护的禁飞区。在对初始目标进行探测后，“苍鹰”无人机自动被智能巢发射台发射，执行拦截任务，从发射到着陆实现全过程自主。演示进行了多样化的情景展现，如复杂的目标追逐、具有挑战性的正面交战——“苍鹰”无人机和靶机相互迎面飞行等。试验中所有目标都被成功拦截，并进行了捕获、携带和处置，展示了收回对手无人机的益处。演示使用了不同尺寸和型号的靶机以展示作战需要。

美、澳等国举行“红旗阿拉斯加21-3”演习 8月12日至27日，美、澳等国举行“红旗阿拉斯加21-3”演习，参演兵力包括美军、澳大利亚空军和其他国家地区的约80架飞机及1800名士兵，完成了空中加油、泥泞着陆区和货物空投、空空作战以及模拟与大型敌军空地作战等各种训练。演习利用模拟作战环境提升参演兵力的训练和战备水平，同时提高互操作性。澳大利亚空军的F-35A战斗机、美国空军F-22战斗机将参与训练，并整合其他太平洋国家地区的部队；美国空军第18“侵略者”中队将在演习中扮演“敌方”，模拟真实的地对空、空对空威胁。

美军在夏威夷海域进行反舰打击演习 8月15日，美国联合部队在夏威夷珍珠港开展了反舰打击演习，对退役的导弹护卫舰“英格拉姆”号进行了跨域、多角度、远程协同打击并成功击沉，演练了联合部队的精确打击和协同作战能力。参演单位包括“卡尔·文森”号航空母舰战斗群、太平洋潜艇部队、海军陆战队第1远征军第3航空联队、海军陆战队第3远征军第3师和陆军多域特遣部队。演习期间，联合部队使用了多种攻击武器，包括AGM-154“联合防区外武器”“海军打击导弹”（NSM）、“鱼叉”导弹、激光制导武器、鱼雷等，对靶船实施联合多域、多方位、远程海上打击，迅速将其击沉。此次演习为新技术和新概念开发提供了一个测试环境，以连接、定位、识别、瞄准和摧毁所有领域的对手威胁。

美国陆军寻求用区块链技术实现战术级数据管理能力 8月16日，美国陆军表示指挥、控制、通信、计算机、网络、情报、监视和侦察（C5ISR）中心正在利用区块链技术实现新的战术级数据管理能力。新数据管理能力的开发是C^5ISR中心信息信任计划的一部分，也是2021年5月美国陆军在新泽西州麦圭尔-迪克斯-莱克赫斯特联合基地举行的“网络现代化实验”（NetModX）期间测试的几种样机技术之一。信息信任计划旨在为士兵提供一种数学、可验证的方式来审查“从传感器到射手，从生产者到消费者”的数据，帮助指挥官做出关键决策，并通过消除“中间人”攻击确保数据传输到最终用户，以增加对信息的信任。此外，陆军领导人还在探索提高数据在网络中传输的完整性，通过机器学习应用程序来检测传输数据中的异常等情况。

美国海军举行“诺贝尔联盟”演习检验未来作战概念 8月17日至23日，美国海军在日本冲绳及周边区域举行“诺贝尔联盟”（Noble Union）演习，旨在验证“远征前进基地作战”（EABO）概念，提高两栖作战能力，同时巩固与盟国的合作关系。参演单位包括美国海军“美国”号两栖攻击舰、“新奥尔良”号两栖船坞运输舰、P－8A反潜巡逻机；海军陆战队第31远征部队；英国“伊丽莎白女王”号航空母舰战斗群；日本海上自卫队“下北”号两栖登陆舰。演习分为侦察与反侦察、兵力装备投送和防守反击阶段，主要演练情报监视与侦察、舰艇机动、空中打击、火力支援协调、远程“海军打击导弹”模拟发射、战场医护等。

美国海军陆战队结合场景试验新型反舰武器 8月17日，美国海军陆战队宣称，在夏威夷进行的“海军2021大规模演习”中成功试验了“海军陆战队远征舰船拦截系统”（NMESIS），于沉船演习的多杀伤链试验场景中，击中了考艾岛海岸外的一艘退役舰艇。该系统是一种远程作战陆基车载武器系统，由“联合轻型战术车辆”底盘和“海军攻击导弹”的火控系统组成，能够从海岸打击对手水面舰艇。海军陆战队计划2021年末采购第一套NMESIS系统，在两年内进行初始作战试验与鉴定，2023财年部署部队。

诺斯罗普·格鲁曼公司成功验证其先进网关系统开放架构特性 8月18日，诺斯罗普·格鲁曼公司表示通过成功集成和演示L3哈里斯公司提供的新型高容量骨干网（HCB）能力，验证了其先进网关系统的开放架构特性。诺斯罗普·格鲁曼公司的开放式架构网关能够从高容量骨干网络收集数据，并在陆、海、空和太空领域快速共享可操作信息。其网关包括多层次的安全系统和云计算、机器学习、人工智能、下一代数据链等先进功能，并采用第三方软件和传感器解决方案。通过使用超视距、视距语音和数据网络（包括第5代网络）从多个平台收集信息，诺斯罗普·格鲁曼公司的高容量骨干网网关系统将显著增强在联合全域指挥控制环境中作战人员的态势感知能力。

波音公司MQ-25无人加油机原型机为E-2D预警机加油 8月18日，波音公司MQ-25 T1无人加油机成功为E-2D预警机加油，这是成功为第2个机型加油，此前已开展向F/A-18战斗攻击机的加油测试。在6小时的飞行中，第20空中测试与评估中队（VX20）的E-2D飞行员接近MQ-25，在3千米高度以220节的修正空速（KCAS）执行编队评估、尾流测量、锥套跟踪和对接。这项测试还可分析两架飞机之间的空气动力学性能，确定是否需要对制导和控制进行调整，并在不影响研发测试进度的情况下提前进行软件更新。美国海军将于今年晚些时候开始组建舰队替换中队，包括第10、第11、第12无人舰载机多任务中队（VUQ-10、11、12）。此外，首批4架MQ-25预计将于2022年开始交付。

美国太空军完成第12次“太空旗帜”演习 8月20日，美国太空军完成了“太空旗帜21-3”（SF 21-3）演习。演习旨在保护和捍卫美国在对抗性太空作战域的机动自由，支持培养联合作战人员。演习首次汇集太空作战司令部的所有德尔塔部队，构建了涵盖各种太空任务的训练环境。参演人员分为红、蓝、白3个小组，蓝组31人，模拟轨道交战机动以获得和维持太空优势，红组和白组共30人，由红组模拟对手，白组提供指挥控制能力。演习包括57个训练目标，参演人员可演练多种战术、技术、规程和战术改进建议，战术训练要点今后可用于支持现实任务。

英国舰载机在美国两栖攻击舰上完成起降训练 8月20日，英国“伊丽莎白女王”号航空母舰的F-35B舰载机成功降落在美国“美国”号两栖攻击舰上，完成挂弹和加油后起飞，继续打击后续目标。美国驻“伊丽莎白女王”号航空母舰打击群高级代表西蒙·多兰上校表示，此次训练体现了F-35B良好的互操作性，并展示了航空母舰打击群与美国两栖戒备群、海军陆战队远征部队的联合作战能力。“伊丽莎白女王”号航空母舰打击群（CSG21）包括来自美国海军、美国海军陆战队和荷兰海军的舰艇，以及英国的护卫舰、驱逐舰、两艘综合补给舰、潜艇和战机。打击群正在进行为期7个月的部署行动，将和来自世界各地的40多个国家和地区的海军一起行动和演习。

莱昂纳多公司进行Link-22信号处理控制器互操作性测试 8月20日，意大利莱昂纳多DRS公司表示近日完成了Link-22信号处理控制器（SPC）在北约改进型Link-11（NILE）（即Link-22）网络中的互操作性测试。Link-22战术数据链可被美国军方和其他盟军军队使用，通过提供前所未有的战斗空间态势感知，增加在水面、水下、地面和空中领域的联合和联盟通信。它是数据交换的主要手段，包括视线外的雷达跟踪信息。该数据链基于下一代硬件和软件架构，利用软件定义无线电和软件定义调制解调器技术，并通过附加HF波形扩展该链路固有功能，从而有效提高多国在远程安全卫星通信的互操作性，以及卫星通信被拒绝期间的高频/超高频加密通信，该能力可适用于当前新兴任务需求，确保美军和盟友拥有最佳的远程通信和态势感知能力。

美国空军加油机支持澳空军跨太平洋参加演习 8月24日，澳大利亚皇家空军第6中队的EA-18G“咆哮者”电子战飞机在美军的帮助下，成功飞越距离1.14万千米的跨太平洋航线，飞抵美国阿拉斯加州参加了“红旗阿拉斯加21-3”（Exercise Red Flag Alaska 21-3）和“遥远边疆21”（Distant Frontier 21）两场演习。在这个航途的第2个不经停飞行段，也就是从关岛安德森空军基地到夏威夷州希卡姆空军基地的航线上，美国空军KC-10“延伸者”和KC-135加油机为RAAF的EA-18G提供了空中加油。其中，KC-135被用来为KC-10提供额外的燃料，然后KC-10为EA-18G提供空中加油。在这段持续8个多小时、距离6000多千米的航程中，KC-10一共向第6中队的EA-18G供油16.4万磅（约74.4吨）。

欧洲开展“海洋2020”项目现场演示活动 8月24日，萨博公司宣布在瑞典南部海岸组织开展“海洋2020”项目现场演示活动，目的是展示13型无人系统的能力以及通信和控制过程。该项目由欧盟防务研究预备行动资助，欧洲防务局执行，来自15个国家的43个团体参与，旨在支持欧洲海洋领域自主技术发展。演示活动中包括两个具有明确的军事意义的场景：一是验证无人系统能否探测和收集目标信息，创建通用海上图像，然后与对手交战，两艘高速船模拟了威胁目标；二是多型无人平台和系统协同作战，应对水下的水雷和潜艇（萨博AUV62-AT无人潜航器模拟）威胁。萨博公司多型系统参与其中，CB 90巡逻艇和“皮拉亚”号监视艇展示了自主操作和协作能力；“深视”（Deep Vision）侧扫声纳用于定位水下威胁；9LV战斗管理系统提供综合态势；安全服务架构在所有系统之间建立连接和分发信息。

美军进行多域战场连通演示 8月24日，柯林斯宇航公司与美国空军驻美国犹他州盐湖城罗兰·赖特空中国民警卫队基地的第151空中加油联队合作，演示了可支持“联盟及联合全域指挥与控制”（CJADC2）和“先进作战管理系统”（ABMS）计划的先进通信、任务计算和传感器技术。这次演示使用一架经过第45批次（Block 45）翻新改装、加装了柯林斯宇航公司“驾驶舱中的实时信息”（RTIC）系统的 KC－135 加油机。当前沿部署要素识别并处理了关键目标信息之后，它将所收集的数据通过柯林斯宇航公司的“战术瞄准网络技术”（TTNT）网状网络直接传输到驾驶舱。柯林斯宇航公司的“罗塞塔”（Rosetta）数据处理软件和多层级安全防护（MLS）系统获取这些数据后，对传入的数据进行加密，并无缝地将数据发送给指挥单位或当时正在执行任务的单位。

美国通用原子航空系统公司使用 MQ－20 复仇者演示机载有人－无人组合 8 月25 日，通用原子航空系统公司（GA－ASI）成功完成了一次机载有人－无人组合（MUM－T）飞行演示。演示中 GA－ASI 将 MQ－20“复仇者”与改装的“空中国王”200（King Air 200）作为第四代和第五代战术战斗机的替代品匹配。此次飞行使用在加固战术控制平板电脑上的 MQ－20“复仇者”自主协作指控系统，与 Autonodyne 公司的 RCU－1000 高级人机界面集成，提供实时态势感知和复杂行为任务。机载节点使用 GA－ASI 改装的“空中国王”200，可快速集成和测试指控硬件。MQ－20“复仇者”从莫哈韦沙漠的“沙漠地平线”设施起飞，“空中国王”200 从圣地亚哥的蒙哥马利机场起飞。两小时的演习成功测试证明了 MUM－T 在自主执行任务时指挥空中资源的能力，提高了作战人员的意识和效率。

美国空军演示“快速击沉”反舰新战法 8 月26 日，美国空军第85 测试和评估中队的三架 F－15E 战斗机进行了“快速击沉”（Quicksink）“联合能力技术演示”（JCTD），其目的是验证使用空投精确制导弹药攻击舰船的新方法。美国空军认为该方法将“改变海上目标杀伤范式”。演示中，3 架 F－15E 战斗机向海上移动和固定目标投放了改进型 GBU－31“联合直接攻击弹药”（JDAM），验证了向水面舰艇投放 2000 磅（约 907 千克）弹药的新方法。该演示对 GBU－31 打击海上目标的命中条件进行了评估，或将改变美国空军当前对海上目标的杀伤范式。此次演示建立在2020年美国空军第53联队进行的测试基础上，美国空军第85测试和评估中队运用B-52H轰炸机投放了JDAM，以评估特定海上冲击条件的可行性。

美、澳、日、印开展“马拉巴尔2021”演习 8月26日，美国、澳大利亚、日本和印度的海上部队于菲律宾海开始了第一阶段的“马拉巴尔2021”海上合作演习。此次演习由美国海军主办，分为两个阶段。第一阶段，四国海上部队于菲律宾海共同行动，加强海上联合作战、反潜作战、空战、实弹射击、海上补给、跨甲板飞行作战和海上拦截作战能力。“马拉巴尔”为年度海上演习，旨在加强澳大利亚皇家海军（RAN）、印度海军（IN）、日本海上自卫队（JMSDF）和美国海军之间先进战争战术的规划、训练和运用。

美、英航空母舰进行第四代和第五代战机联合互操作演练 8月26日，美国海军“卡尔·文森”号航空母舰战斗群和英国“伊丽莎白女王”号航空母舰战斗群在西太平洋举行舰载机联合互操作性演练，内容包括联合一体化作战技术、战术和规程等，以提高两国海军第四代和第五代战机无缝联合作战能力。参演飞机共有16架，其中包括：“卡尔·文森”号航空母舰舰载机12架（4架F-35C、5架F/A-18E/F、2架EA-18G和1架E-2D）；“伊丽莎白女王”号航空母舰4架F-35B；美国海军陆战队第211战斗机攻击中队和英国空军第617中队各2架F-35B。

英、韩两国海军举行联合演习 8月30日，英、韩两国海军在朝鲜半岛附近的东海举行了联合演习，重点聚焦人道主义搜救和海上补给。参演兵力包括：英国“伊丽莎白女王”号航空母舰战斗群（由8艘舰艇组成，包括2艘驱逐舰、2艘护卫舰、2艘支援舰及1艘潜艇）；韩国“独岛”号两栖攻击舰、“宙斯盾”驱逐舰等。韩国军方人士称，此次演习提高了两国的海上互操作性，也是韩国学习英国航空母舰的架构、自动化系统以及F－35B在航空母舰上操作的好机会。

美国海军陆战队在演习中测试远征反水雷无人技术 9月3日，美国海军陆战队在2021年北约“波罗的海行动”演习中测试评估了用于远征反水雷的新型无人技术，包括Amy、Nix无人水面艇等平台：Amy配备声学、卫星与射频通信设备，可连接到更大的网络，加装磁力计与侧扫声纳可提供海底金属分布情况、水深数据等；Nix采用混合电源，续航时间长，可携带约45千克补给。两平台符合海军陆战队所需廉价传感器的要求，有望用于提供信号、记录、干扰等能力。

美国海军首次完成无人艇海上导弹发射试验 9月3日，美国国防部发布了一段美国海军“游骑兵”号无人测试艇试射“标准”－6型导弹的视频，该艇搭载一种集装箱式四联装发射器，发射器外观尺寸与普通集装箱无异。该集装箱发射器可能是由美国海军现役的MK41型垂发系统改进而来，采用起竖方式发射，可发射多型舰空导弹，以及BGM－109“战斧”巡航导弹和RUM－139A VL－ASROC反潜导弹。可有效拦截近程、中程、远程弹道导弹，以及部分洲际弹道导弹。执行此次发射任务的无人舰艇“游骑兵”是美战略能力办公室“幽灵舰队”项目的试验舰艇之一。该项目旨在建立无人作战概念，以及建成具备战斗能力的无人作战舰队。按照这一设想，美国海军可在短时间内迅速组建一支数量颇为可观的“有人/无人混合幽灵舰队”，执行防空反导、反潜、反舰、对地打击等多种任务，同时无人舰队更利于后勤管理，在短时间内能快速提升美国海军联合作战能力。

英国和荷兰联合演示MQ－9B无人机的多种海上作战能力 9月3日，英国皇家空军与荷兰皇家空军联合开展了MQ－9B“海上卫士”无人机飞行试验，演示了MQ－9B无人机的多种海上作战能力。演示期间，MQ－9B

从英国沃丁顿空军基地起飞，飞至荷兰的卢瓦登空军基地，演示了支持北约盟国作战的先进海上情报、监视和侦察（ISR），以及探测和规避系统（DAAS）、长航时和与北约盟国平台互操作的能力，其中，DAAS 使该无人机能在非隔离空域进行飞行。此外，MQ－9B 还将参加英国领导的“联合勇士”演习，展示如何与其他空中、海上和陆地平台集成的能力。MQ－9B 可携带具有逆合成孔径雷达（ISAR）成像模式的多模式海上搜索雷达、自动识别系统（AIS）接收机、电子监视措施（ESM），以及标准高清光学/红外相机全动态视频传感器等，完成多种海上作战任务。

美国空军 B－2 轰炸机与挪威 F－35 战斗机进行联合测试训练　9 月 8 日，美国空军的两架 B－2 轰炸机与挪威的 F－35 战斗机在北海上空进行联合测试训练。参与联合测试训练任务的 B－2 属于执行轰炸机特遣部队任务的相关部队。此次联合训练旨在检验护航行动、防区外武器应用，以及压制破坏敌方防空系统的能力。在飞行过程中，B－2 与挪威的 F－35 能够链接并使用第五代数据共享功能。轰炸机特遣部队部署任务相关概念于 2020 年 4 月首次提出，并得到了当时全球打击司令部司令蒂莫西·M·雷将军的支持。概念核心为不断将轰炸机以特遣部队的形式部署到新的地点，而不是固定驻扎在美国境外的特定基地。

美国海军中央司令部成立第 59 特遣部队　9 月 9 日，美国海军中央司令部正式成立第 59 特遣部队。这是美国海军第一个专门负责在美国第 5 舰队（美国海军中央司令部）行动区域将无人系统和人工智能快速纳入海上行动的特遣部队，将首次在全部海上作战空间实现大量无人机、无人水面舰艇和无人潜航器与有人平台的多域行动部署，其目的是在海上作战环境下开展空中、水面和水下无人系统测试、整合、部署和战术演练。第 59 特遣部队首任指挥官迈克尔·布拉瑟尔上校曾经担任濒海战斗舰舰长和海岸巡逻艇艇长。第59特遣部队成立的背景是，美国海军高层认为空中、水面和水下无人系统在美国海军未来舰队中的合理配置至关重要。特遣部队有望在2022年初举行的国际海事演习（IMX）中发挥关键作用。

美国陆军于挪威“雷云”演习试验传感器到射手的能力及新作战方法 9月9日至20日，美国陆军于挪威“雷云”（Thunder Cloud）演习期间测试了高空气球、传感器到射手的能力以及远程精确火力，试验了新的作战方法。此次演习属同类演习中首次。美国陆军多域战特遣队协调跨域工作，提供联合自由行动。9月15日，在挪威举行的“雷云”实弹演习期间，Raven Aerostar公司将高空气球发射到平流层，并将数据传送到项目坐标。演习期间探索了陆地和太空两个领域，其中涉及远程精确射击和高空气球的概念。远程精确火力的整合突显了北约部队制定火力战略的技术现代化努力。部队现代化对于优化杀伤力至关重要，演习优先考虑美国陆军野战炮兵部队和远程精确火力的未来发展。演习期间，美军第41野战炮兵旅利用发射制导多管火箭系统（GMLRS），实现70多千米的间接精确火力攻击、压制并摧毁目标。

诺斯罗普·格鲁曼公司演习中展示下一代电子战和雷达的互操作性 9月10日，诺斯罗普·格鲁曼公司表示下一代电子战（NGEW）系统在“北方闪电”演习期间进行了首次试飞，并与AN/APG－83可扩充捷变波束雷达（SABR）一起在真实对抗电磁频谱环境中展示了完全互操作性。诺斯罗普·格鲁曼公司表示，当电子战系统和雷达像NGEW和SABR展示的那样能完全协同工作时，飞行员可不打折扣地利用两型系统的能力。随着射频频谱的竞争日益激烈，这一关键能力将在未来多年内持续支持F－16战斗机。安装在诺斯罗普·格鲁曼公司测试飞机上的NGEW和SABR在对抗作战环境下展示了完全的脉冲间多功能互操作性。在SABR与多个空中和地面目标交战的同时，NGEW 探测识别出了一系列威胁，并在必要时会采用可应对这些威胁的先进干扰技术。

俄罗斯开展“西方 2021”战略演习 9 月10 日至16 日，俄罗斯与白俄罗斯举办了“西方 2021”战略演习。该演习意味着俄白两国军队今年的联合训练进入收官阶段。实兵演练于俄罗斯境内的 9 个靶场、波罗的海水域，以及白俄罗斯境内的 5 个靶场举行。将有 20 万名军人、80 架飞机和直升机、760 余台（套）军事技术装备、290 辆坦克、240 门火炮，以及 15 艘军舰参加演习。演习期间，两国士兵进行了大规模夜间空降演练。夜间 90 名俄特种分队侦察兵从 1500 米高度实施跳伞，白俄罗斯、哈萨克斯坦 80 名战士紧随其后，三国的空降兵共同实施侦察，摧毁了假想敌的目标；使用了“坦克 – 侦察兵”“游动坦克”和“坦克旋转木马”等先进的战术动作。卢日斯基训练场（列宁格勒州）的 30 辆坦克、自行火炮参加了推演，对假想敌实施火力毁伤；积极使用智能机器人。升级后的“平台” – M“涅列赫塔河”和“天王星” – 9 机器人战车参加了不同场景的演练。

北约开展“认知环境图 – 海上无人系统 21”（REPMUS21）演习 9 月10 日至 24 日，北约举行“认知环境图 – 海上无人系统”（REPMUS）演习，期间英国海军“海上作战实验演示器”（Madfox）无人艇发射了一枚“弹簧刀 300”巡飞弹。这是英国首次展示无人水面艇发射杀伤载荷的能力，相关操作均使用无人系统提供的信息完成。美国海军“卡森城”号远征高速运输舰发射的“美洲狮”无人机所收集的海上模拟目标信息，通过陆上控制中心发送至 Madfox 无人艇，随后该艇发射“弹簧刀 300”命中目标。此次演习还表明，英国和美国规划系统间的任务与监视数据传递是有效且成功的。航空环境公司此次参与部署“美洲狮”3 AE 无人机和“弹簧刀”300 巡飞弹，使美英两国的控制系统通过通信中继标准化协议 4179（STANAG

4179）的兼容性、跨域无人能力超视距指挥与控制网络、“传感器到射手”无人快速响应攻击威胁系统进行交互。

BAE 系统公司为“台风”战斗机飞行员提供综合训练系统 9 月 13 日，英国国防部（MOD）授予 BAE 系统公司一份价值 2.2 亿英镑的合同，为“台风”飞行员提供先进的综合训练系统（TFST）。根据“台风未来综合训练”（TFST）系统合同，BAE 系统公司将为林肯郡科宁斯比的皇家空军和马里洛西茅斯皇家空军提供 10 台高仿真/沉浸式训练模拟器，以及高安全性先进训练设施。新的训练平台能够为飞行员提供一种综合训练场景，使其能够在高度仿真场景中，训练/使用任务软件，进行复杂战术联合训练演习。英国国防部的投资反映了英国皇家空军（RAF）强化综合训练的决心，基于 TFST 平台，飞行员在成本、时间和可持续性等方面的收益均优于实战训练。同时，TFST 应用的先进技术还将为学员提供更复杂/安全的个性化训练体验/效果，这在实战训练场景中往往难以实现。

“北极挑战”演习展示“长颈鹿”1X 雷达 9 月 13 日，瑞典萨博公司在多国参与的“北极挑战 2021”演习（ACE 21）期间成功展示了其“长颈鹿”1X 雷达和某指控系统。这两型系统与其他 8 个国家的 70 余架飞机一起在挪威、芬兰和瑞典开展了制定空战战术、技术和程序的演习。“长颈鹿”1X 雷达与指控系统作为一个整体参与了此次演习，一起用于安全地规划、监控和评估相关飞行活动。ACE 21 为在类似于真实防空作战的环境条件下测试这两型系统提供了机会。“长颈鹿”1X 雷达展示了先进探测能力和高机动重新部署能力，可使装备的生存能力最大化。“长颈鹿”1X 是一种轻小型高性能多任务三坐标雷达，在地面防空方案中具备独特的灵活性和冗余性，为指挥官提供作战用的目标数据、无人机探测和反火炮、火箭与迫击炮感知和告警。该型雷达探测距离 75 千米，可监视 100 个空中目标或

200 个地面目标。

美国太平洋空军使用 MQ-9 无人机演示“敏捷战斗部署”概念 9 月 13 日至 10 月 6 日，在美国空军第 49、第 432 和第 53 飞行联队快速反应部队联合进行的“敏捷战斗部署”相关演习中，美国空军第 556 测试和评估中队使用 MQ-9 无人机演示了在有限的地面支持条件下执行任务的能力。“敏捷战斗部署-死神”演习证实了 MQ-9 无人机“敏捷战斗部署”“栖息”概念的可行性。该概念旨在进行小规模维护、快速加油和快速重新装填挂载。这种能力将使后勤团队摆脱臃肿的后勤链条，更加接近真实战斗情况并提升战斗力。

美国空军开始建设兵棋推演和先进研究仿真实验室 9 月 17 日，美国空军研究实验室声称，上周在新墨西哥州科特兰空军基地开始建造一个耗资 600 万美元，占地约 993 $米^2$ 的兵棋推演和先进研究仿真（WARS）实验室，将为定向能和太空飞行器管理局提供兵棋推演和仿真支持，预计 2023 年春季投入使用。该实验室将使用数字工程测试新技术并观察其运行使用。兵棋推演、建模仿真项目经理特蕾莎·莱格利表示，我们的任务是确定定向能的军事用途，这意味着我们需要将高能激光和高功率电磁装置嵌插入战斗空间，以确定如何使它们补充至武器系统中。该实验室将促进数字工程的运用，节省时间和费用，并促进美国空军研究实验室内部以及与行业和盟友间的合作。

秘鲁举办“沉默力量”多国海军演习 9 月 19 日至 24 日，秘鲁主办了“沉默力量”演习（SIFOREX），美国、哥伦比亚、墨西哥等多国参演，重点围绕反潜战、反舰战和潜艇逃生与救援开展演练。演习提高了参演海军部队之间的整体互操作性和战备状态，为海军在复杂环境中对多艘潜艇实施反潜战提供了训练机会。美国海军参演装备包括“马斯廷号”驱逐舰

（DDG－89）和两架MH－60R“海鹰”直升机、“洛杉矶”级攻击型核潜艇（SSN 771）、一架P－8A反潜巡逻机。参加演习的还有来自南方司令部和第4舰队的工作人员以及大西洋潜艇部队和第40驱逐舰中队的指挥官。秘鲁参演的装备有4艘海军舰艇、2艘潜艇、2架固定翼飞机和2架直升机。此外，哥伦比亚和墨西哥也有舰艇和直升机参演，而澳大利亚、厄瓜多尔、德国、意大利和西班牙则派出了演习观察员。

英、美两国海军陆战队展开近距离作战训练 9月20日，英国皇家海军陆战队第43突击队与美国海军陆战队共同参加“格子呢鹰”（Tartan Eagle）演训，这是美国军方和英国皇家海军陆战队两年一次的双边演训，以训练近距离作战战略和战术。两支部队比较了近距离作战技术，以确定他们在行动上的差异。双方最大的差异在于沟通方面：美国海军陆战队作战时通常使用更多的语音命令，但是英国海军陆战队对近距离作战则采取了更加沉默的态度。演习之初，致力于建立基础知识并确定两军细微的训练差异，两军协同作战，任务目标、团队合作和个性的相似性显而易见。英国皇家海军陆战队第43突击队队员一起在未知的城市环境中训练近距离作战战术和行动，当训练中引入新的作战策略时，新的挑战也随之而来，因此英国皇家海军陆战队士兵们必须具有可塑性以快速调整接受新的信息。

美国、北约和乌克兰开展“快速三叉戟21”演习 9月20日，来自15个国家的盟军和合作伙伴正式启动了“快速三叉戟21”演习，这是一项由乌克兰主导、美国协助的年度训练演习，开幕式在乌克兰雅沃里夫附近的中央城市体育场举行。大约300名美国士兵与6000名多国部队一起进行演习，这是一项北约和欧洲－大西洋伙伴国的合作计划，参与演习的国家还包括保加利亚、加拿大、格鲁吉亚、德国、意大利、约旦、立陶宛、摩尔多瓦共和国、巴基斯坦、波兰共和国、罗马尼亚、土耳其和英国。此次演习的主要目的是提高各军战备、防御能力和互操作性，以乌克兰和美国伞兵联合跳伞为特色，并且首次让士兵在单一作战命令中进行多国营级战术协作演习。演习还将包括旅级计算机辅助演习、旅级野战训练演习、排级机动训练、安全和稳定行动等，以最佳方式来训练欧洲陆军作战部队，并提高他们的战备状态。

美国和瑞典海军陆战队进行“群岛奋进”演习 9月20日，美国海军陆战队第2师6团1营与瑞典海军陆战队第1团2营204步枪连，于瑞典斯德哥尔摩群岛的贝尔加海军基地继续进行第三次“群岛奋进”演习。该演习是一项双边步兵机动演习，旨在增进美国和瑞典海军陆战队之间的交流，提高双方部队的能力和杀伤力，加强波罗的海的战略伙伴关系。斯德哥尔摩群岛由近30000个树木繁茂的岛屿、小岛和峭壁组成，为两支海军陆战队提供了理想的训练环境，可用于练习夺取海上关键地形、实施海上拒止行动，支持对抗环境下的海上控制等“远征前进基地作战”概念内容。

俄罗斯伊万诺沃近卫空降兵团开展演习 9月23日，俄罗斯国防部表示，伊万诺沃近卫空降兵团在雅罗斯拉夫州佩索奇诺耶靶场举行演习。在演习的第一阶段，空降兵团使用了包括BMD－4M空降兵战车和BTR－MDM空降装甲运兵车在内的常规装备进行了从其永久驻地驶往雅罗斯拉夫州佩索奇诺耶靶场的行军，并在该地进行了作战行动规划和保障规划。演习期间，部队采用驾驶常规装备行军和借助飞往任务区的陆军航空兵直升机等综合方式解决了空降兵部队的运输问题。此外，演习还广泛使用了“海雕”－10无人机，并在其协助下打开了随后作为航空和火炮目标的战术导弹系统发射器。军事人员在假想敌使用电子战和精确制导武器的条件下作战。在演习的最终阶段，为确保空降兵营免遭袭击，军事人员使用BMD－4M空降兵战车和BTR－MDM空降装甲运兵车内装备的常规武器、轻武器、火焰喷射器和榴弹发射器进行了实弹防御。大约有1000名军事人员参加了此次演习，动用武器和专用军事技术装备80余台（套）。

日本海上自卫队与美国海军EA－18G进行电子战演练 9月27日，日本海上自卫队“金刚”级导弹驱逐舰“妙高”号（DDG－175）、UP－3D电子战训练机、EP－3电子侦察机、OP－3C反潜巡逻机与美国海军EA－18G“咆哮者”电子战飞机在日本海进行了联合电子战演练，旨在增强基于日美同盟的威慑和响应能力。日本“妙高”号导弹驱逐舰指挥官表示，此次演练以攻防对抗的方式进行，日、美作战飞机对日本驱逐舰上的各种传感器实施了电子战攻击演练，而驱逐舰则进行防空演练。日方认为，此次演练提高了日本海上自卫队的战术技能以及与美国海军之间的互操作性，同时也表明尽管日本海上自卫队出现了新冠肺炎，但仍然保持敏捷的响应能力，并通过包括电磁领域在内的高端训练，增强联合作战能力，以应对突发事件。

美国海军和海军陆战队开展“捷豹愤怒21”演习 9月28日至10月1日，美国海军和海军陆战队在冲绳地区中央训练场举行了代号为“捷豹愤怒21”（Noble Jaguar 21）的远征前进基地作战演习。海军和陆战队利用一体化的指挥控制以及联合部队传感器体系，来拓展战场感知、共享目标定位数据，实施远程打击，以支持对抗性和分布海上环境中的海上控制和海洋拒止。这是美军远征前进基地作战演练发展过程中的“第一次”，表明美国海军陆战队在远征前进基地作战的开拓上更进一步。美国海军陆战队官员表示，第3陆战队远征军每个月都在开展针对性的远征前进基地作战训练。

俄罗斯雷达MMS公司开发无人机蜂群协同作战技术 9月7日，俄罗斯雷达MMS公司表示正在研究无人机蜂群环境下的信息交联技术，以实现无人机蜂群多任务执行能力。在罗斯格瓦尔迪亚“屏幕2021”大型战略演习过程中，雷达MMS公司演示了数架无人机协同执行作战任务的能力，其中一架无人机在光电模式下运行，其他无人机传输音频信息。从平台整体性能和任务完成时间/质量角度来看，无人机蜂群更具作战优势。此外，雷达MMS公司还透露，公司还在开发先进智能无人机。

诺斯罗普·格鲁曼公司演示空中远程指控数据链的连接性 9月8日，诺斯罗普·格鲁曼公司声称成功演示一种数据链，用于连接高度竞争空域中的飞机，通过开放式体系结构网络进行远程指挥和控制。该演示是分布式多域作战管理指挥和控制体系结构发展的一个重要里程碑，其体系结构为美国军方和盟国保持决策优势。飞行演示是首次集成新型特定任务军事收发器、多级安全数据交换机和开放架构广域网，利用商业技术进入观察、定向、决策和行动循环——决策链用于与威胁目标交战。飞行演示将“希腊海神”高空、长航时研究飞机与具有载人飞行能力的“火鸟”无人机通过具有低截获概率/低检测概率特性（包括抗干扰特性）的先进视距数据链路连接起来。两机间建立了一条通信链路，执行了模拟ISR任务，并通过一个新型多级安全交换机样机连接回基于云的5G网络测试台。

美国导弹防御局进行地基中段防御系统二/三级可选助推器试验 9月12日，美国导弹防御局成功完成地基拦截弹二/三级可选火箭助推器的飞行试验。试验中，地基拦截弹在三级火箭助推器未点火状态下成功释放杀伤器，进一步拓展了地基中段防御系统的拦截近界，使其具备更强的二次拦截能力。这是二/三级可选火箭助推器以二级模式进行的首次飞行试验，即第三级火箭助推器并未点火，在二级助推模式下释放了“外大气层杀伤器”的实物模型。本次试验证明了二/三级可选火箭助推器的工作原理与设计完全一致，系统性能符合设计要求。二/三级可选火箭助推器为导弹防御拦截作战提供了更多的交战时间和空间，是实现“射击－评估－再射击”能力的第一步。未来，随着预警探测能力的进一步升级，将实现在初始交战后评估威胁、同时保留必要时再次交战的能力。

MQ－25 无人加油机完成首次 F－35C 战斗机空中加油试验 9 月13 日，波音公司的 MQ－25A T1“黄貂鱼”无人加油机首次完成对洛克希德·马丁公司 F－35C 隐身战斗机空中加油测试。这是今年以来波音 MQ－25A T1 验证机开展的第3 次空中加油测试，此前分别在 6 月、8 月完成对美国海军（USN）一架 F/A－18“超级大黄蜂”战斗机和诺斯罗普·格鲁曼公司一架 E－2D“鹰眼”空中预警机的加油测试。美国海军航空系统司令部表示，“黄貂鱼”无人机由伊利诺伊州的中美洲圣路易斯机场起飞并完成为期 3 小时的测试活动。期间，一名海军 F－35C 飞行员先后进行了编队评估、尾流测试和锥套跟踪测试，最终在 3048 米飞行高度、417 千米/小时的飞行速度下完成了与 MQ－25A 无人机的空中加油系统对接，随后，一名地面控制站操作员的操控油料从 T1 的空中加油吊舱转移到 F－35C。

美国陆军将利用作战实验完善新型增程加农炮的作战条令 9 月17 日，美国陆军表示，为应对近邻竞争对手，发展远程火力已成为陆军现代化的首要任务。未来一年，美国陆军将对新型增程加农炮（ERCA）进行作战实验，真正掌握 ERCA 提供的能力及攻击范围，改变陆军瞄准、分配火力和处理火力的方式，以确定增程加农炮的作战条令。美国陆军将首先利用兵棋推演和仿真生成 ERCA 作战条令的“粗略草案”，并在此基础上通过作战实验对“草案”进一步完善和扩展。作战实验将在作战演习、联合作战评估和国家训练中心进行，实验部队为重型师的 ERCA 营。陆军官员表示，第1 装甲师第27 炮兵团第4 营是一个 M109A6 榴弹炮营，该营将在布利斯堡完成 ERCA 作战实验。未来两年，皮卡汀尼兵工厂平均每六周生产一架

ERCA 原型机，共生产了 18 架。ERCA 原型机将于亚利桑那州尤马试验场和得克萨斯州布利斯堡进行作战实验，并将于2023 财年开始进行作战评估。

美国空军将人工智能算法部署至实战杀伤链 9 月20 日，美国空军部长弗兰克·肯德尔在空军协会空天网会议表示，2021 年空军首席架构师办公室首次将人工智能算法部署至实战杀伤链。该杀伤链涉及空军的多个分布式通用地面系统（DCGS）与一个空中作战中心，人工智能算法用于自动识别目标，以缩短杀伤链并加快决策速度。美国空军发言人雅各布·贝利表示，人工智能算法被整合至作战情报工具链中，可协助情报人员提供更及时的情报，且这些算法在任何 DCGS 中都可使用，能通过 DCGS 提供给空中作战中心，不受特定地点限制。

美国成功演示遥控飞机与多种轨道卫星的通信能力 9 月22 日，美国休斯（Hughes）网络系统公司和欧洲卫星公司（SES）合作首次成功演示用于遥控飞机的新型多轨卫星通信（SATCOM）能力。该演示重现了典型的无人情报、监视和侦察（ISR）任务，将高清视频和传感器数据传输到无人车辆和指挥中心。演示由休斯公司HM 系列软件定义网关和调制解调器提供支持。HM 系列软件是一个基于商业的、频率不可知的开放式架构平台，适用于固定、移动和便携式政府应用。演示中，通用公司（GA－ASI）将 HM 系列软件定义调制解调器和资源管理系统（RMS）与在地球同步和中地球轨道上运行的 SES 卫星配对。RMS 自动切换卫星信号以保持连接，在信号遇到干扰的情况下也可正常工作。SES 独特的多轨道机队提供全球覆盖、高吞吐量和安全性，用于演示 MQ－9 系列等无人机在竞争环境中保持关键连接性和弹性的能力。

福特姆技术公司成功完成反无人机演示 9 月24 日，福特姆（Fortem）技术公司的“无人机猎手”（DroneHunter）无人机探测和捕获系统近日在美国陆军举行的一次测试中成功击败了威胁无人机。“无人机猎手”使用陆军固定站点低、慢、小型无人机综合防御系统（FS – LIDS）中的各种雷达队列，与陆军的前沿地区防空指挥控制系统（FAAD C2）完全集成，可接收陆军指挥官指挥和交战命令。在测试过程中，该系统与各种速度、大小、高度和飞行特性的固定翼和旋翼目标交战，并成功击退目标。“无人机猎手”是一款运用人工智能技术的雷达制导无人机，可全天候、全天时工作。该系统可在锁定目标后发射捕网，捕获威胁无人机并将其拖到安全存放位置，整个过程可完全自主完成。

美国陆军测试“电子战规划与管理工具”软件 9 月 24 日，美国陆军表示第 4 步兵师第 2 旅战斗队近日在卡森堡军事基地测试了“电子战规划与管理工具”（EWPMT）软件。EWPMT 是一个汇集了战场数据的指挥控制规划工具，能将战场环境中的电子战潜在影响可视化，辅助作战人员制定作战方案并防止遭受干扰。作战人员可利用该工具直观地看到电子战的无形威胁，也能利用该工具的建模与仿真能力，将电子战系统定位到战场的最佳位置，向敌人施以非动能影响。该工具预计自 2022 年起推广应用。

美国陆军完成第二次反小型无人机演示 9 月 25 日，美国陆军表示近日完成了最新的地面空中拒止和手持解决方案对抗小型无人机威胁演示，该演示由联合反小型无人机系统办公室（JCO）在亚利桑那州尤马试验场举办。演示中，灵活部队（Flex Force）、智能射手（Smart Shooter）和诺斯罗普·格鲁曼 3 家公司各自展示了用于击落来袭无人机的系统，无人机盾牌公司和 IXI 公司展示了旨在干扰无人机飞行的电子战系统。各公司的反无人机结果各不相同，对飞行高度或速度的影响等具体信息未透露。陆军刚刚启动演示数据分析工作，尚未做出未来的合同决定。美国国防部去年选择陆军作为反小型无人机的执行机构，每半年进行一次相关实验，上一次与空军合作开展的实验于今年4月完成，评估了低附带效应拦截器的能力，下一次实验定于2022年4月开展。

美国陆军于“战士22－1”演习中开展仿真训练 9月27日至10月6日，美国陆军开展了“战士22－1”演习，利用网络与仿真技术，于堪萨斯州的莱利堡、佐治亚州的斯图尔特堡和德国的格拉芬沃尔进行同步模拟作战，在高压环境下测试了军事理论、知识和作战能力，并帮助美国民警卫队第34“红牛”步兵师提升了作战熟练度。该演习为指挥官创建了一个清晰的共同行动画面以辅助决策，有助于完善和修改标准作战程序和策略，进行快速、诚实和准确的评估，使作战人员真正形成协同作战。第34“红牛”步兵师在“战士22－1”演习中进行了指挥训练。在其进行部署支援作战行动时，设置了3个指挥所：主指挥所（MCP）、战术指挥所（TAC）和后方指挥所（RCP）。

诺斯罗普·格鲁曼公司演示云环境下“平台一号”的快速软件部署 9月29日，诺斯罗普·格鲁曼公司宣布与美国空军第76软件工程团队（76SEWG）合作，利用空军的DevSecOps环境——“平台一号”（Platform One），首次演示了如何通过安全的云环境为飞行级任务硬件提供模拟软件更新。76SWEG团队利用开放任务系统（OMS）软件，修改了代码，通过加密互联网将软件传输到美国东海岸的诺斯罗普·格鲁曼公司团队，然后由该团队执行模拟情报、监视和侦察任务，在任务结束时将数据和结果返回给廷克空军基地的76SWEG团队。这是美军首次演示在安全的云环境中使用Platform One远程部署OMS软件，对于美国政府、军方和工业部门数字化转型具有里程碑意义，实现了联合全域指挥与控制（JADC2）的关键能力。

洛克希德·马丁公司为美澳双边演习提供实时数据共享保障 9月29日，

洛克希德·马丁公司宣布在最近美国和澳大利亚举行的“护身军刀 2021”（TS21）军演中，该公司的 F－35“闪电Ⅱ”战机和虚拟宙斯盾武器系统（VAWS）展示了其共享实时传感器数据的能力。在这次演习中，洛克希德·马丁公司与美国印太司令部合作，继续推进军事/工业团队的实验工作，以改善美国各军种以及同盟友之间的联合互通性。从“护身军刀 2019”军演开始，该公司便同美国印太司令部合作，开展增强“杀伤网”的实验。“杀伤网”由众多传感器组成，用来收集、确定优先顺序，处理和共享数据，然后将数据融合在一起，提供给联合部队。“护身军刀 2021”演习期间进行的展示，进一步证明洛克希德·马丁公司有能力快速连接先进技术、为指挥官提供更多选择以达到他们的目的、确保作战人员拥有在战场上快速做出重要决定所需的信息。

俄罗斯首次举行反高超声速武器演习　10 月初，俄罗斯成功进行首次反高超声速武器演习。来自多个军区的防空导弹团在空天军防空反导指控系统统一协同下，进行了针对假想敌巡航导弹和高超声速武器大规模袭击的模拟演练。演习中，俄罗斯防空部队在阿斯特拉罕州阿沙卢克靶场对模拟高超声速目标的靶弹进行了实弹拦截。俄军事专家指出，在外军尚未装备高超声速武器的前提下，俄防空部队进行高超声速武器防御演习，具有超前的战略意义。按照演习部署，西部军区 S－400 防空导弹团从列宁格勒州快速机动到阿斯特拉罕州的阿沙卢克靶场，抵达指定阵地后，迅速展开战斗状态对敌方飞机、弹道导弹、巡航导弹和高超声速导弹的模拟靶弹进行了实弹射击。防空导弹团还顺利通过了技术、战术和导弹射击的年度考核。同时俄罗斯东部军区 S－400 和“铠甲”－S1 防空导弹团在卡普斯京亚尔靶场进行了梯次防御协同演习，成功摧毁 6 架高速、机动和超低空飞行的测试靶机。

俄军利用“凯旋”–S1 防空导弹炮系统击退无人机蜂群 10 月 6 日，俄军表示在西伯利亚演习期间，俄军利用“凯旋”–S1 防空导弹炮系统击退无人机蜂群攻击。俄罗斯中央军区新闻处宣布，“凯旋”–S1 防空炮导弹系统车组在新西伯利亚地区的演习中，击退了敌方武装无人机蜂群对指挥所和基础设施的攻击。根据演习设计，“凯旋”–S1 车组获得掩护地面目标防止无人机蜂群打击的指令，之后进入指定区域进行部署。假想敌的空中目标被发现，被追随，在进入导弹系统攻击区时被摧毁。此外，“凯旋”–S1 车组在演习中演练的任务是，摧毁一个 20000 米距离处由 30 毫米高射机枪组成的假想敌轻型装甲装备移动车队。“凯旋”–S 防空导弹炮系统用于复杂电子战中近距离掩护地面目标防止空中武器的袭击，可在任何天气下使用。凭借先进技术可以确保杀伤所有类型的载人/无人武器。

美国陆军在“绯龙”演习中利用人工智能快速识别并摧毁目标 10 月 7 日，美国陆军在“绯龙”人工智能目标识别演习中，扫描了美国东部沿海 4 个州约为 7200 千米^2 的区域，使用国防部研制的“专家”（Maven）人工智能软件，在 0.9 米^2 大小的区域内寻找、识别出指定目标，随后投放 2 枚 GBU–32 制导炸弹摧毁目标。此次演习旨在提高美军联合作战，以及利用人工智能辅助决策显著提高瞄准速度与精度的能力，演习成果将纳入陆军“会聚工程”，将联合系统、射手、传感器相结合，形成统一的战场管理系统。

五国联防组织开始“2021 五国金禧演习” 10 月 8 日至 18 日，五国联防组织（FPDA）成员澳大利亚、马来西亚、新西兰、新加坡和英国开始“2021 年五国金禧演习”（Bersama Gold 2021）。演习主要在马来西亚和新加坡海岸之间的南海国际水域进行，参与国将在那里进行防空和反潜演习、射击和机动演习等系列活动。来自成员国的空军将在西马领空进行防空演习，并在反潜演习中支持海上部队。部队还将举办一个虚拟丛林作战研讨会，其中涉及交叉共享丛林作战理论和讨论成员国陆地部队之间的互操作性。此次“2021 年五国金禧演习”实际上是两年一次的“贝尔萨马盾牌演习”（Bersama Shield）为庆祝 FPDA 成立 50 周年的改名。受新冠疫情影响，前两年主要进行虚拟演习，这次演习是 FPDA 自 2019 年以来的第一次实战演习。

美国陆军重塑“太平洋捍卫者”演习 10 月 11 日，美国陆军表示正在对“太平洋捍卫者”（Defender Pacific）演习进行改版，希望这一活动在未来几年显著提高联合目标定位能力。改版后的演习将被称为“作战路径”（Operation Pathways），是在陆军主导的“太平洋路径”（Pacific Pathways）演习的基础上进行的。“太平洋路径”演习侧重于促进美国陆军和国家地区之间的关系。此外，“掠夺者”（Forager）系列实验将纳入“作战路径”演习。“掠夺者”系列实验曾进行 100 多个实验，实验区域涵盖第二岛链到第一岛链以及亚洲内部部分地区。

英国空军 F－35B 首次与美国海军 F/A－18E 进行空中加油演练 10 月 11 日，美国空军表示在太平洋地区的演习中，英国皇家空军 617 中队的 F－35B 战斗机与美国海军的 F/A－18E 战斗机进行了空中加油演练。此次空中伙伴加油是英、美军互操作性训练的一部分，旨在增强英、美航空母舰及其各自舰载飞机之间的互操作性。F－35B 由英国皇家空军和海军的飞行员驾驶，与配备了副油箱和空中加油设备的美国海军 F/A－18E 进行了空中加油。英国皇家空军 617 中队目前正部署在“伊丽莎白女王”号航空母舰上，作为英国向印太地区部署的第 21 航空母舰战斗群的一部分。英军航空母舰战斗群目前正在准备部署返航，将通过印度洋、中东和地中海地区，在此期间将与地区其他国家进行进一步的演习。

英国 BAE 系统公司完成 APKWS 激光制导火箭弹反无人机测试 10 月 12 日，BAE 系统公司表示，近日，在美国陆军尤马试验场成功完成了 APKWS 激光制导火箭弹对抗 2 级无人机的测试。APKWS 直径约 70 毫米，配备标准的 M151 弹头、Mk66 发动机、精确制导套件和新开发的近炸引信。该弹在发射前无须锁定目标，而是依靠发射时启动半主动激光制导光学系统获取目标信息并锁定目标，可实现快速发射，为作战人员节省了宝贵的时间。APKWS 对抗无人机的关键能力所在是采用了 L3 哈里斯技术公司和技术服务公司（TSC）联合开发的创新型近炸引信。该引信结合了目标接近探测和点爆炸能力，是现有 M423 引信的替代品，可使该弹能够在无须直接命中的情况下摧毁无人机。APKWS 还具有作战灵活性，可从飞机、直升机、地面战车、船只和远程武器站发射，打击各种固定和移动目标。与传统昂贵的反无人机武器相比，该弹能以低成本攻击和摧毁无人机。

伊朗开展联合防空演习 10 月 12 日至 13 日，伊朗陆军防空部队于伊朗中部塞姆南省和亚兹德省举行了“维拉亚天空 1400”年度联合防空演习，伊朗陆航部队、伊斯兰革命卫队参加了此次演习，演习空域覆盖了伊朗领空的一半。10 月 12 日，演习中伊朗“成功地”进行了针对防空系统的电子战和网络攻击的兵棋推演。该推演旨在建立威慑，提高部队的战备状态，评估国内防空系统以对抗来自不同战线的各种威胁，并提高作战和技术人员的知识和技能水平。10 月 13 日，伊朗陆军防空部队测试了其“乔山”（Joshan）和“哈塔姆”（Khatam）两种新型导弹系统。演习末段，“乔山”和“哈塔姆”本土防空系统的陆军防空部队摧毁了试图渗透演习区域的低空敌对目标。演习中还使用了伊斯兰革命卫队航空部队开发的远程脉冲阵列雷达“圣城”（Quds），该雷达系统可以探测距离超过 500 千米，探测高度超过 27 千米。

美、日、印、澳开展“马拉巴尔－2021”演习第二阶段 10月12日至15日，美、日、印、澳四国海上力量于孟加拉湾开展第二阶段的“马拉巴尔－2021”（MALABAR 2021）演习。此次演习由美国海军主办，旨在增强美国海上部队、日本海上自卫队、印度海军和澳大利亚皇家海军之间互操作性，加强印度洋地区四国之间的综合海上行动。此次第二阶段演习主要进行跨甲板直升机作战、炮兵发射训练、海上补给训练、水面和空中消耗性机动反潜战训练目标演习（EMATTEX）等。参演装备包括：美国海军“卡尔·文森”号航空母舰打击群、“尚普兰湖”号和“斯托克代尔”号驱逐舰、P－8A海上巡逻机；印度海军“兰维杰伊”号驱逐舰、“萨特普拉”号护卫舰、P－8I海上巡逻机、1艘潜艇；日本海上自卫队“加贺”号和“村雨”号驱逐舰；澳大利亚海军“巴拉瑞特”号护卫舰、“天狼星”号补给舰。

美国陆军“会聚工程－2021”通过七大场景测试新型作战技术 10月12日至11月10日，美国陆军开展“会聚工程－2021”（PC 21）作战实验，通过模拟七大在印太地区的第一岛链和第二岛链执行任务的场景，验证挫败对手“反介入/区域拒止”能力、推动联合全域作战概念发展的新型作战技术。前3个场景将涉及联合部队，而其余4个场景将以陆战为重点。场景一为重点关注联合全域态势感知能力，包括利用近地轨道空间传感器的探测能力；场景二为对手导弹攻击后的联合防空反导行动；场景三为部队从危机过渡到冲突时的联合火力行动；场景四重点关注半自主补给能力；场景五为试验人工智能和自主化侦察任务；场景六为复现“北方利刃2021”演习，即探索改进后的综合视觉增强系统（IVAS）在空中突击任务中的应用；场景七为验证AI赋能的攻击能力。

美国陆军将进行有史以来最大的机器人坦克测试推演 10月14日，美国陆军宣布打算明年在仿真战斗中测试一整套无人战车系统，被陆军领导人称为史无前例的兵棋推演。陆军未来司令部下一代作战跨职能小组负责人罗斯·科夫曼上将表示，陆军即将在得克萨斯州胡德堡举行机器人演习，在此之前，最近的机器人自主演习是去年在科罗拉多州卡森堡举行排级的演习。在那次演习中，陆军将一些老式的M113装甲运兵车改装成了无人自主车辆。能改装M113，意味着美国陆军可以把任何装备变成无人自主装备。

美、英、日、澳开展2021年“海上伙伴关系演习” 10月15日至18日，来自美国、英国、日本、澳大利亚的舰艇和飞机在东印度洋开展2021年“海上伙伴关系演习”（MPX）。这次多边演习中，美、英、日、澳4支在印太地区的海军部队，主要遂行了改进任务规划、先进海上通信、反潜战、空战和实弹射击等任务，并进行了海上补给、飞机跨甲板起降、海上拦截等行动。参演平台包括美国海军第1航空母舰打击群（“卡尔·文森”号航空母舰及第2航空母舰舰载机联队、“尚普兰湖”号巡洋舰、“斯托克代尔”号驱逐舰、“育空”号油料补给舰）、英国海军“伊丽莎白女王”号航空母舰打击群（CSG 21）、日本海上自卫队“加贺”号直升机母舰和“村雨”号驱逐舰，以及澳大利亚海军“巴拉瑞特”号护卫舰和“天狼星”号舰队补给船。美国海军第1航空母舰打击群指挥官丹·马丁表示，将继续调整部队的速度、精度和杀伤力，以最大限度提高美国海军与区域合作伙伴的作战能力。

以色列举办“蓝旗2021”演习 10月17日至28日，以色列、德国、美国、意大利、英国、法国、印度和希腊8国空军在以色列举行“蓝旗”联合作战演习。今年的“蓝旗”演习行动规模超过以往各届，参演的多国部队超过1500人。演习侧重于第四代和第五代战机在各种作战场景中的协同作战，旨在“拓宽和增强参演部队的作战能力”，重点是空对空和空对地攻击，以及规避地基防空系统和各种作战场景。“红方”部队通过使用战斗机、直升机、无人机系统、爱国者等，模拟拥有类似于真实威胁的移动武器的敌人，在训练场景中构成战略和战术挑战。以色列空军（IAF）在演习期间还模拟了一系列俄罗斯制造的地空导弹（SAM）系统。地面部队还模拟了便携式防空系统（MANPADS）的发射，“红方部队”包括以色列爱国者防空系统、F－16 战斗机和 F－35 战斗机。

美国海军与海军陆战队合作推进“远征前进基地作战”概念 10 月 18 日，美国海军第 7 驱逐舰中队指挥官汤姆·奥格登表示，海军与海军陆战队正利用现有平台与部队，在太平洋地区推动“远征前进基地作战”概念相关实验，尝试找出小型部队机动的方法。海军与海军陆战队的部分系统具有相互协同的可能性，并且双方可分享关于导弹系统操作的战术、技术与程序，未来还需要了解双方如何互相支持、海军陆战队如何从岸上进行支援等作战概念问题。目前海军已开始将濒海战斗舰与太平洋地区的海军陆战队远征打击群整合，以研究濒海战争的作战概念。

美、英合作演示人工智能作战支持能力 10 月 18 日，美国空军研究实验室与英国国防科学与技术实验室合作演示人工智能作战支持能力。此次演示模拟了两国军事力量合作的作战场景，双方士兵使用一个通用平台，通过分享数据和机器学习算法，支持多域态势感知，为旅级单位提供更优决策信息。演示还涉及 15 种先进机器学习算法、12 个数据集，以及 5 种基于任务需求的自动化机器学习工作流程，展示了美、英整合人工智能技术的方法，创建了首个端到端机器学习研究、开发和部署生态系统，实现快速数据共享、算法开发、评估和部署的能力。此次演示为美、英签署《自主和人工智能合作（AAIC）合作伙伴协议》以来的首次演示活动。

俄罗斯测试攻击机器人自主作战集群 10月19日，俄罗斯对5个Marker攻击机器人（包括3台轮式和2台履带式）组成的自主作战集群进行了靶场测试。这些机器人在无人干预的情况下完成了群内目标分配、进入最佳火力阵位、自主应对快速变化的战斗态势、交换目标指示等。测试期间，机器人战斗群利用自身仪器和机电视力设备进行自主侦察，未来俄罗斯还计划与无人机集群展开联合测试，以大幅提高侦察效果。Marker机器人由“人形机器人技术”与前景研究基金会联合研发，重约3吨，可配装大口径机枪和火箭炮等各种武器。此外，该机器人还可以作为保卫发射场、企业和其他国家级设施安全装置编入警卫机构，俄罗斯东方航天发射场已开始测试Marker机器人执行警卫任务的能力。

美国陆军士兵首次训练对抗“敌人”的机器人战车 10月20日，美国陆军宣布于9月第一次在训练演习中，将机器人战车的代用车整合到“敌人”的部队中。这样做可以使美国陆军切身了解如何在战斗中最好地利用无人地面车辆，而且还能推进当前学习机器人战车发展情况的活动。演习过程中，担任假想敌部队的美国陆军第509步兵团第1营（空降）的士兵们，在与第101空降师第3旅战斗队（空袭）的模拟战斗中，使用了两辆“起源工程”（Project Origin）车辆，即机器人战车的代用车。假想敌部队使用“起源工程”车辆，将一个关键的十字路口封锁了36小时；此外，假想敌部队还通过这些车辆，阻止对方部队进入直升机降落区，并且进行了路线侦察。

美国与瑞典在演习中成功向偏远地区快速部署致命能力 10月23日，美国与瑞典举行了特种部队演习，展示了将致命能力部署至偏远地区并迅速打击目标的能力（即美国海军、海军陆战队分布式海上作战概念的关键）。演习中，美国MC－130J特种作战飞机搭载国民警卫队的“海马斯”

火箭炮，飞往波罗的海哥特兰岛；运输至指定地点的“海马斯”火箭炮在数分钟内完成战斗准备，射击后改由瑞典 C－130H 运输机搭载；瑞典空军 JAS－39 战斗机护送运输机飞往瑞典北部的另一地点，并成功进行实弹射击演练。

美国空军举办“联合模拟旗”多国空战演习 10 月24 日至11 月5 日，美国空军举办了“联合模拟旗”（CVF22－1）空战演习，旨在建立并加强美、英、澳、加之间的伙伴关系，重点是对海、空、天、网领域的多种任务进行规划。此次演习横跨全球 8 个时区的 29 个地点，344 名作战人员使用7 个网络、23 个不同系统完成超过 6461 次联合训练；首次将网络效应与规划任务纳入训练场景，演练网络攻防；飞行员在模拟 GPS 降级环境中演练部署精确制导武器；将太空纳入战术环境，确定最佳行动方案并探索最大程度提高战斗力的方法。

美、日开展“南部海滩”演习 10 月25 日至 29 日，美国第 18 联队、日本航空自卫队，以及横田空军基地的第 36 空运中队开展了“南部海滩”演习。此次演习主要内容为进攻性与防御性反空袭作战、人员救援和空投任务等，旨在加强印太地区美军与合作伙伴之间的互操作性，建立双方信任关系，有效应对苛刻场景，并执行高端任务。演习期间，日本航空航天防御地面环境控制员与来自第623 空管中队、第4 海军陆战队空管中队和第961 空中航空管制中队的美军协同进行演习的指挥和控制。演习的大部分任务内容和计划训练于低能见度的夜间进行，旨在练就一支能在未来战斗中占据主导地位的无缝夜战部队。

美国空军在三个“试验旗”演习中测试跨地域数据共享 10 月26 日，美国空军首次同时在加利福尼亚、佛罗里达和内华达进行了“橙旗”“翠旗”和“黑旗”演习大型部队测试活动，以验证空军在不同战场之间的数据共享能力。测试中，空军部队使用了一系列数据传输网络来远距离传输目标数据，创建各自的机载 Link－16 网络，将数据传输至地面链路，再在每个旗帜演习测试活动之间传输该信息。测试取得了成功。3 个独立的基地和 10 个不同机构的连接工作花费了两个月的准备时间，在一天内同时成功完成所有 3 个旗帜演习测试活动。此次测试是空军首次尝试用低延迟数据链路网络连接 2 个以上的远距离地理区域。

美国空军 F－22 与 F－35 两型战斗机飞行员训练互操作性　10 月 26 日到 27 日，美国空军在埃尔门多夫－理查森联合基地为 F－22 与 F－35 两型战斗机的飞行员组织了互操作性训练，以熟悉对方飞机的日常操作。为贯彻“敏捷战斗部署”概念，在为期两天的培训中，F－22 与 F－35 的支援保障人员熟悉了对方飞机的相关操作，学习了出库、回收和加油等程序。提出此次培训构想的基层军士认为，培训第五代战斗机之间的互操作性将使美军能够最大限度地减少前线操作中的人员配备约束，并减轻维护产生的影响，同时也扩大了太平洋空军的杀伤力和影响力。本次训练的重点不是基地到基地间的装备转移，而是培训作战人员面对的前沿战斗困难环境的能力。

美国海军第 59 特遣部队首次开展有人－无人协同试验　10 月 27 日，美国海军表示新成立的第 59 特遣部队在“新视野”演习中，通过开展首次有人－无人协同试验，加速将无人系统和人工智能整合到复杂的跨域海上行动中，在真实环境中评估无人系统对海域感知的重要性。参试装备包括有人巡逻舰、直升机和 MANTAS T12 战术自主无人水面艇、V－BAT 无人机。此次“新视野”演习的第一阶段聚焦于巡逻舰控制无人水面艇，演习后续阶段美国海军将派出更多有人、无人海上及空中装备参与演习。

美、韩联合太空演习重点关注太空态势感知　10 月 27 日，美国太空军和韩国空军举行了联合太空演习，旨在加强双方的太空态势感知能力。韩国空军太空作战中心主任朴基泰上校表示，韩国迫切需要与美国太空军合作来提高韩国探测、躲避、预警太空危险的能力。韩国空军正在建设包括光电卫星监视系统、太空气象预报和预警系统以及侦察卫星在内的太空态势感知（SSA）基础设施，预计于未来5年左右全面投入使用。韩国卫星导航系统（称为韩国定位系统/KPS）将在2035年与美国合作建立，该系统将包括3颗地球同步轨道卫星和5颗倾斜地球同步轨道卫星，都可与美国太空军GPS卫星进行互操作。根据韩国2020年发布的“太空奥德赛2050”战略，韩国空军将于21世纪20年代末在其太空资产中增加卫星激光跟踪系统、太空目标激光跟踪系统、小型卫星发射器和卫星干扰系统，以获得全面的太空监测能力和有限的太空军事行动能力。

美国海军对补给无人机进行陆地和海上任务测试 10月27日，美国海军宣布，海军测试中队已经测试了两款不同的补给无人机——“战术补给无人机”（TRV－150）和“蓝水”后勤无人机。此次演示突出了补给无人机系统的基本能力，即自动操作、上传任务计划，以及在空中几乎不需要输入任何信息就能执行飞行任务的能力。TRV－150无人机被视为海军和海军陆战队在岸上执行任务的候选机型，这是因为该无人机虽然航程较短，但拥有68千克的升力。“蓝水”后勤无人机则可用于海上补给。该无人机的体积小，适合存放在舰船上。美国海军陆战队计划2022年夏天继续测试TRV－150无人机，海军则通过“其他交易协议”（OTA）合同制造“蓝水”后勤无人机的原型机，并演示海上自主战术补给的可行性。

美国海军水面战中心使用NCTE工具进行LVC训练 10月28日，为满足美国海军水面战中心怀尼米港部队（NSWC PHD）的数字化转型要求（即2030年前淘汰对舰船的舰上技术援助，并提高海军的训练能力），该指挥部已连接至海军持续训练环境（NCTE）。近日，怀尼米港部队使用 NCTE 开发和交付了一个集合了多个反舰巡航导弹小场景的复杂场景，首次帮助“菲茨杰拉德”号（DDG 62）参加单舰综合训练。怀尼米港水面战工程设施（SWEF）的威廉·吉里表示，NCTE 使船员能够体验一个集成且安全的训练环境，在具有实际威胁能力的模拟威胁下实施适当训练，以充分了解当前的武器和作战系统如何应对潜在威胁。虽然 NCTE 是专门为进行舰队训练而开发的，但该指挥部正在探索使用 NCTE 功能支持诸如作战系统舰船资格试验（CSSQT）和作战系统评估小组（CSAT）等。通过将 NCTE 集成架构与其他正在进行的数字化转型计划相结合，指挥部将进一步提升现代化能力。

美国陆军公布“全球卫士 22”演习计划　10 月 29 日，美国陆军公布“全球卫士”（Global Defender）演习计划，这是美国陆军首屈一指的现代化系列演习和实验，演习将展示当前和未来的现代化能力，旨在为新兴技术、概念和编队提供信息，并便于相关人员了解陆军将提供的能力以及陆军对联合作战的贡献。该演习将于 2022 年 4 月至 9 月分两个阶段执行。第一阶段为 4 月至 5 月，由美国陆军司令部领导，包括 4 项演习：旅战斗队在国家训练中心轮换；旅战斗队在联合战备训练中心轮换；“兵团级勇士”演习；“流动沙地”防空炮兵旅演习。第二阶段为 8 月至 9 月“会聚工程”，由美国陆军未来司令部领导，包括 3 个实验。一是“多域作战实况 – 2022”（MDO Live 22）实验；二是“定位、导航和授时 22”（PNTAX 22）实验；三是“会聚工程 – 2022”拱顶石实验。

美、印完成“准备战争 21”演习　10 月 29 日，美国陆军伞兵与第 4 空降步兵旅战斗队、第 25 步兵师和印度陆军士兵于阿拉斯加州埃尔门多夫 – 理查森联合基地（JBER）结束了为期约两周的“准备战争 21”（Yudh

Abhyas 21）演习。这是印度军队自2010年以来首次来到埃尔门多夫－理查森联合基地。演习中，士兵们运用UH－60“黑鹰”直升机疏散伤亡人员，并在CH－47“支奴干”运输直升机下方练习吊装火炮，双方还互相熟悉了武器系统，例如美方的M4卡宾枪和M240B机枪，以及印方的小型武器系统。最后双方在海拔数千米的楚加奇山脉进行了一场训练演习，在极其寒冷的环境下，印度和美国陆军联合部队袭击了一个目标，以支持名义上的军事行动。“准备战争21”是第17次该系列美印双边训练演习，旨在提高印度和美国陆军的互操作性及联合作战能力，以增强合作伙伴在整个印太地区应对常规、复杂和未来突发事件的能力。

美国空军研究实验室定位、导航和授时敏捷吊舱完成飞行试验　11月1日至10日，美国空军研究实验室研制的互补定位、导航和授时（PNT）敏捷吊舱原型系统运行试验中成功完成3项重要试验目标。一是首次高动态范围平台集成试验，克服了计算、功耗和电磁环境相关的挑战；二是基于全远程接口和可替代定位、导航和授时数据传输，展示了导航系统的最佳性能；三是基于陆上/水上能力转换演示，充分展示了导航系统的信息跨域传输能力。改进后的敏捷吊舱开放式任务系统架构和试验设计达到了突破性的效果，可使作战人员实时观察系统状态，并在需要时更新决策，大大提高了试飞和作战效率。该试验结果可有效支撑2022/2023财年规划提出的满足美国太平洋空军和美国空军全球打击司令部对可靠的PNT、导航战，以及弹性无人机系统导航的空战指挥的需求，为GPS竞争环境下的未来空军和太空军执行任务提供可靠的导航服务。

美国海军陆战队完成濒海机动演练　11月1日至19日，美国海军陆战队远征军在工程支援营、后勤组支持下完成濒海机动演练，以测试新的技术和战术，重点是从浅水区到目标区域的扫雷和侦察任务，旨在强化海军陆战队和海军的互操作性，增强指挥官在两栖作战环境中的实时态势感知能力。演练内容包括利用 Vapor 55 无人机、Fusion 战略机器人和 REMUS 自主潜航器等新技术来定位、识别并侦察潜在着陆区，识别水雷和爆炸危险，以及海军陆战队与海军爆炸物处理机动部队的交叉训练，重点关注整合新能力以支持海军机动的重要性，帮助海军陆战队理解“刺探部队”概念。

美国空军在欧洲举办“城堡锻造”演习 11 月1 日至4 日，美国空军举办了“城堡锻造”（Castle Forge）演习。演习在英国皇家空军米尔登霍尔基地、费尔福德基地，以及苏达湾、挪威海岸附近等多个地点举行。美国空军第 100 空中加油联队的 KC－135 加油机提供了空中加油支持。受油飞机包括美国空军 B－1B 轰炸机、MC－130J 特种作战飞机和挪威空军 F－35A 战斗机。“城堡锻造”演习是美国驻欧空军演练“敏捷战斗部署”概念的重要演习，旨在使空军部队能够快速分散部署，并在后勤支持水平不同的各个地点生成战斗力，确保美国空军能随时应对潜在威胁。

美国战略司令部启动“全球雷霆 22”年度核指挥与控制演习 11 月2 日，美国战略司令部开始“全球雷霆 22”（Global Thunder 22）年度核指挥与控制演习。“全球雷霆 22”演习关注核战备情况，旨在加强战备并确保安全可靠的战略威慑能力，参与人员包括总部工作人员和下属单位。关键的盟国人员和合作伙伴也参与了“全球雷霆 22”演习，包括澳大利亚和英国，相关人员将融入高级领导团队，并在广泛的领域开展工作，提供政策支持和演习指导。“全球雷霆 22”演习是为针对模拟对手的现实行动而设计的。此次演习包括增加轰炸机飞行、导弹训练和潜射弹道导弹战备训练，以验证“三位一体”核力量的可靠性和灵活性。

北约举行反无人机技术互操作演习 11 月2 日至12 日，北约通信与信息局举行 2021 年反无人机技术互操作性演习（TIE21），定位、识别并拦截无人机系统（尤其是蜂群）的攻击。演习中，一架无人机使用捕网捕获另一架小型无人机，并带回基地取证；对300架小型无人机组成的蜂群进行了识别与战术分析；还将欧洲常用的HP47手持式干扰机与“天墙”自主光学跟踪系统相结合，进行了反无人机试验。TIE21的核心目标是采集雷达装置、干扰器、指挥控制系统等之间的数据，解决带宽不足、延迟过大或误报等问题，未来计划在北约不同反无人机系统与组件间，建立新的可互操作战术数据交换共同标准。

美国陆军验证新的早期进入指挥所概念 11月3日，美国陆军第1军通过第62空运联队的C－17飞机向关岛部署了4辆“斯特瑞克”战车和大约30名士兵，验证了其新的早期进入指挥所概念。美国陆军第1军的“敏捷勇气作战”演习与美国空军第62空运联队的“雷尼尔战争”敏捷战斗部署演习进行了联合，第1军用斯特瑞克战车装备了先进的指挥控制单元，展示了从华盛顿州刘易斯－麦考德联合基地迅速部署到关岛，以应对太平洋各种突发情况的联合能力。这些前沿指挥控制车辆可在严酷的环境中运行，可以从任何临时基地快速部署，尤其是西海岸最大的快速部署基地刘易斯－麦考德联合基地。此次演练展示了第1军和美国空军之间的联合能力，增强了互操作性，使联合部队能够快速部署军级指挥和控制单元。

美国空军开展第三次“速龙”计划飞行演示 11月3日，美国空军战略发展规划和实验办公室于白沙导弹靶场再次成功完成“速龙”计划飞行演示。通过在“托盘化弹药”武器系统上部署远程巡航导弹分离试验工具，验证了使用机动飞机向防区外大规模投送弹药的有效性，增强未来部队作战能力。试验中，MC－130J特种作战飞机在前往白沙导弹靶场途中，机载作战管理系统（BMS）通过超视距指挥控制节点接收新的目标数据，随后机载作战管理系统将目标数据传送至“托盘化弹药”武器系统。在到达白沙导弹靶场空域后，MC－130J 特种作战飞机通过“托盘化弹药”武器系统投放了 1 个“速龙”系统（包含 1 个远程巡航导弹分离试验工具和 3 个模拟弹药）。释放几秒钟后，远程巡航导弹分离试验工具展开机翼和尾部，通过空气动力学控制姿态飞向目标。

以色列开展浮空传感器预警能力测试　11 月 3 日，以色列导弹防御组织对高可用性浮空器系统进行充气，并开始试验部署在以色列北部的高空传感器系统中。以色列的高可用性浮空器系统是世界上最大的高空气球系统之一，可携带具有威胁探测和预警功能的传感器。此次试验携带的雷达系统由以色列导弹防御组织和美国导弹防御局共同设计开发，可增强以色列现有防空系统的远距离探测和预警能力。高可用性浮空器系统和先进的雷达系统组成了高空传感器系统。以色列导弹防御组织主任摩西・帕特尔表示，在最近几个月进行的数次测试活动中，以色列高空传感器系统展示了出色的导弹（包括巡航导弹）预警能力。该浮空器系统可在高空巡航，提供远程、多方位的探测能力，进一步增强以色列的威胁探测能力，提升以方军事优势。

波音公司完成两架“忠诚僚机”无人机飞行测试　11 月 4 日，波音公司宣布扩充了“空中力量编组系统”的飞行测试规模，于伍默拉靶场完成了两架“忠诚僚机”的试飞。第一架“忠诚僚机”完成了一系列关键特性测试，包括首次演示起落架回收，扩大了飞行包线，其起落架系统由澳大利亚 RUAG 公司提供。BAE 系统澳大利亚公司参与了飞行控制和导航系统的设计、供应和保障，对该系统的评估也是此次测试的一部分。第二架飞机也完成了首次飞行任务。在整个飞行测试任务中，团队收集了飞机性能数据，用于支持波音公司“空中力量编组系统”的数字孪生工作。数字孪生技术将对系统从开发设计到生产维护的整个生命周期进行建模，以期加速飞机开发和提升首批产品的质量。“空中力量编组系统”由波音澳大利亚公司和澳大利亚皇家空军合作开发，是澳大利亚国产的自主无人机系统产品。该系统下的“忠诚僚机”将着眼全球客户以期出口，将使用人工智能技术与现有有人/无人机编队，形成任务补充能力。

SPY-6 雷达完成组网协同雷达演示 11 月4 日，雷声科技公司与海军研究办公室（ONR）合作，成功演示了组网协同雷达（NCR）。NCR 是一种先进的雷达系统解决方案，旨在为美国海军提供电磁机动作战能力，并支持其分布式作战概念。演示过程中，两个水面雷达模拟器通过分布式感知功能对目标进行协同探测，并生成完整的目标态势信息。多个基于 NCR 的传感器可以协同识别和跟踪威胁，并实时传递探测信息以提高系统性能和任务成功率。演示结果表明，NCR 计划中开发的先进分布式雷达理念将使如 SPY-6 战术雷达具备前所未有的防护能力。NCR 推动了下一代软件定义孔径的开发，其能力的持续发展将确保 SPY-6 仍是美国海军最先进的雷达。

美国海军进行年度导弹实弹演习 11 月4 日至6 日，美国海军海岸巡逻船进行了 MK-60“格里芬”导弹系统实弹演习，以测试系统功能和船员使用该系统的熟练度。参加演习的有海岸巡逻舰“火箭”号、“霹雳”号、“暴风雨”号、“奇努克”号、“飓风”号、“旋风”号、远征移动基地平台舰“刘易斯·B·拉勒”号和导弹驱逐舰“迈克尔·墨菲”号。此前，美国海军中央司令部曾于 2019 年 12 月在美国第五舰队行动区进行了“格里芬”导弹系统实弹演习。“格里芬”导弹系统于 2013 年装备在所有前沿部署的海岸巡逻船上。

英国国防科学技术实验室开展“城市复杂竞争环境”演习 11 月5 日，英国国防科学技术实验室宣布近日牵头了开展了“城市复杂竞争环境”演习（CUE 2021）。在演习期间，来自英国和其他几个国家的科学家和工程师测试了多项可在城市复杂建筑环境中发现敌军的新技术。英国国防科学技术实验室正与工业界、学术界以及五眼联盟国家合作，测试这些新技术，包括：基于人工智能和机器学习来识别威胁的分布式自主传感器；支持地面、空中和海上情报、监视和侦察的先进技术；用于检测城市上空无人飞行器的先进传感器和技术；对城市环境以及自然和人类活动相互作用的理解；通过提供导航、威胁检测等来支持士兵在密集的城市地形中作战的技术；用于后勤的机器人及自主系统；针对城市环境的复杂性对伤员后送和处置进行优化的技术。

“小精灵”无人机计划成功演示机载回收 11 月 5 日，DARPA 宣布，在上个月举行的测试中，“小精灵”无人机（GAV）成功完成机载回收演示。在演示期间，2 架 X－61“小精灵”飞行器成功验证了所有自主编队飞行位置和安全功能，其中 1 架“小精灵”被 C－130 飞机回收。在最后的实验中，该团队重新装配被回收的 GAV，并在 24 小时内进行了第 2 次飞行。此次测试在 4 次飞行中收集了多小时数据，包括飞行器性能、回收弹和 GAV 之间的空气动力相互作用，以及空中回收过程中的接触动力学数据等。在测试期间，其中 1 架 GAV 不幸坠毁。

柯林斯航空航天公司牵头完成开放系统多域作战演示 11 月6 日，在由“开放小组”联盟举行的未来航空能力环境和传感器开放式系统架构技术交流会上，柯林斯航空航天公司与通用原子航空系统公司、帕里实验室、泰克和帕兰提尔公司合作，成功完成开放式系统架构的多域作战演示。由柯林斯公司牵头与多个团队合作，利用其数字骨干、硬件、软件和集成专业知识，成功将来自政府和第三方机构的软件、多台第三方任务计算机的单独功能，总计 19 个不同的未来航空能力环境便携单元，集成到一架直升机的飞行面板中，验证这些组件能够从一架飞机移动到另一架飞机或被其他可兼容的组件取代。此次演示活动展示了一种可操作的开放系统解决方案，该方案将支持美国陆军要求的模块化开放系统方法指南和标准，减少复杂航空系统的集成时间，其最终目标是实现便捷高效且经济的创新部署。

美国空军举行“方格旗 22-1”空战演习 11 月8 日至19 日，美国空军在佛罗里达州廷德尔空军基地举行“方格旗 22-1”空战演习。“方格旗”（Checkered Flag）演习由第325 战斗机联队主办，是美国国防部最大的空对空演习之一，旨在提升四代机和五代机联合作战的能力，并通过训练和测试增强飞行员与机组人员的机动性和快速响应能力。来自美国空军的12 个中队，包括阿拉斯加州埃尔门多夫-理查森联合基地的第90 战斗机中队和驻扎在南卡罗来纳州肖空军基地的第79 战斗机中队等，约950 人，共计93 架军用机参与了此次演习。此次演习的重点之一是与美国海军以及驻扎在俄克拉荷马州廷克空军基地的北美防空防天司令部建立和加强合作伙伴关系。演习中，第53 联队进行了武器系统评估项目东部22.02（也被称为“战斗弓箭手”）试验。美国空军称，在演习的同时进行武器系统评估项目试验可节省美国国防部资源，并通过近距离协作提供额外的训练机会。

美国柯林斯航空航天公司成功演示联合全域指挥与控制连通性能力 11 月9 日，美国柯林斯航空航天公司成功演示了一种专为小型平台而设计的新型定向通信系统。本次演示展示了约12.7 厘米吊舱中的机载无线电和地面无线电之间的高吞吐量、低探测的通信能力。作为 DARPA“预言”（Pheme）项目的一部分，本次演示实现了联盟联合全域指挥控制（CJADC2）的连通性能力，可为作战人员提供可操作的数据和增强的态势感知，以支持决策。传统通信系统向多个方向辐射信号，增加了被探测和干扰的可能性，为此柯林斯航空航天公司开发了这种利用5G 技术的定向通信系统，仅向接收器方向辐射能量。该系统采用了新的定向探测与跟踪技术，可在 GPS 拒止环境中运行。

美国空军 B－52H 和 B－1B 轰炸机与英国空军在北海上空进行演习

11 月 10 日，隶属北卡罗来纳州迈诺特空军基地的 B－52H 和 B－1B 轰炸机与英国皇家空军在北海上空进行演习。参演兵力包括：美国空军第 5 轰炸机联队的 B－52H 轰炸机、第 9 远征轰炸机中队的 B－1B 轰炸机；英国空军“台风”FGR4 战斗机、F－15D 战斗机、F－15E 战斗机、KC－135 加油机。演习内容包括使用常规和精确制导弹药打击空中、陆地和海上目标，在执行任务的过程中英、美双方还进行了互操作演练。自 2018 年以来，通过轰炸机特遣部队任务，美国空军已将现役所有三型轰炸机轮换部署至欧洲－非洲战区，练习在陌生机场快速部署以及整合北约盟国和合作伙伴的作战力量，践行“轰炸机敏捷战斗部署”相关概念。

美国空军 B－1B 轰炸机与澳大利亚空军进行联合演练 11 月 10 日，美国空军 2 架 B－1B 轰炸机与澳大利亚空军进行了联合演练。美国空军 2 架 B－1B 轰炸机从印度洋迭戈加西亚基地起飞，在飞行了 6000 千米后抵达澳大利亚达尔文军事基地，与澳大利亚空军的 P－8A 反潜巡逻机、KC－30A 加油机共同训练，“在具有挑战性的现实环境下”进行了多个作战任务演练。B－1B 轰炸机进行了紧急转移并熟悉陌生地域的训练任务。澳大利亚空军第 33 中队的 2 架 KC－30A 加油机还在帝汶海上空 9 千米的高度为 B－1B 进行了空中硬管加油。此次演习恰逢美军在澳大利亚的态势部署计划实施 10 周年，该计划旨在于轮换部署美国海军陆战队和加强空中力量合作。同时也恰逢澳、新、美条约签署 70 周年。

美国和文莱在南海开展海上合作准备和训练演训 11 月 15 日，美国与文莱启动第 27 届年度海上合作准备与训练（CARAT）演习。CARAT 演习是美国海军与亚洲国家开展的系列双边演习，旨在加强美国和合作伙伴海军协作行动能力，以应对印太地区传统和非传统海上安全挑战。此前，已开展本年度与印度尼西亚、泰国、日本、斯里兰卡、印度等国的CARAT演习。此次演习为期5天，包括虚拟主题专家交流（SMEE）活动和海上演习两部分。虚拟主题专家交流（SMEE）活动将提供多种联合培训，包括船只拦截和登船培训、河流安全培训、海上补给最佳实践、妇女和平与安全研讨会、海洋领域意识、无人机（UAV）和反恐部队保护等。海上演习将在南海开展多项加强两军互操作性的活动，包括旨在加强复杂机动中舰艇共同航行时沟通的分队战术演习，旨在通过协调部署水面舰艇和海上巡逻机提高两国海军跟踪和追击目标的能力追踪演习，以及搜救演习。

埃尔比特公司为荷兰机器人自主系统项目演示异构集群能力 11月15日，以色列埃尔比特系统公司向荷兰皇家陆军的机器人自主系统概念开发和实验计划展示了其利用异构自主集群执行情报、侦察、监视任务能力。演示中部署的异构群包括PROBOT无人地面车辆和两种类型的垂直起降微型无人机系统，均由TORCH－X RAS软件套件（指控应用程序、自主套件、规划工具）提供支持。演示期间，不同的机器人协同编队自主执行规划、导航到预定点、分配扇区并执行各种情报、侦察、监视三种类型作战任务。

美国网络司令部举行“网络旗帜21－1”演习 11月15日至20日，美国网络司令部于弗吉尼亚州萨福克联合基地举行“网络旗帜21－1”网络安全防御演习。该演习是迄今为止规模最大的跨国网络演习，旨在提高应对俄罗斯等国家威胁的防范能力。此次演习共有来自加拿大、丹麦、爱沙尼亚、法国、德国、立陶宛、挪威、荷兰、波兰、瑞典、英国等23个国家的200多名网络作战人员参与，其中14个国家现场参与，其他国家通过美国网络司令部的实时虚拟训练环境参加演习。本次演习旨在提高网络作战人员的应对能力，加强国际社会网络防御能力，并提高美国及其盟友识别、同步和应对恶意网络活动的能力。

“西风”高空长航时无人机开展无线宽带能力测试 11月16日，空客公司和日本移动通信运营商NTT DOCOMO公司已验证了“西风”高空长航时无人机/高空伪卫星（HALE/HAPS）可用于提供无线宽带能力。此次为期18天的验证飞行虽然只是为“西风”执行商业通信任务而开展的前期准备工作，但这种按需随时长期部署宽带的能力也将吸引“西风”当前和未来军事客户的关注。试验证实了2GHz频谱对基于HAPS的服务是可行的，以及窄频带（450MHz）可在140千米范围内提供连接。基于这些结果，两家企业下一步将研究HAPS在5G演进和6G中的实际应用，并计划用其为偏远地区、山区、岛屿和海上场所等提供通信服务。

韩国公布KF-21战斗机有人/无人协同作战概念 11月16日，韩国国防采办计划管理局（DAPA）公布了一段韩国产KF-21战斗机与隐身无人机协同作战的计算机合成视频，首次公开了KF-21战斗机的有人/无人协同作战概念。该视频发布在其官方YouTube频道上，显示KF-21战斗机两侧有三架隐形无人机，正在韩国最东端的独岛上空进行联合空中作战。在视频中，还可以看到KF-21战斗机接受了KC-330加油机的空中加油。KF-21战斗机的最大有效载荷为7700千克，将有10个用于空空导弹或其他武器的挂点，能够以每小时2200千米的速度飞行，航程为2900千米。该机首次飞行测试定于2022年进行，整个开发项目预计于2026年完成。韩国计划到2031年部署共120架KF-21战斗机。

美、日在南海举行反潜演习 11月16日，日本海上自卫队首次与美国海军在南海进行反潜演习。参与此次反潜演习的有美国海军的“米利厄斯”

号驱逐舰（DDG－69）和一架P－8A海上巡逻机，以及日本海上自卫队的“加贺”号直升机驱逐舰（DDH－184）、“村雨”号驱逐舰（DD101）、一艘未命名的“亲潮”级潜艇和一架P－1海上巡逻机。除了这艘“亲潮”级潜艇是第一次同美国海军舰船在南海举行反潜演习外，“加贺”号和“村雨”号上周都与“米利厄斯”号在南海进行了演习，而且随后在周末访问了菲律宾的苏比克港。离开苏比克港后，它们还在南海与菲律宾海军的“何塞·黎刹”号护卫舰（FF－150）进行了演习。

美国国防部“雷暴”实验寻求新兴技术 11月17日，美国国防部正在向工业界寻求数据发现、创新、可视化技术，以纳入“雷暴（Thunderstorm）22－4”技术能力实验，从而通过在作战环境中演示和实验相关能力，加速创新能力和技术的发展。此次实验旨在探索新兴开源情报数据集合技术，以快速增强能力，向国防部和情报界提供高级开源信息搜索、信息关联、确定感兴趣主题的新型软件和工具，如人员、组织、地点等及其相互之间的联系。美国国防部发布更新的信息征询书表示，“雷暴（Thunderstorm）22－4”实验将于2022年春季开展，并为实验寻找技术成熟度4或更高的技术，但根据具体情况也可考虑技术成熟度较低水平的技术，主要方向包括新兴开源情报数据集、人工智能/机器学习算法、用于开源情报和开放系统分析的先进软件工具、高级分析。

法国海军进行有史以来最大规模的“北极星21”演习 11月18日至12月3日，法国海军将进行其有史以来最大规模的“北极星21”演习。“北极星21”是一项以高强度作战为重点、旨在做好战备的重大演习。“北极星21”演习想定旨在测试空－海部队的多种能力，由以“夏尔·戴高乐”号核动力航空母舰为核心航空母舰打击群，对抗以“西北风”级两栖攻击舰“托内尔”号为核心的“强大敌方力量”。敌方将由空－地系统加强，形成一个“反介入/区域据止”区域。演习中法国和盟国将在高强度空－海作战中检验使用现代装备的能力，并以协调和同步的方式覆盖所有冲突区域和领域。这有助于加强法国武装部队在联盟中承担框架国家责任的能力。“北极星21”演习是未来战争的“实验室”，力求在多个冲突领域和环境中整合和同步各种效应。演习围绕法国与伙伴国家之间的顶层行动开展，与法国海军未来强化战略背景下的任务一致。

美国海军陆战队与海军合作验证未来部队作战概念 11月19日至21日，美国海军陆战队与海军合作，首次在大西洋上空采用CH－53K直升机进行超视距重型空运以及将部队从舰上运输到岸的作战验证。此次验证的是“远征前进基地作战”和“分布式作战”等未来部队作战概念的一部分，评估了CH－53K超视距重型空运的能力，以及将约12.25吨的LAV－25轻型装甲车从“黄蜂”级两栖攻击舰运输到岸上登陆区，并在无须加油的情况下再次返回到舰上的能力，往返行程长达407千米。海军陆战队未来将进一步对CH－53K进行初始作战试验与鉴定，以在部署前确定有效的战术、技术和程序。

日本自卫队启动大规模联合演习 11月19日至30日，日本自卫队开展了“03JX”大规模联合演习，这是日本自卫队自2006年转变为联合作战架构以来首次进行的实兵和指挥所协同演习。演习包括两栖作战、一体化防空反导、联合反舰打击、联合后勤保障、基地安全、空降作战、空间态势感知协同、网络攻击应对、联合电子战及指挥所作战训练。美国海军陆战队的两架KC－130加油机、两辆联合轻型战术车和约20名作战人员以及日本陆上自卫队的88型和12型面对舰导弹在日本九州鹿儿岛县参加了联合反舰打击演习；日本自卫队的水陆机动团和海上自卫队的水雷战部队在种子岛完成两栖作战演习；陆上、海上和航空自卫队参与了“伊势”号直升机驱逐舰的空中协同作战；海上自卫队“涟”号通用驱逐舰参与了对无人岛的地面火力打击。此外，日本自卫队还与美国、澳大利亚、加拿大和德国海军进行了大规模联合演习，并进行了美、日联合扫雷演习。

美、日、澳等国举行“ANNUALEX 2021”海上联合演习 11月21日至30日，美、日、德、澳、加五国海军在菲律宾海举行代号“ANNUALEX 2021”的年度联合演习。本次演习由日本海上自卫队主导，目的是提高印太地区的综合战备和海上优势。这是德国20年来首次参加印太地区的海上演习。“ANNUALEX 2021”演习的重点内容是提高集体战备水平和海上优势，并为互操作性、先进综合训练和高端战斗战略提供独特的机会。演习内容包括加强规划、海上通信、反潜作战、空中作战、实弹射击、海上补给、跨甲板飞行和海上拦截等训练项目。“ANNUALEX 2021”演习还包括有史以来第一次联合信息战项目，在开展此项目期间，美、日海军在综合指挥与控制系统、协同威胁和环境评估，以及电磁辐射控制措施方面进行了合作。

英国和意大利航空母舰在地中海进行F-35B战斗机互操作演习 11月22日，英国皇家海军航空母舰“伊丽莎白女王”号（R08）和意大利海军航空母舰“加富尔”号（CVH550）在地中海西西里岛东南方向进行了F-35B“闪电”Ⅱ联合打击战斗机的跨甲板和整合演习，这使意大利成为继美国之后第二个在英国航空母舰上操作F-35B的国家。演习分三个阶段。第一阶段，“伊丽莎白女王”号搭载的2架美国海军陆战队F-35B在“加富尔”号上降落。随后，1架意大利海军F-35B和1架意大利空军F-35B从“加富尔”号起飞并降落在“伊丽莎白女王”号上。第三阶段，F-35B从两艘航空母舰上起飞，进行互操作性飞行以及4机联合编队飞行，编队飞机分别来自美国海军陆战队、英国皇家海军、意大利海军和意大利空军。搭载在“伊丽莎白女王”号上的英国皇家空军第617中队“大坝粉碎者”是一个由皇家空军和皇家海军人员组成的混合中队，但在隶属上是皇家空军中队。

北约 2021 年“忠诚 LEDA”演习实验四项创新技术 11 月 23 日，北约开启为期 10 天的 2021 年“忠诚 LEDA”战术级演习，对人工智能软件、可持续能源、通信信息系统等技术进行了实验。①“阿尔忒弥斯”项目，旨在通过软件支持目标定位，加快从“传感器到射手”的决策速度，并通过减少录入数据的人员数量，缩小指挥所规模。②“莱兰托斯”，是一个具有无线通信功能的战术指挥所，内置通信信息系统，可大幅减少展开与撤收的时间。③“部署可持续能源”项目，该项目将最大程度有效利用电力，降低指挥部的噪声及热信号。④人工智能课程收集门户，研发人工智能虚拟助手，并收集演习的经验教训。

诺斯罗普·格鲁曼公司演示验证微型通信、导航与识别系统 11 月 23 日，诺斯罗普·格鲁曼公司宣布近期验证了垂直起降平台基于开放式架构的机间数据交联能力，旨在支撑美国陆军多域作战愿景。该公司重点演示了小型通信、导航和识别（Mini－CNI）系统，旨在为作战平台提供多种组网优势，为联合全域指挥控制（JADC2）战略提供数据支持。该系统采用低尺寸、重量、功率和模块化开放式架构设计，能够增强多域作战人员协同、组网和快速部署能力，通过基于频谱感知/频谱灵活性提升传感器与射手连接的有效性，显著改善从数据到决策的效能。另外，通过基于自主故障检测和系统可重构技术，可有效降低作战人员工作强度，使作战人员能够专注其他 JADC2 关键任务需求。按计划，2022 年，诺斯罗普·格鲁曼公司将继续进行 Mini－CNI 系统新的能力演示，包括整合低截获概率/低通信拒止概率能力，以及新的模块化开放式架构功能，以满足 JADC2 作战应用需求。

美国海军陆战队和海军进行战术和模拟打击训练 11月25日，美国海军陆战队第1航空联队和美国海军第7舰队在太平洋地区实施战术和模拟打击演练。此次演练在日本冲绳海岸举行，参演平台包括F/A－18C、E和F衍生型号，E－2D和KC－130J。规划人员在冲绳的印太地区、日本大陆和美国“卡尔文森”号尼米兹级航空母舰上协调工作。海军陆战队第1航空联队现任作战参谋兼演习首席规划师杰里米·西格尔中校表示，此次演练可以让海军和海军陆战队的成员与同行对手练习海上作战，可使其能够进一步完善执行联合海上打击的战术、技术和程序，还提供了对多样化组织结构进行指挥和控制的机会。此外，训练还确保了美国武装部队相互训练和作战，并促进与地区联盟和伙伴关系之间的联系。

荷兰宇航中心开展大型无人机空域融合演示验证 11月25日，荷兰宇航中心在鹿特丹海牙机场进行了大型无人机空域融合仿真演示验证，为提升欧洲空域安全/有效的无人机交通管理/整合运营提供有效支撑。在仿真演示中，荷兰宇航中心部署了一个高度拟真塔台和进近模拟环境（NARSIM塔台和NARSIM雷达），以及一个遥控飞行系统通用地面控制站连接模拟平台（多无人机监管试验台/MUST）。模拟场景中的遥控飞行系统是一种固定翼四类无人机，性能与通用原子公司MQ－9“捕食者”类似。本次仿真演示的重点是验证项目定义的操作程序，通信故障和有人/无人仪表飞行交通冲突。同时，还评估了现有技术架构（用于通信和遥控飞行系统指挥控制的架构）的系统延迟对空中交通控制的影响。另外，遥控飞行系统在两个不同地面控制站之间的交接程序也进行了演示。

拉脱维亚国家武装部队演示有人/无人编队网络链接 11月27日，拉脱维亚国家武装部队在演习中使用米勒姆机器人公司研发的集成模块化无人地面车辆系统展示了无人系统与有人系统结合带来的优势。演示期间，一辆无人地面车辆系统配备了情报、监视和侦察，信号情报有效载荷，快速遮蔽烟雾弹发射器，Bittium 车载战术通信网络，以及 deFNder 轻型远程武器站等功能模块，另一辆则配备了简易爆炸装置干扰器模块。演示中，该国部队与无人地面车辆系统首次实现了在特殊网络中独立 4G/5G 网络与战术网络的连接，这意味着未来将能允许相关单位与机器人之间通信，并从传感器收集信息将信息放入战斗管理系统等。

美国开展“任务伙伴环境”和“秘密与内部环境”实验 11 月29 日，美国联合参谋部 J－6、国防部网络社区成员联合英国、澳大利亚、加拿大、瑞典、德国等其他国家合作伙伴，在弗吉尼亚州萨福克完成一项实验，演示验证了美国国防部“任务伙伴环境”（MPE）和“秘密与内部环境”（SABRE）的效能。实验期间，美国及伙伴国家的军官小规模地模仿了全球联合作战中可能出现的指挥控制要素，并使用 SABRE 开展模拟作战。美国国防部开发 MPE 和 SABRE 已经长达两年，未来即将发布，并有望在 2022 财年末部署至首个作战司令部。而中央司令部已经开发完成兼容的中央司令部伙伴环境（CPE），计划 2022 年 1 月份正式推出 CPE。

美国空军 F－35 战机首次试射“风暴破坏者”网络化炸弹 11 月 29 日，美国海军陆战队宣布于 2021 年底首次使用 F－35 战斗机对雷声公司制造的 GBU－53/B“风暴破坏者”全天候远程制导炸弹进行了空投试验。试验中，美国海军陆战队 F－35B 的飞行员模拟实战情况，对 GBU－53/B“风暴破坏者”网络化制导炸弹进行了从任务规划到发射的全流程作战试验。GBU－53/B 发射后，一架 F/A－18F 超级大黄蜂通过公共网络监控武器的整个飞行过程，直到成功打击目标，展示了该炸弹的网络连接能力。

美、日举办“山樱 81”指挥所演习 12 月1 日至 13 日，美国太平洋陆军和日本陆上自卫队开展了“山樱 81”联合指挥所演习。参演部队包括美国陆军第1军第25步兵师、第3海军陆战队远征旅、美国驻日陆军第5安全部队援助旅、第9任务支援司令部和日本陆上自卫队地面部队司令部、中央集团军和两栖快速部署旅。此次演习旨在将日本陆上自卫队“跨域作战”与美国陆军“多域作战”连接，强调美国陆军、美国海军陆战队和日本陆上自卫队可以在任何环境中执行世界上最大的指挥所演习，并通过综合威慑来测试多域和跨域作战、为盟友提供保护、威慑对手，以及使参与者能够增加他们的作战优势。“山樱81”演习主要是虚拟的，兼具实况和构造部分。演习中地面人员和设备的前沿态势及网络表明，地面力量对地区安全至关重要，可将印太地区联系在一起。

BAE公司FireNet软件定义收发器在旋翼飞机上完成功能演示 12月1日，BAE系统公司美国分公司宣布完成其FireNet软件定义通信收发器的功能演示。在演示期间，FireNet系统展示了用于旋翼飞机的额外通道功能，使用统一的战术网络武装作战人员，并实现了联合全域作战（JADO）。FireNet系统的设计是为满足美国陆军航空兵分部对信道容量和波形的需求，其成本、尺寸、重量和功率要求都很低。该系统的窄带、宽带和Link-16功能可为旋翼飞机提供统一的战术网络，实现加密现代化战略。其模块化、开放式系统架构解决方案还支持从高频到S波段的附加视距语音、数据和网络通信。该系统双通道配置并发四通道功能增强了现有的无线电功能。FireNet系统的设计目的是通过标准化、小型化最大限度地提高灵活性，减少现有飞机的集成工作。FireNet系统的设计工作将在该公司位于印第安纳州韦恩堡的工厂进行。

美国国防部在希尔空军基地启动5G动态频谱共享实验 12月2日，美国国防部在犹他州希尔空军基地启动“5G动态频谱共享”实验项目，该项目由美国国防部研究与工程部副部长办公室领导，美国空军研究实验室管理，项目旨在评估 5G 动态频谱共享技术可行性、使用方法，以及与商业 5G 频段的共存。共有 12 家供应商参与此项试验。主要围绕 5G 试验平台、5G 应用程序和 5G 网络增强 3 个方面开展工作，计划在 39 个月内开发出希尔空军基地专用 5G 网络和机载雷达（如机载预警和控制系统）之间的频谱共存系统解决方案，以及其他美国国防部频谱相关系统，包括 C－130 运输机站台保持设备等。项目资金总额为 1.73 亿美元。该项试验将证明机载雷达系统和 5G 技术之间动态频谱共享的潜力。希尔空军基地的 5G 网络频段当前运行在 3.3～3.45 吉赫，计划于 2022 年 5 月升级到 3.1～3.45 吉赫。

德国试验旋翼直升机对无线电波的影响 12 月 2 日，德国武装部队于曼兴联邦国防军飞机和航空设备技术中心（WTD 61）对强大数据链路通信旋翼无人机进行了固定测试，探索旋翼对无线电波的影响。此次测试需求来自于德国国防军，其希望能够通过一个或多个旋翼飞机发送数据链接，而旋翼叶片的转动可能会对无线电波造成干扰。被测的两种旋翼直升机分别为 CH53 和 UMAT R－350 "老虎" 无人机，这些无人机将作为联邦国防军通信链路的重要组成部分。此次测试证明了在水平下降、相移和转子叶片边缘衍射方面的无线电性能，以及数字语音和数据传输在具有高灵敏度时是可行的。此外，通过测试还收集了一组全面的数据，以开发 SHF 频段宽带数据传输的波形。

美、日开展"坚毅之龙"演习 12 月 4 日至 17 日，美国海军陆战队和日本陆上自卫队于日本的多个地点开展美、日今年最大的双边演习，"坚毅之龙 2021" 演习。美国海军和美国陆军也辅助演习进行。"坚毅之龙 2021" 演习中，美方兵力包括来自第 3 舰队的近 2650 名海军陆战队员，及第 1 飞机联队的多架 MV－22B "鱼鹰"、CH－53E "种马"、AH－1Z "毒蛇"、UH－1Y "毒液"、F/A－18E "大黄蜂" 和 KC－130J "大力神"；日方兵力包括日本陆上自卫队东北陆军第9师团的1400多名官兵。“坚毅之龙2021”演习旨在于地理分布的环境下，通过完善美、日两国的指挥、控制和协调程序，加强美、日同盟的防御能力，以确保随时有能力保卫日本全境。演习中，美军将与日本盟友和合作伙伴开展联合全域作战行动，最大限度地提高其威慑和击败所有潜在威胁的能力。该演习将提高美、日的双边、一体化、杀伤力和战备程度。

美国空军举行“隐秘雪人”演习 12月5日，美国空军第317空运联队参加了在亚利桑那州、科罗拉多州和犹他州举行“隐秘雪人”（Covert Yeti）“敏捷战斗部署”演习，演练了使用“敏捷战斗部署”概念战术、技术与流程以应对突发冲突的能力。演习中，第317空运联队的飞行员驾驶C-130J运输机执行了多种类型任务，在多个不同地点完成了通用目标。根据模拟战场的不同情况，机组成员充分使用战术数据链、卫星无线电或高频无线电等多种级别的可用联系方式，保持相互跟踪感知的态势。机组人员在任务中途作为编队领导提出灵活决策，临时判断该空运货物运送至何处以更好地支持战斗任务。第317空运联队行动指挥官表示，其必须具有以分布式模式在最低级保障下执行任务的能力，使敌方对其进行定位的方案复杂化。第7轰炸机联队的人员为第317空运联队提供了协助，第7后勤准备中队的成员为维修人员提供叉车和叉车培训。

美国空军与海军联合开展“轰炸机敏捷战斗部署”演习 12月6日至8日，美国空军与海军联合开展了“轰炸机敏捷战斗部署”（BACE）演习。演习中，北达科他州迈诺特空军基地第5轰炸机联队的两架B-52轰炸机在加拿大执行任务后，飞往加利福尼亚州爱德华兹空军基地，与海军同行一起执行了第2次任务。此次演习重点演练两方面内容：严峻环境中的作战能力，以及支持海军作战，协调空海作战方式。空军第23轰炸机中队的武器系统负责人，空军上尉奥斯汀·威尔逊表示，“轰炸机敏捷战斗部署”旨在展示新的肌肉，以提升适应性与灵活性。在“敏捷战斗部署”演习中，一组轰炸机将被派遣到一个形势严峻的地区，并确保能够自给自足，可投入战斗。此外，轰炸机不仅可携带空军自己的武器，还可携带海军的 Mk 62 快速打击水雷，用于支持海军作战。演习要协调两个不同的机构，两种不同的任务语言，以及两种不同的运作方式与流程，对信息传达的准确性要求非常高。

美国空战司令部完成“敏捷战斗部署”指挥控制与通信作战演习 12 月 6 日至 13 日，美国空战司令部、驻欧空军、太平洋空军等在兰利·尤斯蒂斯联合基地举行“敏捷战斗部署”（ACE）指挥控制与通信（C3）作战演习。重点演练指挥控制与通信作战，可部署技术，“敏捷战斗部署”战术、技术与程序。演习期间整合的设备和软件包括：全球联合情报通信系统、新型战术与商业卫星通信系统、传统的军事卫星通信系统、智能路由设备与跨域设备。此次演习向空军各领导层展示了通信要求，以及在“敏捷战斗部署”环境下执行指挥控制、火力、部队保护、信息、情报、后勤与机动任务所需的能力。

美国第 31 海军陆战队远征部队完成 MEU 演习 12 月 6 日至 17 日，美国第 31 海军陆战队远征部队（MEU）及下属部队：第 5 海军陆战队第 1 营级登陆队、海军陆战队第 265 中型旋翼机中队（加强型 VMM－265）和第 31 战斗后勤营，作为海军陆战队空地特遣部队在冲绳完成了 MEU 演习。参加此次演习的海军陆战队员超过 2275 名，使用快速响应计划流程执行了十项基本任务，演练了快速应对危机的战术、技术和程序。快速响应计划流程旨在使海军陆战队空地特遣部队能够在 6 小时内完成对任务的规划和执行，包括：人道主义援助、非战斗人员撤离以及各种类型的突袭、侦察和监视行动、前沿武装和加油点行动，以及危机应对行动。

美国太空训练与战备司令部举行“太空旗 22－1”演习 12 月6 日至17 日，美国太空训练与战备司令部举行了第13 次“太空旗”演习（SF 22－1）。该演习是由空军部主办，太空作战部长雷蒙德指导，第1 德尔塔部队第392 战斗训练中队承办的战术级太空红蓝对抗演习，为太空部队提供规划、执行、评估和批判性思考未来太空作战的“实况－虚拟－构造”环境。演习目标为慑止对手太空行动，培养联合作战人员并应用作战概念，包括在紧急情况下做出合理的战术决策。由于11 月俄军击落了一颗老化的通信卫星，此次演习将抵御俄罗斯太空威胁纳入了演习内容。演习人员在计算机辅助下，测试包括美军反导监视卫星可能被击落、卫星干扰以及可能在太空战中采用的电子战“效果”。此次是空军部首次在施里弗太空军基地举办“太空旗”演习，也是首次向盟国太空作战人员开放基于建模仿真能力的模拟战斗环境。

美国太空军发射实验性载荷 12 月7 日，由国防部太空实验审查委员会选择的9 个太空军实验性有效载荷，随太空试验计划6 号卫星（STPSat－6）一起发射入轨。美国太空军表示，这9 个载荷涵盖了许多能力，包括太空域感知、天气感知、通信等。主要有效载荷是美国能源部和国家核安全局的大气爆炸报告系统，建立该系统是为了提供一种新的检测核爆炸的能力。该任务通过提供减少未来太空项目风险所需的关键数据，推进军事和民用实验目标的实现。这是美国太空系统司令部为太空军提供新太空能力的完美案例。此次发射任务还将太空军的“长寿命可变轨演进消耗性运载火箭附属有效载荷搭载平台”（LDPE）－1 送入轨道。它使用了模块化的设置，使其能够在地球同步轨道上承载多个实验性有效载荷和原型。太空军称其为“通往太空的货运列车”。

DARPA“进攻性蜂群赋能战术”项目完成最后现场试验 12 月 9 日，DARPA 宣布在坎贝尔堡的卡西迪联合兵种集体训练设施（CACTF）进行了“进攻性蜂群赋能战术”（OFFSET）项目的第 6 次，也是最后一次现场试验。在现场试验中，DARPA 利用诺斯罗普·格鲁曼公司与雷声公司开发的作战开放式架构，使用虚拟现实、增强现实等沉浸式“蜂群”界面来指挥控制 300 多个无人平台进行联合作战；并行使用虚拟和实体无人机执行任务。试验还展示了“无人机载具”装置，能使多达 80 架无人机自主发射、回收和充电；多架固定翼无人机装备机载避碰装置，使其能够在狭小的城市环境中自主飞行。此次试验中，哨兵机器人公司、约翰·霍普金斯大学应用物理实验室及密歇根理工大学研究所 3 家“蜂群冲刺者”共同展示了与“进攻性蜂群使能战术”项目相关的生态系统整合技术。

美国海军于“数字地平线”演习测试导弹防御情监侦无人舰艇 12 月 13 日，美国海军第 59 特遣队于“数字地平线”演习中在红海北部测试了 Saildrone 公司的无人舰艇。该无人舰艇利用人工智能技术增强了海上探测能力，能够为海军提供更强的海域态势感知能力。此次测试使用的无人舰艇长约 7 米，高约 4.9 米，依靠风力移动。该无人舰艇可以执行长期的海上任务，配有红外摄像头，具备天气预报、海洋测绘能力，还可以协助美国导弹防御局进行情监侦任务。Saildrone 公司的无人舰艇曾在 2013 年用时 34 天完成了从旧金山到夏威夷的“无人”航行任务。2021 年 9 月，美国海军正式成立了第 59 特遣队，旨在集成新型的无人系统和人工智能技术，用于增强海域感知，提高威慑力。美国海军正在对其舰队新型无人系统进行持续评估，以推动发现、创新和舰队整合，这将为未来的作战工作提供有效信息。

澳大利亚空军验证“空中力量编组系统”作战能力 12 月 14 日，澳大利亚皇家空军和波音澳大利亚公司验证了“空中力量编组系统”（ATS）的作战能力，成功展示了数字环境中的多有效载荷、半自主行为和有人–无人协同能力。澳大利亚空军士兵操控数字孪生平台以开发和测试作战场景中空中力量的自主行为，以及应对威胁能力。“空中力量编组系统”团队表示，数字孪生技术提供了一个敏捷、高收益的测试程序，以跟上未来战场空间的步伐。“空中力量编组系统”的任务系统和有效载荷开发进展包括陆基硬件和软件在环测试，随后是机载系统的替代飞行测试，以支持数字模型的验证。“空中力量编组系统”的数字孪生平台已经在不同的战场效果下“飞行”了数千次，以测试飞机性能，并最大化其独立作战能力和支援其他飞机。

美国寻求结合人工智能与游戏交互技术加快空战决策 12月14日，美国空军研究实验室表示于12月初启动“临战”项目，寻求结合人工智能（AI）与游戏交互技术以提高指挥官决策速度，将制定战区级进攻计划的时间从36个小时缩短至4个小时。该项目将人工智能与游戏交互技术整合至单一用户界面，该界面可连接空中作战中心任务规划人员使用的数据源。人工智能技术可大幅缩短制定进攻计划的时间，游戏交互技术能用于生成、评估各种替代性计划方案，比分析数据表格更直观。项目第1阶段将在两年半内研制技术原型，第2阶段计划在2年内进行试验与整合，随后部署于空中作战中心。

雷声公司演示验证跨域海上监视与瞄准作战概念 12月15日，美国国防部、DARPA与雷声公司合作，成功完成了为期3周的“跨域海上监视与瞄准”（CDMaST）项目演示验证。“跨域海上监视与瞄准”是一种新型海上“系统之系统”作战概念，旨在实现分布式海上作战，改变海军在对抗性环境中投送力量以及将敌方舰船与潜艇置于危险中的方式。演示验证结合了雷声公司的软硬件设施以及海军信息战中心的虚拟试验台，利用建模与仿真能力，展示了分布式敏捷作战群在反潜战和反水面战场景中削弱对手的方式。试验还使用一架新型无人水面艇原型作为无线移动网关，在各种装备之间共享信息。

美国空军成功完成“迅龙”项目实弹飞行试验 12月16日，美国空军于达州埃格林空军基地成功完成“迅龙”项目“托盘化武器”系统最终实弹飞行试验，使用远程巡航导弹击中并摧毁目标，结束了为期2年的原型开发试验。“迅龙”项目下一步在2022年春季使用C－17运输机进行了巡航导弹实弹试验，后续将着眼于扩展“迅龙”项目运输组合，以包括额外的武器系统和多种效果能力，并继续完善该系统，在接下来的2年内将其从开发原型转变为作战原型。

美国海军陆战队对中程拦截能力原型进行实弹试验 12月16日，美国海军陆战队对“中程拦截能力”（MRIC）原型进行首次实弹试验，评估“中程拦截能力”对抗巡航导弹威胁的能力。第2次试验于2022年初进行，第3次试验于2022年8月进行。“中程拦截能力”原型机集成了“铁穹”防御系统的关键部件、AN/TPS－80地/空任务导向雷达以及“通用航空指挥控制系统”（CAC2S）。海军陆战队希望将“通用航空指挥控制系统”和“塔米尔”导弹的小型战斗管理控制系统集成至联合轻型战术车辆，并将“塔米尔”发射器转移至拖车后部。前两次试验将使用“塔米尔”拦截器配置，第3次将使用改良的拖车式发射器配置。

美国空军在MC－130J特种作战飞机上首次演示近实时网络威胁分析能力 12月16日，美国空军表示第27特种作战通信中队任务防御小组成功在MC－130J特种作战飞机上对新型网络套件进行了飞行测试，演示了近实时网络威胁分析的能力，这是该团队的能力首次与实验室外的作战武器系统相联。演示中，任务防御小组提供近乎实时的任务系统网络分析能力，使任务执行者能够对武器系统的关键组件和输入进行重要态势感知。第27

特种作战通信中队任务防御小组飞行首席中士哈维尔·帕里斯表示，这种能力可增强机组人员的态势感知能力，减少机组人员对新出现网络入侵做出反应的时间。任务防御小组属于为美国网络司令部提供服务的网络保护团队，是保护关键空军任务和设施的专业团队，例如与飞机和遥控系统相关的关键基础设施或计算机。

美国和以色列举行联合年度网络演练 12 月19 日，美国网络司令部和以色列国防军的联合网络防御部举行了为期一周的“网络穹顶”（Cyber-dome）演练，主要针对“各种网络防御挑战”进行训练，部分训练包括模拟网络领域的战斗场景，以提高两国应对日益增长的网络威胁和网络攻击的能力。“网络穹顶”联合演习在美军网络司令部设施内举行，是美、以两国第6 次开展此类年度演练。以色列国防军网络防御局局长表示，网络空间正在演变成一个日常的全球战区，它威胁到政府、私人和民间机构的利益，因此以色列国防军和美国网络司令部的联合演习意义重大。演习展示了两军之间的战略伙伴关系，并使得双方都能实现网络优势。12 月16 日，美国参议院曾以高票数通过了2022 财年7700 亿美元的国防授权法案，其中一项条款授权3000 万美元用于加强和以色列的网络安全合作，该法案被列为《国防授权法》的修正案。

美国海军完成 MQ－25 无人加油机首次舰上试验 12 月20 日，美国海军联合波音公司，在“布什”号航空母舰上完成了 MQ－25“黄貂鱼”舰载无人加油机 T1 原型机的首次舰上试验。甲板调度员在昼夜环境下使用标准引导手势指挥该机在甲板上进行滑行、连接弹射装置、退出着舰区、泊入停机位等机动，调度员身旁的 MQ－25“甲板操作员”使用手持式控制装置完成了相关动作。此次试验主要检验了 MQ－25 与航空母舰各系统的兼容性与协调性，为该型无人机的后续调试工作打下良好基础，这次试验也是

MQ－25A在实战部署环节迈出的关键一步。MQ－25将成为美军正式部署并投入实战化运用的第一型舰载固定翼无人机，承担起美国“舰载无人空中加油系统”的重任，为美军现役的F/A－18E/F、EA－18G，以及F－35C等舰载机提供空中加油，这有助于提升舰载机作战半径，大幅增强美军航空母舰的威慑力和打击力。

美国海军开展“三叉戟勇士2021”大规模海上实验 12月21日，“三叉戟勇士2021”（TW21）涵盖了网络、信息作战、人工智能、机器学习、网络安全，以及指挥控制与通信、计算机、情报监视与侦察等领域，共对27项技术进行实验，主要包括：“防区外海上监测与响应协同自主系统”，可利用无人水面艇自主支持遥控水下机器人调查、处理、回收或消除水下物体；在研无人水面艇和系留水下机器人协同工作，发现与识别水雷；“无线套件B远程连接技术”系统，可使用软件加密实现移动地面系统与用户之间的有线及无线通信；建立临时“移动用户目标系统”网络，可在不使用卫星通信的情况下为地面部队之间提供类似手机的连接等。

美国成功演示多网络、多轨道高速机载卫星通信能力 12月21日，休斯公司、SES卫星公司和霍尼韦尔公司于12月21日宣布成功为军事客户演示了多网络、多轨道高速空中卫星通信能力，这是一项技术突破，将使政府和军事人员能够比以往任何时候都更加高效和安全地在空中进行通信。他们已经成功演示并交付了无人机和固定翼飞机自主卫星通信切换系统，该系统可显著提高通信韧性、吞吐量和安全性。此次演示使用了霍尼韦尔JetWave MCX宽带卫星通信解决方案。该方案使用了休斯公司的HM系列调制解调器，使得卫星终端与SES公司的中地球轨道（MEO）高通量、低延迟网络和多颗SES对地同步卫星配对。演示期间展示的能力对美国政府来说是革命性的，因为它们展示了下一代卫星网络如何高效支持数据密集型政府航空任务。

美国空军使用机器学习技术开发训练模型 12月22日，Visimo公司与科罗拉多州立大学合作，共同获得美国空军第2阶段小企业技术转移计划（STTR）合同，为美国空军研究实验室信息局提供训练数据生成运用等多种技术解决方案。Visimo公司联合团队将开发一个可在几分钟内建立合成注释图像数据集的生成器平台，以解决目前机器学习模型在缺乏专用/大规模数据集情况下的运行效率缓慢的难题。目前该团队正在设计一种“条件生成对抗网络”（CGAN），以使机器学习模型能够基于可测场景图像生成“无限量的原始背景信息”。在第1阶段工作中，联合团队完成了概念验证，成功实现了在15分钟内生成定制数据集的目标。根据第2阶段合同，联合团队将着重研究“条件生成对抗网络”创建的专用输出参数（如包含安全特征、生物变化特征参数）的扩展方法。

印度在安达曼和尼科巴群岛开展联合演习 12月23日，印度海、陆、空三军3000多名突击队员和特种兵正在安达曼和尼科巴群岛进行联合演习。这次多域演习是印军在拉达克的实际控制线，及查谟和克什米尔停火线进行类似演习数周后举行的，旨在验证联合作战能力。演习中，印度三军部队在空降部队的密切配合下进行了两栖登陆，运输机空投了轻型坦克、突击车及部分作战人员。从大陆调动的伞兵在安达曼和尼科巴司令部（印度国防军唯一的联合军种作战指挥部）的总体指挥和控制下，于现实战术环境中在安达曼岛进行空降，验证了沙特鲁吉特伞兵旅的快速反应能力。安达曼群岛对印度有重要战略意义，因为运送至印度的进出口货物大多数海道都经过此地。多年来，印度在安达曼群岛进行大量的基础设施建设，包括能够出动苏-30、“幻影”和“美洲虎”等前线战斗机的空军基地。有消息称，未来几周，印度在其他一些战略要地可能会进行类似演习。

2021 年作战实验领域重要政策

<table>
<tr><td>文件名称</td><td colspan="3">美国国防部作战实验指南 2.0 版本</td></tr>
<tr><td>发布时间</td><td>2021 年 10 月</td><td>发布机构</td><td>美国国防部研究与工程副部长办公室</td></tr>
<tr><td>内容概要</td><td colspan="3">该指南通过收集、整合行业内作战实验案例和方法，规范作战实验活动实施的流程并给出每个环节的最佳实践，为作战实验实施提供指导，以补充美国国防部、军事部门和国防机构有关作战实验的政策。该指南主要内容包括：
（1）介绍美国国防部大力推行实验的原因，以及国防部实验文化的变化；
（2）通过对比介绍作战实验、作战试验、原型设计、演示验证的概念内涵，阐述实验原理、实验标准、实验类型、实验方法；
（3）明确作战实验的 7 个流程：制订实验计划、规划实验内容、征集实验方案、选择实验方案、准备和实施实验、解析实验数据、应用实验结果。
指南还提出作战实验应生成支持特定决策的数据集，没有获得数据集项目是失败的。同时该指南提出通过开展作战实验，使用“试验 - 分析 - 改进 - 试验”（TAFT）方法快速学习，将帮助美国国防部识别和完善能力差距，探索创新技术解决方案，增强国防技术基础，扩大国防承包商范围，在虚实结合的作战环境中训练部队的作战能力，实现快速交付实战能力</td></tr>
</table>

<table>
<tr><td>文件名称</td><td colspan="3">美国国防部原型设计指南 3.0 版本</td></tr>
<tr><td>发布时间</td><td>2021 年 10 月</td><td>发布机构</td><td>美国国防部研究与工程副部长办公室</td></tr>
<tr><td>内容概要</td><td colspan="3">该指南通过收集行业内原型设计项目相关流程、方法和工具，固化原型设计步骤和方法建议，以补充美国国防部、军种、国防部门采办和原型设计相关政策，为具体原型项目提供最佳实践。该指南主要内容包括：
（1）介绍原型设计的核心、概念、类别、作用、目的等基础知识；
（2）描述原型设计的两类工具，高级建模与仿真、人工智能、机器学习、增强现实、混合现实、虚拟现实等虚拟原型工具，以及增材制造、计算机辅助设计、硬件在回路等物理原型工具；
（3）明确原型设计的 7 个步骤：明确原型设计项目军事能力差距、规划原型设计项目、征询原型设计项目方案、选择原型设计项目、管理原型设计项目、评估原型、过渡原型；
指南还梳理了实施原型设计项目其他具有法律约束力的协议类型，以及原型设计执行办公室清单。同时该指南提出原型设计项目潜在的资金来源，以支持项目跨越没有资金或资金不足产生的“死亡之谷”</td></tr>
</table>

<table>
<tr><td>文件名称</td><td colspan="3">英国兵力开发作战实验手册 2.0 版</td></tr>
<tr><td>发布时间</td><td>2021 年 1 月</td><td>发布机构</td><td>英国国防部</td></tr>
<tr><td>内容概要</td><td colspan="3">该手册旨在阐明英国国防部进行“国防实验”的方法，通过国防兵力开发委员会确定的优先事项，推动持续重复的实验研究，帮助实现军队效率最大化，为兵力开发提供支持。该手册主要内容包括：
（1）介绍了国防兵力开发的概念内涵，表明兵力开发包括概念开发、能力开发、作战开发 3 方面内容，明确兵力开发的 6 大特征，即威胁导向、概念驱动、技术使能、政策感知、资源协调、基于证据；
（2）阐述国防实验在兵力开发中的作用，提出国防兵力开发驱动因素以及实验的整体需求与作用，另外还包括国防实验和实验需求管理框架；
（3）概括国防实验实施路径以及国防实验如何管理、控制和协调等内容。
该手册是开展兵力设计过程中，实验管理、实验方法和运用的重要指南，主要用于为参与兵力开发和实验的技术人员、作战人员、采办等政府人员提供参考</td></tr>
</table>

2021 年作战实验领域重大项目

序号	项目名称	主管机构	项目基本情况	研究进展	军事影响
1	C5 评估与分析	美国联合参谋部	利用实际和复制的作战环境和网络进行能力开发，支持联合和联盟实验，并支持采办和系统使用决策。采用可部署的评估能力，支持从作战到最低战术级别的指挥和控制行动，实时收集和分析决策质量数据	2021 年，开展了“大胆探索 2021”联盟互操作性演示、“网络护卫”“网络旗帜”演习、反无人机试验、联合战术集成计划、联盟互操作性和确认验证计划、联合网络集成环境计划、联合全域指挥控制计划	提高联合作战人员的能力和互操作性
2	C5 能力发展	美国联合参谋部	领导指挥控制能力的开发和集成，以实现相互依赖的联合力量。主要通过 4 个重点领域来完成：能力开发、C4 架构、数据和服务，以及互操作性和集成	2021 年，领导北约发起的联盟战士互操作性探索、实验、检查、演习（CWIX）	使作战人员能够访问权威数据源，并提高数据互操作性

续表

序号	项目名称	主管机构	项目基本情况	研究进展	军事影响
3	联合能力实验	美国联合参谋部	联合工作人员必须建立一种适于分析和验证优先联合概念所需能力的实验能力。实验和推演的基础将通过初始作战能力扩展到全面作战能力	2021年，开发和进行了全球综合演习；开发了全球综合兵棋推演以及相关概念；开发和部署了IT架构；执行了联合兵力开发和设计集成和测试；实施了军事专业教育改革	提供严格的分析、资源感知和作战验证的组合投资策略，保证竞争优势
4	未来联合兵力开发	美国联合参谋部	该计划支持美国联合参谋部主席表达未来联合部队愿景的责任；在20年的范围内解决操作问题；确定联合兵力开发和设计的影响；确定缓解和解决未来联合作战缺口所需的能力	2021年，支持了执行全球综合战争演习。继续全球作战概念的开发，支持了在演习、兵棋推演和实验中对联合概念的评估	提高联合部队行动效率，引入、纳入新能力的作战和部署概念
5	实验部队	美国特种作战司令部	资金支持技术与基于作战的小型实验的集成，旨在刺激跨所有作战域的创新应用，满足特种作战部队特定的现代化需求	2021财年新增项目，进行了创新概念的开发，并进行了实验	发展特殊实验部队

续表

序号	项目名称	主管机构	项目基本情况	研究进展	军事影响
6	多任务武器化士兵－无人机系统（陆军）	美国国防部研究与工程副部长办公室	发展一种可飞行的手榴弹	2021 年第一季度，完成了载荷的整合。第二季度，进行了有效载荷的性能测试。第三季度，进行了先进能力评估和实验	该技术提供非致命态势感知和致命间接火力支持，以对抗掩蔽物或墙后的敌人
7	高能微波（HPM）电光电磁场传感器（空军）	美国国防部研究与工程副部长办公室	该项目测试各种国外电光电磁场传感器，用于国防部测试靶场，以加强定向能武器的研究、开发、测试和评估工作	2021 年第二季度，进行了传感器的实验室演示。第三季度，选择了传感器原型。第四季度，完成最终测试	高能微波测试、评估工作
8	国外比较试验原型开发的重点领域	美国国防部研究与工程副部长办公室	该项目将选择新的项目来评估盟国/伙伴国的技术，以解决正在出现的国防部能力差距，并为作战人员提供可观的成本、进度和/或性能效益。当项目被选择时，它们将被单独报告	2021 年，各军种和特种作战司令部提交了 58 份提案，要求提供 4885.1 万美元的资金，以支持新项目。最终选定了 17 个项目供资助	解决正在出现的国防部能力差距

续表

序号	项目名称	主管机构	项目基本情况	研究进展	军事影响
9	多域实验和演示场所	美国国防部研究与工程副部长办公室	此项目使联合项目办公室、军兵种和战斗指挥部的用户能够在相关环境中评估新兴技术。示范场所包括供小型及非传统商业使用的“雷暴”实验场；“利剑”海上技术平台；以及其他定制的多领域场地和特别演示	2021 财年新增项目。进行了创新加速演示、评估的能力，将包括可穿戴近场通信设备、热/红外伪装、无人驾驶的空中和地面车辆、虚拟现实应用的映射技术、红队网络安全系统等	通过探索军事用途和识别新兴技术的潜在风险，使新技术能够快速创新和运用
10	电磁谱优势重点领域	美国国防部研究与工程副部长办公室	该重点领域通过操作相关的原型开发活动，使先进的电子战和电磁频谱传感概念，以及执行联合任务的能力逐渐成熟。原型评估将发生在现实的场所，如“沉默之锤”实验计划	2021 财年新增项目	大幅提升电子战能力
11	确保全球指挥、控制和通信重点领域优势	美国国防部研究与工程副部长办公室	重点领域原型创新技术项目，该项目使新的联合服务指挥和控制概念实验成为可能。项目重点支持快速原型化和关键技术组件的转换，这些组件支持多功能系统，并提高了指挥、控制和通信体系结构的利用率和效率	2021 财年新增项目	提升全球指挥、控制和通信能力

续表

序号	项目名称	主管机构	项目基本情况	研究进展	军事影响
12	通过创新验证演习建立先进能力原型（PROACTIVE）	美国国防部研究与工程副部长办公室	通过将端到端原型集成到现有的大规模演示和演习中，能够快速适应和采用原型来满足任务需求。选定的原型将迅速整合到作战演示中	2021 财年新增项目，将原型整合到了“北方利刃”演习中，探索战术、技术和程序	提升创新原型、作战概念的实验、验证能力
13	沉默之锤（SH）	美国国防部研究与工程副部长办公室	此项目是一个多年、多机构、系列的现场实验活动。此项目通过大规模动态现场实验，探索和演示新的电子战和网络技术	2021 财年新增项目，进行了“沉默之锤2”的计划和准备工作，进行了电子战领域的实验工作	提升电子战和网络技术的实验能力
14	任务集成支持原型设计和实验时间敏感目标击败（TSTD）概念	美国国防部研究与工程副部长办公室	此项目集中于演示新功能，并为原型、实验和任务工程项目提供集成支持。这些活动将通过综合仿真和实验活动，评估和验证：创新感知；指挥与控制；加工、开发和传播；基于效果的联合任务能力	2021 财年新增项目，通过实施政府参考体系结构（GRA）标准提高了技术的严格性。确定了有希望的解决方案	改善联合作战概念的时间敏感目标杀伤链

续表

序号	项目名称	主管机构	项目基本情况	研究进展	军事影响
15	红队评审支持国防部现代化优先事项	美国国防部研究与工程副部长办公室	支持国防部现代化优先项目的红队评审，为在竞争环境中探索新的联合任务能力提供资金。工作包括：早期调查和红队评审；成熟的服务和国防机构确定原型；探索非常规方法来对抗当前国防部和敌方的技术	2021 财年新增项目，调查了与国防部现代化优先项目相关的技术对红蓝双方的影响。选择了一些潜在的项目	开发应对未来威胁的作战概念

2021年作战实验领域重大试验

序号	试验名称	消息时间	试验目标	试验方	实施过程
1	F135发动机海上垂直补给试验	2021年3月6日	旨在验证海上垂直补给概念	美国海军	美军事海运司令部的欧直AS332“超级美洲狮”直升机和美国海军陆战队的CH-53E“超级种马”直升机使用机腹吊索，将与F135发动机动力模块重量相当的模拟载荷，从“伯德”号送至“文森”号的飞行甲板
2	空基高超杀伤链测试	2021年5月6日	测试空射快速响应武器的完整杀伤链，并通过使用传感器试验数据共享与互联互通	美国印太司令部	B-52H轰炸机通过“全域作战能力-实验”系统，接收到1850千米外多个传感器发出的目标数据，随即模拟发射了一枚AGM-183A高超声速助推滑翔导弹，导弹击中约1100千米处的目标

续表

序号	试验名称	消息时间	试验目标	试验方	实施过程
3	美国陆军新指挥所综合基础设施测试	2021年6月17日	旨在缩小传统指挥所结构的规模，增强部队的机动性、远征性、生存力和杀伤力	美国陆军	美国陆军测试了新的指挥所综合基础设施，在29分钟内完成了指挥所综合基础设施的部署，45分钟内完成整个旅战术行动中心的部署，与传统指挥所结构3小时完成部署相比，速度快了3倍
4	“机动部队防护”自主反无人机系统试验	2021年6月8日	验证该系统应对未授权的无人机对军事设施和军事行动威胁的能力	DARPA	该系统首先利用新研发的X波段雷达自主感知与识别无人机系统威胁，然后通过与指控系统相连的自动化决策引擎将目标与特定的拦截机配对，在无操作人员干预的情况下，边移动边发射和引导旋转翼和固定翼拦截机来实施拦截
5	AH－1Z“蝰蛇”新型数字互操作性套件测试	2021年6月7日	测试Link－16和ANW2数据链的跨网络信息共享能力	美国海军	美国海军AH－1Z“蝰蛇”武装直升机首次在飞行中成功建立地面站与机载Link－16和先进网络宽带波形系统的双向连接，在测试中，飞行员成功与PRC－117G多频段联网单兵便携式无线电台和移动系统集成实验室建立了通信

续表

序号	试验名称	消息时间	试验目标	试验方	实施过程
6	一体化防空反导作战指挥系统研发试验	2021年7月15日	首次现场测试和演示了“联合跟踪管理能力”	美国陆军	试验中，发射了两枚巡航导弹靶弹（用无人机替代的），美国陆军使用一体化防空反导作战指挥系统探测跟踪来袭巡航导弹，识别威胁目标，并发射“爱国者”－3导弹成功进行拦截
7	导弹防御通信测试	2021年7月12日	利用“立方星”快速经济地展示拦截器、传感器和指挥控制系统之间的通信能力	美国导弹防御局	美国导弹防御局通过“发射器一号”火箭部署的两颗“立方星”已成功实现了与地面站通信，这两颗“立方星”用于保障首次试验，模拟两个亚轨道导弹拦截器，并测试它们之间的通信
8	美国陆军激光武器作战应用试验	2021年8月12日	该试验是陆军机动部队对激光武器的首次作战应用试验，并对50千瓦激光武器开展试验	美国陆军	美国陆军研制出一款具有极强战斗能力的高能激光武器样机，该新型武器成功进行了一次针对一系列可能的战斗场景的作战试验。试验中定向能机动近程防空激光样机采用了以士兵为中心的设计方法，士兵在几天内就能熟练操作该系统
9	“爱国者”－3系统拦截试验	2021年8月9日	在确认拦截弹可靠性满足需求的同时，验证了拦截弹探测、跟踪和拦截威胁目标的能力	洛克希德·马丁公司	试验中，一枚升级型“爱国者”－3 MSE拦截弹成功拦截了一枚战术弹道导弹靶标，此外，两枚“爱国者”－3 CRI拦截弹分别成功拦截了一枚战术弹道导弹靶标

续表

序号	试验名称	消息时间	试验目标	试验方	实施过程
10	虚拟有人－无人编队技术测试	2021年8月4日	基于有人－无人编队技术框架，为海军集成无人系统能力	波音公司	在虚拟任务场景中，E－2D预警机成功实现了同时为MQ－25无人机、F/A－18加油；并在执行情报、监视、侦察任务期间与MQ－25有效协同
11	“平台一号”快速软件部署试验	2021年9月29日	首次演示了如何通过安全的云环境为飞行级任务硬件提供模拟软件更新	美国空军	美国空军第76软件工程团队利用开放任务系统软件，修改了代码，通过加密互联网将软件传输到远方的诺斯罗普·格鲁曼公司团队，该团队执行模拟情报、监视和侦察任务后，将数据和结果传送回美国空军第76软件工程团队
12	地基中段防御系统二/三级可选助推器试验	2021年9月12日	证明地基中段防御系统可提升拦截近界	美国导弹防御局	试验中，地基拦截弹二/三级可选火箭助推器以二级模式进行首次飞行试验，即第三级火箭助推器并未点火，在二级助推模式下释放了“外大气层杀伤器”的实物模型
13	空中远程指控数据链的连接性测试	2021年9月8日	集成新型特定任务军事收发器、多级安全数据交换机和开放架构广域网	诺斯罗普·格鲁曼公司	测试将“希腊海神”高空、长航时研究飞机与“火鸟”无人机通过具有低截获概率/低检测概率特性的先进视距数据链路连接起来，执行模拟情、监、侦任务

续表

序号	试验名称	消息时间	试验目标	试验方	实施过程
14	2021年“网络现代化实验”	2021年9月6日	测试了有人－无人作战、先进网络通信相关技术	美国陆军网络研究团队	一是测试陆军“C5ISR/电子战模块化开放标准套件”原型；二是测试为机器人战车开发的网络覆盖图；三是在移动车辆上测试商用无线电台
15	无人艇海上导弹发射试验	2021年9月3日	旨在建立无人作战概念，在短时间内迅速组建“有人－无人混合幽灵舰队”	美国海军	试验中，美国海军“游骑兵”号无人测试艇试射“标准”－6型导弹，该艇搭载一种集装箱式四联装发射器，发射器外观尺寸与普通集装箱无异
16	“西风”太阳能无人机测试	2021年10月11日	验证“西风”如何用于未来作战	空客公司	“西风S”太阳能高空平台系统飞行活动总共包含6次飞行，4次低空飞行和2次平流层飞行。每次平流层飞行约18天，总计开展了超过36天的平流层飞行
17	无人机与巡飞弹海上协同能力测试	2021年10月18日	美英两国的超视距指挥与控制网络交互实验	美国航空环境公司	“美洲狮”3 AE无人机从美国海军舰艇上发射，士兵通过该无人机识别机动目标，随后将目标位置信息以数字方式传输至“弹簧刀”巡飞弹，巡飞弹从英国无人水面艇上发射，根据信息自动快速飞向目标，待目标进入其光学传感器视野范围后，巡飞弹操作人员确认目标并指挥实施打击

续表

序号	试验名称	消息时间	试验目标	试验方	实施过程
18	“郊狼”无人机击败无人蜂群测试	2021 年 10 月 13 日	验证无人机和雷达技术在反无人机系统作战中的运用	雷声公司	多型“郊狼”拦截无人机、KuRFS 雷达，以及军方防空指控系统协同工作击败了无人机蜂群威胁
19	APKWS 激光制导火箭弹反无人机测试	2021 年 10 月 12 日	验证以低成本攻击和摧毁无人机能力	BAE 系统公司	BAE 系统公司完成了 APKWS 激光制导火箭弹对抗 2 级无人机的测试，该弹在发射前无须锁定目标，而是依靠发射时启动半主动激光制导光学系统获取目标信息并锁定目标，可实现快速发射
20	美国空军“速龙”项目飞行测试	2021 年 11 月 3 日	验证使用机动飞机向防区外大规模投送弹药的有效性	美国空军	使用模块化“速龙”系统进行高空投放、从“速龙”系统中释放多种武器、分离 STV 和多个模拟弹药消除武器冲突
21	SPY－6 雷达组网协同测试	2021 年 11 月 4 日	为美国海军提供电磁机动作战能力，并支持其分布式作战概念	美国海军研究办公室	两个水面雷达模拟器通过分布式感知功能对目标进行协同探测，并生成完整的目标态势信息。多个基于组网协同雷达的传感器可以协同识别和跟踪威胁，并实时传递探测信息

续表

序号	试验名称	消息时间	试验目标	试验方	实施过程
22	“小精灵”无人机机载回收测试	2021年11月5日	验证无人机安全、有效和可靠的空中回收技术	DARPA	两架X－61“小精灵”飞行器成功验证了所有自主编队飞行位置和安全功能，其中一架“小精灵”被C－130飞机回收。在最后的实验中，团队重新装配被回收的飞行器，并在24小时内进行了第2次飞行

2021 年作战实验领域重大演习

序号	演习名称	时间	目标	参演力量	实施过程
1	“冬季暴怒”演习	2021 年 1 月 19 日至 2 月 19 日	该演习主要演练第 3 飞机联队运用其所有作战飞机对付“近对等敌手”的能力	美国海军陆战队第 3 飞机联队	此次演习中，第 3 飞机联队实施远距离打击，部署和支援部队，运送步兵，并向地面陆战队员提供后勤支援等演练，还将与海军紧密协作，实施远征前进基地作战，包括建立前沿装载和加油点

续表

序号	演习名称	时间	目标	参演力量	实施过程
2	“全球闪电2021”演习	2021 年 3 月 8 日至 12 日	测试了一系列多域太空能力；训练联合部队，评估创造条件下的战备情况，从而有效威慑各类威胁	100 多名太空司令部人员和总共 900 名参与者	2021 年的模拟冲突情境涉及 3 个作战司令部：美国太空司令部、美国战略司令部和美国欧洲司令部。在为期 5 天的演习中，美国太空司令部总部人员与美国战略司令部、美国欧洲司令部、盟国和合作伙伴集成并同步了互操作性工作
3	“光学风车联合计划 2021/坚定装甲 2021”演习	2021 年 3 月 8 日至 26 日	侧重程序性工作，借助概念开发和试验元素，在模拟环境中测试和评估伙伴关系、行动模式和新系统，同步训练战术层和最高战略层	来自 8 个国家的数十个军事单位	组织协调工作和大部分演习活动在荷兰弗雷德佩尔军营进行；盟军空军司令部位于德国拉姆斯坦；专家来自德国空军司令部总部、乌德姆联合空中作战中心、北约弹道导弹防御作战中心和地基防空反导能力中心，负责协调和同步盟国军队并解决冲突

续表

序号	演习名称	时间	目标	参演力量	实施过程
4	“网络探索2021”演习	2021年3月4日至16日	寻求在更真实的战术环境中测试新兴网络技术需求	美国陆军第4步兵师、第1装甲师、网络保护旅、第915网络战营以及旅参谋部	演习与“陆军远征战士实验”联合开展，测试的系统主要用于扩展即将投入使用的地面层系统，该系统是陆军第一个集成了电子战、信号情报和网络的平台
5	“先进海军技术”演习	2021年4月5日至14日	“对抗环境下的一体化海军”	美国海军信息战中心、海军水面作战中心克兰分部、海军作战发展司令部、海军陆战队作战实验室	共160名技术评估人员对指控、通信、机动、火力及效能、舰队支持以及信息环境中操作等6个能力领域的65项新技术进行了评估，验证相关技术是否可支持“分布式海上作战”和“远征前进基地作战”等作战概念

续表

序号	演习名称	时间	目标	参演力量	实施过程
6	“一体化无人作战问题21”演习	2021 年 4 月 19 日至 26 日	演习旨在“演练无人指控，凝练战术、技术和程序，使操作员获得作战环境下的海上无人系统使用经验”	多型无人系统，以及多型有人装备	本次演习的重点是评估“情、监、侦”、目标指示、导弹射击 3 个领域的有人 – 无人编组能力，以及水面、空中、水下系统或平台的有人 – 无人编组能力
7	“北方利刃 2021”演习	2021 年 5 月 3 日至 14 日	演习旨在进行高端和真实环境下的战斗机训练，开发并提高联合可互操作能力，提高参演部队的战备水平	共有来自美国空军、陆军、海军和海军陆战队的 15000 名人员、6 艘舰艇和 240 架飞机参演	联合全域指挥控制、远程超音速杀伤链集成、F – 15EX、空降以及电子战
8	“实验性演示网关”演习	2021 年 5 月 3 日至 14 日	重点关注高空和低空相关技术，高空主要针对 F – 35 战机和侦察机，低空主要针对直升机和无人机	“阿尔忒弥斯”侦察机、F – 35 战机、“黑鹰”直升机和小型无人机	围绕两个作战想定进行。第一个作战想定中，“阿尔忒弥斯”侦察机从高空侦察目标，F – 35 战机执行目标打击任务。第二种作战想定是空袭，采用“黑鹰”直升机和小型无人机遂行监视任务

续表

序号	演习名称	时间	目标	参演力量	实施过程
9	“机动卫士2021”演习	2021年5月15日至27日	旨在提供培训来发展力量，构建全频谱战备就绪状态，为在竞争、降级和作战受限的环境中进行战斗增加额外的复杂性	1500多名机动飞行员、美国空军第305空中机动联队	机动飞行员通过在基于现实世界安全挑战和未来冲突具有挑战性的、逼真的、详细的场景下进行试验，提高战备状态。此外，此次演习的特色是实验首个大规模集成前沿概念“空中机动司令部”，以提高作战能力
10	“海上演示/强大盾牌2021”防空反导演习	2021年5月15日至6月3日	展示盟军在实弹联合一体化防空反导环境中的互操作性	比利时、丹麦、法国、德国、意大利、荷兰、挪威、西班牙、英国和美国	演习由美国海军第6舰队领导，北约指挥结构和北约部队结构总部负责指挥和控制，通过使用北约指挥和控制报告结构，展示盟军在实弹联合一体化防空反导环境中的互操作性

续表

序号	演习名称	时间	目标	参演力量	实施过程
11	“夏季暴怒21”演习	2021 年 7 月 7 日至 30 日	提升美国陆战队飞机联队支持陆战队远征军海上作战的能力	美国海军陆战队第 3 飞机联队	演练了在空中投送并快速组成前沿装弹和加油点支援的情况下，对模拟敌军海上水面作战舰实施远程海上打击；验证了其 F/A－18C 和 F－35B 战斗机在分布式海上环境中打击敌军水面作战舰的能力
12	“护身军刀 2021”军演	2021 年 7 月 14 日至 31 日	旨在加强澳美部队在陆、海、空以及网络领域的互操作性	澳大利亚、美国、加拿大、日本、新西兰、韩国和英国	进行两栖登陆、地面部队演习、城市作战、空战、海上作战等演练
13	“大规模全球演习 2021”	2021 年 8 月 2 日至 27 日	旨在提高美军与盟国和合作伙伴的互操作性、互信性和互相理解能力	美国陆军、空军、海军和海军陆战队部队，以及英国武装部队、澳大利亚国防军和日本自卫队	美军与其全球合作伙伴在整个印太地区进行，主要演习内容为：野战训练、后勤支持活动、两栖登陆、空中和地面机动、空中作战、海上作战和特种作战活动

续表

序号	演习名称	时间	目标	参演力量	实施过程
14	“大规模演习2021”	2021 年 8 月 3 日至 17 日	改进海军多舰队海上协同作战能力，为联合部队提供支持	美国舰队司令部、美国太平洋舰队司令部和美国海军欧洲司令部	演练在一系列场景下评估和完善舰队实施“分布式海上作战”“远征前进基地作战”和“竞争环境下的沿海作战”等新作战概念，以及评估无人技术等各种作战领域的实验技术
15	“西方2021”战略演习	2021 年 9 月 10 日至 16 日	加强俄罗斯西部军区整体作战能力，及与合作伙伴的合作	20 万名军人、80 架飞机、760 余台（套）军事技术装备及 15 艘军舰	实兵演练于俄罗斯境内的 9 个靶场、波罗的海水域，以及白俄罗斯境内的 5 个靶场举行。演习中积极使用智能机器人，升级后的“平台”－M、“涅列赫塔河”和“天王星”－9 机器人战车参加了不同场景的演练

续表

序号	演习名称	时间	目标	参演力量	实施过程
16	“蓝旗2021”演习	2021年10月17日至28日	“拓宽和增强参演部队的作战能力”，重点是空对空和空对地攻击，以及规避地基防空系统和各种作战场景	以色列、德国、美国、意大利、英国、法国、印度和希腊8国空军超过1500人	通过使用战斗机、直升机、无人机系统、“爱国者”等，模拟拥有类似于真实威胁的移动武器的敌人，在训练场景中构成战略和战术挑战
17	反高超声速武器演习	2021年10月初	在外军尚未装备高超声速武器的前提下，提前进行高超声速武器防御演习	来自俄罗斯多个军区的防空导弹团	俄罗斯西部军区S-400防空导弹团抵达指定阵地后，迅速展开战斗状态对敌方飞机、弹道导弹、巡航导弹和高超声速导弹的模拟靶弹进行了实弹射击
18	“试验旗”联合演习	2021年10月26日	验证空军在不同战场之间的数据共享能力	美国空军3个独立的基地和10个不同机构	演习中，空军部队使用了一系列数据传输网络来远距离传输目标数据，创建各自的机载Link-16网络，将数据传输至地面链路，再在每个旗帜演习测试活动之间传输该信息

续表

序号	演习名称	时间	目标	参演力量	实施过程
19	“北极星21”演习	2021年11月18日至12月3日	围绕法国与伙伴国家之间的顶层行动开展，力求在多个冲突领域和环境中整合各种装备	法国海军、陆军和空军；美国海军；英国皇家海军	由以“夏尔·戴高乐”号核动力航空母舰为核心航空母舰打击群，对抗以“西北风”级两栖攻击舰“托内尔”号为核心的“强大敌方力量”。敌方将由空-地系统加强，形成一个“反介入/区域拒止”区域

美军及联盟国家作战实验机构推演工具和方法

一、海军研究生院兵推工具和方法

工具或方法	说明	用法
联合对抗研讨裁决工具(Joint Seminar Wargaming Adjudication Tool, JSWAT)	用于研讨会兵推环境的基于计算机的工具，其中包括规划环境以帮助创建同步矩阵以及用于裁定机动、后勤、作战和情报收集	美国海军研究生院根据谅解备忘录将 JSWAT 部署在实验室中
地图感知非均匀自动机(Map Aware Non – Uniform Automata, MANA)	MANA 是基于代理的模型，它支持在最短的设置时间内探索各种问题	这种基于代理的建模仿真工具对于高级概念开发的早期阶段的探索性分析非常有用
基于互联网的大型多人在线兵棋推演(Massive Multi-player Online Wargame Leveraging the Internet)	在线集思广益的平台，用于以严格的格式进行讨论。用户可以玩 140 个字符“理想卡”，然后其他用户可以做出回应。平台包括博客和其他将兵棋推演更新推送给参与者的方法	用于海军作战兵推支援

二、海军海战中心兵推工具和方法

工具或方法	说明	用法
矩阵推演（Matrix games）	构造多个团队之间的推演玩法的方法，使用户可权衡其他团队的行动可能产生的结果	用作研讨会式推演的替代品，尤其是当推演新兴主题与需要有限专业知识的内容时，为裁决提供信息
叙事推演（Narrative games）	举办研讨会的方法旨在开发创新概念的风格推演	用于作战设计、裁决和数据收集
虚拟世界（Virtual worlds）	基于开源软件 OpenSimulator 的政府现货供应（GOTS）虚拟现实工具	用于海军训练和兵推支援中的分析、数据收集和可视化

三、海军作战学院兵推工具和方法

工具或方法	说明	用法
ACH	基于所有可用证据的系统分析过程，可系统地枚举和评估一组完整的假设	用于演绎、假设驱动的推演中的海军兵推赛后分析
ATLAS. ti	工具集可以灵活、系统地从大量数据中管理、提取、比较、探索和重组有意义的片段	海军作战学院基础理论和其他定性分析的主要工具
可配置推演空间（Configurable gaming space）	大型可配置推演空间	用作各种兵棋推演的场所

续表

工具或方法	说明	用法
FacilitatePro	软件可提供概念集成，拥有进行优先级排序、评估、调查和行动计划工具，以帮助提升创造力和解决复杂问题	用于定性分析中的内部编码
谷歌地球（Google Earth）	虚拟地球仪和地图工具，支持查看卫星图像、地图和地形	用于增强用户的沉浸感和态势感知
Google 云端硬盘和 Google 协作平台（Google Drive and Google Sites）	支持创建作为存储、组织、共享和访问信息的安全场所的网站	用于兵棋推演中的信息共享和知识管理
JSAF	计算机生成系统，提供陆军、空军和海军的实体级仿真	用于兵棋推演的裁决、可视化和计划
海军作战学院 Web 应用程序（Naval War College web applications）	用于自定义构建的应用程序图形用户界面和模块，以支持推演执行和数据收集任务	用于海军兵推支援
电子表格工具（Spreadsheet tools）	Excel 电子表格和宏	用于兵推数据分析

四、海军情报办公室兵推工具和方法

工具或方法	说明	用法
SimBAT	海军情报办公室内部程序，可同时满足培训和分析目标	通过为初级分析师提供多维的“全感官”培训模型，使初级分析师熟悉参谋规划过程和战略决策，从而用于初级分析师培训

五、陆军司令部参谋学院兵推工具和方法

工具或方法	说明	用法
定制 PC 推演（Custom PC games）	在诸如第一次世界大战这样的冲突中建立战术决策模型的计算机工具	用于说明教室环境中一系列相对特定的军事选择，而不是提供详细的或历史上准确的分析
推演参考库（Gaming reference library）	商业棋盘推演和推演设计书籍库，以供参考	在创建其他推演时用作参考和灵感

六、陆军作战学院兵推工具和方法

工具或方法	说明	用法
应用批判性思维手册（以前称为“红色团队合作手册”）（The Applied Critical Thinking Handbook（Formerly the Red Teaming Handbook））	构造小组方法手册，旨在减少偏见、减轻小组思考和鼓励批判性思维	用于分析框架问题、生成方法和评估潜在方法
矩阵推演（Matrix games）	一种在多个团队之间构建推演的方法，使用户能够权衡其他团队行动的可能结果	用作研讨会式推演的替代品，尤其是当推演新兴的主题与需要有限的专业知识的内容时，为裁决提供信息
研讨会（Seminar）	利用主题专业知识，针对特定场景或问题集进行构造讨论	用于探索特定场景的战略和作战影响，以及在作战/战略级别探索新的思想、概念和/或无形资产

七、陆军分析中心兵推工具和方法

工具或方法	说明	用法
谷歌地球（Google Earth）	虚拟地球仪和地图工具以查看卫星图像、地图和地形	可以集成到兵推中心通用作战图（COP）中供用户使用，在演示过程中可用作视觉辅助、用作推演板或其他视觉辅助，可打印的高分辨率卫星图像
联合兵推分析模型（Joint Wargame Analysis Model，JWAM）	美国陆军分析中心开发了十年的人工、计算机辅助、循序渐进、人在环路中的实兵对抗仿真方法	用于评估和比较行动方案，以支持各作战司令部作战计划和国防规划方案开发
电子表格工具（Spreadsheet tools）	Excel 电子表格和宏	数据采集和分析

八、陆军研究与分析中心兵推工具和方法

工具或方法	说明	用法
研讨会/主题专家圆桌会议（Workshop/SME roundtable）	关于系统应用程序、作战概念等的构造讨论，由技术或对手主题专家提供专业知识，以告知和挑战应用程序和作战概念	通常用作更正式 MAPEX 的基础。提供论坛，以更好地描述研究中要解决的问题、这些问题存在的条件以及潜在解决方案的属性
MAPEX（map exercise）	作为军事决策过程的一部分，部队的计划或机动计划、同步矩阵的开发和/或行动方案开发	用于探索特定场景的战术影响。美国陆军条令与训练司令部分析中心在场景想定开发和研究期间广泛使用 MAPEX

续表

工具或方法	说明	用法
研讨会（Seminar）	利用主题专业知识，针对特定场景想定或问题集进行的构造讨论	用于探索特定场景的战略和作战影响，以及在作战/战略级别探索新的想法、概念和/或无形资产（在美国陆军条令与训练司令部分析中心中很少使用）
桌游－SSR：棉兰老岛（Boardgame－SSR：Mindanao）	一个合作的、多面性的领导棋盘推演	用于告知学生和参谋与第 0 阶段和第 1 阶段作战相关的复杂性，并用于实践陆军条令中概述的领导力属性和能力
棋盘推演－商业（Board game－commercial）	与 MAPEX 相似，但使用不同的介质	用于教育和职业发展，通过研究历史战役、教材或教义的实际应用
仿真支持的通用评估仿真工具（Simulation－supported VAST）	使用智能板技术的基于 PC 的软件工具。基于回合的模型（Turn－based model）	用作 MAPEX 的可视化和裁决支持工具。数字记录单元的运动和单元状态
计算机生成兵力系统（One Semi－Automated Forces，OneSAF）	交互式、基于回合、人在环的构造、随机、模拟仿真	主要用于裁决、可视化和数据收集（目前比美国陆军条令与训练司令部分析中心的其他方法使用频率更低）

九、外国军事与文化研究大学兵推工具和方法

工具或方法	说明	用法
应用批判性思维手册（The Applied Critical Thinking Handbook）	构造小组方法手册旨在减少偏见、减轻小组思考和鼓励批判性思维	用于解决框架问题、生成方法和评估潜在方法

十、空军装备司令部兵推工具和方法

工具或方法	说明	用法
美国空军研究实验室 FAST 推演（AFRL FAST games）	根据 10 个场景想定目标集裁决未来技术概念	FAST 推演结果可用于其他美国空军装备司令部兵棋推演裁决
卡弗雷三角（Caffrey Triangle）	在推演中考虑红队目的的框架	用于协助讨论适合于兵棋推演的对手类型
电子表格工具（Spreadsheet tools）	Excel 电子表格和宏	用于协助计划、裁定和分析

十一、空军研究实验室兵推工具和方法

工具或方法	说明	用法
未来分析科学与技术（Future Analytical Science and Technology，FAST）	根据一系列推演场景想定，使用户能够在开发的概念验证阶段利用广泛的技术，更好地了解技术对战场的潜在影响	完善概念：测试新技术如何解决战术和作战问题（特别是定性输出）。FAST 支持快速审查可行技术，然后再进行认真的可行性研究和更广泛的认可
黑豹推演人工智能引擎（Panther Games Artificial Intelligence Engine）	商业开发的人工智能引擎，用于指挥控制仿真	
统一交战技术支持（Unified Engagement Technical Support）	美国空军研究实验室为 Title 10 统一交战推演提供了代表新兴技术和能力的支持。这些工具主要是 Excel 宏	裁决和赛后分析

十二、成本评估和计划评估办公室成本评估与项目评估兵推工具和方法

工具或方法	说明	用法
改进商业棋盘推演（Modified Commercial Board Games）	用于教育或分析目的的商业推演	用于从反叛乱到常规冲突的各种兵棋推演主题
标准兵棋集成简化工具包	一个用于获取推演玩法、裁决、数据分析和构建通用作战图的平台	用于双边和多边战争、后勤、人员恢复、网络作战以及探索与俄罗斯未来冲突
电子表格工具（Spreadsheet tools）	基于Excel的工具，在推演期间在后台运行	用于裁决

十三、J-8研究、分析和推演部门兵推工具和方法

工具或方法	说明	用法
卡弗雷三角（Caffrey Triangle）	在推演中考虑红队目的的框架	与兵棋推演赞助商讨论如何在推演中对付对手时使用
决策镜头（Decision Lens）	一种端到端的软件解决方案，用于确定、优先次序、分析和衡量哪些投资、项目或资源将带来最高回报；并支持组织立即查看他们做出选择的影响和权衡	用于通过促进协作来降低风险并改善结果。它使利益相关者可以通过基于场景的计划更轻松地讨论关键问题的权衡和决策

续表

工具或方法	说明	用法
ThinkTank	集体决策支持软件，用于集思广益、创新、决策和虚拟互动会议	帮助推演参与者进行更好、更丰富的讨论。团队可以匿名地进行捐献，然后集体审查所有可能性。最后，团队可以评估其输入结果并确定其优先级

十四、应用战略学习中心兵推工具和方法

工具或方法	说明	用法
棋牌推演（Board and Card Games）	旨在引入威慑与合作等抽象概念的推演。更复杂的推演已被用于交流战略和作战概念	应用战略学习中心将基于反叛乱的棋盘推演用于教育目的
国家安全政策分析论坛研讨式推演（National Security Policy Analysis Forum Seminar Game）	单室三步研讨式推演（Single - cell，three - move seminar game）。在每一步中，都会提出一个场景想定，并为参与者提供一系列讨论问题列表。步之间没有裁决	用于机构间推演或其他领域的信息共享和建立关系，将被用于将来解决问题很重要的领域
专业辅导培训（Professional facilitation training）	专为与客户合作的顾问设计的简化培训，以完成战略规划过程	用于兵棋推演设计者和协助者的正式辅导培训

十五、美国特种作战司令部兵推工具和方法

工具或方法	说明	用法
推演礼堂（Gaming auditorium）	大型礼堂式推演设施，由大礼堂式座位环绕的大地图组成。由广泛的影音设备支持，可进行演示和视频电话会议连接	用于高级领导者研讨会和地图演练风格的推演
软系统方法论（Soft systems methodology，SSM）	当对问题的定义有相互冲突的观点时，通常用于企业中的查询、学习和分析方法	提供一种结构化的方法，使主题专家聚集在一起，系统地思考一系列问题，该方法可以是提供一个可以确定的一系列的解释、并明确其假设以检查各种权衡的场所
主动优势（Active Advantage）	软件工具可用于可视化的大型和复杂数据集，可以转换为大型兵棋推演中心地图	用作可视化计划工作区，以计划器产品流式处理（stream planner products），为情节提供必要的可视化
应用批判性思维手册（The Applied Critical hinking Handbook）	构造小组方法手册旨在减少偏见、减轻小组思考和鼓励批判性思维	用于框架问题、生成方法和评估潜在方法
ArcGIS	应用程序提供了一套独特的功能，可以将基于位置的分析应用于业务实践。它可以使用上下文工具来分析，并使数据可视化，同时提供协作和共享功能，从而获得更深刻的见解	通过让分析人员快速查看发生的事情以及信息是如何相互联系的，从而加深理解

续表

工具或方法	说明	用法
设计思维（Design thinking）	以人为本的方法论，专注于对问题创造同理心，并产生面向创新的原型解决方案	用作推演设计的方法。支持主持人制定技术和过程，以获取新颖和有用的想法
系统思维（Systems thinking）	系统“分析影响一种情况的各种因素之间的相互作用，了解影响我们干预改变局势能力的影响周期”	用于将复杂的问题分解为可管理的视觉效果，以了解参与者如何相互作用、系统中的优点和缺点，以及一个因素对另一个因素的影响

十六、海军分析中心兵推工具和方法

工具或方法	说明	用法
棋牌推演（Board and card games）	推演旨在引入威慑与合作等抽象概念	用于各种兵棋推演设计目的
可配置的物理推演空间（Configurable physical gaming space）	大型可配置推演空间。理想情况下，可以将空间细分为不同大小的空间，拥有可以轻松移动的家具，并支持自定义 AV 和 IT 配置	用于各种推演，包括计算机辅助推演、手动棋盘推演以及矩阵和研讨会风格的推演
鱼叉（Harpoon）	一种可供 2～8 名用户使用的推演，涵盖海上作战的各个方面，包括水面、水下和空中交战	与其他文档结合使用，以获取最新的武器和平台等级，可以对场景进行相对现实的评估
联合兵推分析模型	在美国陆军分析中心上开发了十年的人工、计算机辅助、循序渐进、人在环、实兵对抗的仿真方法	用于评估和比较行动方案以支持各作战司令部作战计划，以及用于国防计划场景开发

续表

工具或方法	说明	用法
矩阵推演（Matrix games）	一种在多个团队之间构造推演的方法，使用户能够权衡其他团队行动的可能结果	主要用于裁决、可视化和数据收集（在美国陆军条令与训练司令部分析中心不经常使用）
运筹学与搜索筛选方法（Methods of Operations Research and Search and Screening）	提供基本的OR方法和各种军事应用的通用教科书	用于兵棋推演的研究和设计，并提供用于衡量某些战术有效性的方法
标准兵棋集成简化工具包（Standard Wargame Integration Facilitation Toolkit，SWIFT）	一个用于获取推演玩法、裁决、数据分析和构建通用作战图的平台	用于双边和多边兵棋推演、后勤、人员恢复、网络作战以及探索与俄罗斯的未来冲突

十七、兰德公司兵推工具和方法

工具或方法	说明	用法
拒止环境下的作战行动（Combat Operations in Denied Environments）	这套由4个模型组成的套件，详细列出了可识别的各种基础姿势和场景的作战保障需求、战备物资的最佳位置、国防资源的投资，以及其对空军在拒止环境中作战行动能力的影响	用于为美国空军确定各种基础战略所需的资源提供决策支持
日后方法论（Day after methodology）	一系列多阶段的案例研究演练，旨在使专家和决策者集中于特定政策困境的具体问题	目前用于美国国土安全部的关键基础设施和灾难场景，以及地方和州政府的公共卫生紧急事件，并正在探索新技术的实用性

续表

工具或方法	说明	用法
矩阵推演（Matrix games）	一种在多个团队之间构造推演的方法，使用户能够权衡其他团队行动的可能结果	研讨会式推演构造变体，在博弈新兴领域且专业知识有限的主题时，尤其有用
兰德公司实兵演练框架（RAND Framework for Live Exercises，RFLEX）	基于十六进制推演的“实战兵棋推演”方法，通常由蓝队和红队组成（但并非总是如此），并且通常围绕一个具有典型透明裁决过程的公共地图工作	用于揭示决策点、广泛的策略以及参与者如何思考和处理意外结果。通常用于检查作战级别的问题，例如与近邻和地区大国的冲突
结构化分析技术（Structured Analytic Techniques，SATs）	用来改善情报分析的技术	用于支持美国海军陆战队的情报和兵推

十八、英国国防部国防科学技术实验室兵推工具和方法

工具或方法	说明	用法
近距离交战环境（Close Action Environment，CAEn）	一种多方面、计算机化的兵棋推演和仿真工具，可以模拟从单兵或平台到连级的全武器（all - arms）近距离作战。CAEn 可以在各种天气和光照条件下对高度详细的农村和城市地形进行建模。CAEn 主要用于调查演习方案、能力和部队结构的变化对部队完成任务能力的影响	CAEn 最常以人在回路的封闭式兵棋推演的形式运行，而指挥官仅知道其部队已经侦查到的情况

续表

工具或方法	说明	用法
可配置的物理推演空间（Configurable Physical Gaming Space）	大型可配置推演空间	用作各种推演场所，包括计算机辅助、手动棋盘推演，以及矩阵式和研讨会式推演
困境分析（也称为构象分析）（Dilemma Analysis（also called Conformation Analysis））	通过收集有关优先级的信息、参与者关于其偏好的声明、未解决争端的潜在结果以及参与者之间存在不信任感的信息来构造多方冲突（包括谈判和更活跃的冲突）的一种软件方法	目前正在尝试塑造推演设计
矩阵推演（Matrix Games）	一种在多个团队之间构造推演的方法，使用户能够权衡其他团队行动的可能结果	用作研讨会式推演的替代品，尤其是当推演中新兴主题的专业知识有限时，无法为裁决提供信息
MaGCK 矩阵推演构建套件（MaGCK Matrix Game Construction Kit）	由英国国防科学技术实验室共同开发的市售矩阵推演设计套件	用于创建矩阵推演
和平支援行动模型（Peace Support Operations Model，PSOM）	一种计算机辅助的兵棋推演，设计用于在一种稳定的想定中表现所有平民和军事活动。兵棋推演提供了一种在更广泛的跨政府反应背景下分析稳定问题空间的方法	决策支持工具，用于检查与稳定、反叛乱和非正规作战行动有关的问题
快速战役分析工具集（Rapid Campaign Analysis Toolset，RCAT）	用于支持兵棋推演的手动仿真。RCAT 可以满足一系列需求，从促进主题研讨会上的见解到利用量身定制的复杂性对战役进行兵推分析。该工具集由一组基线机制、规则，以及某些主题（如网络战）中的一些扩展和增强机制组成	多种用途，包括用于部队结构、部队发展和训练

续表

工具或方法	说明	用法
研讨式推演（Seminar Games）	使专家之间能够进行开放式的、基于论据的讨论，以得出观点和判断。用户沉浸在情景中，要求做出决定，然后面对那些决定的后果。裁决可以是半刚性的，但倾向于自由裁决。研讨式推演通常以小组形式进行，由此得名	
技术决策支持兵棋推演（Technical Decision Support Wargame）	基于纸牌的推演，用于通过构造技术包的选择来确定未来的能力，以形成能力并探索在不同的情景下使用的能力	主要用于推演设计、通用作战图和裁决
兵棋基础设施和仿真环境：编队兵棋（Wargame Infrastructure and Simulation Environment：Formation Wargame）	基于计算机的人在回路兵棋推演，并针对战斗群到师级的战术行动构造仿真，包括空中和海上支援。这是一场完全封闭的兵棋推演，指挥官们只知道他们的部队向他们报告的情况	测试机动方案、能力和部队结构变化对部队完成任务能力的影响

十九、加拿大作战研究和分析中心兵推工具和方法

工具或方法	说明	用法
矩阵推演（Matrix Games）	一种在多个团队之间构造的推演方法，使用户能够权衡其他团队行动的可能结果	用作研讨会风格推演的替代品，尤其是在推演中出现新兴主题、计划场景想定和政策问题时

续表

工具或方法	说明	用法
研讨会（Seminar）	利用主题专业知识，针对特定场景想定或问题集进行构造讨论	用于探索特定场景的战略、作战或政策影响，以及在作战/战略层面探索新想法、概念和/或无形资产

二十、澳大利亚国防科学技术兵推工具和方法

工具或方法	说明	用法
动态形态探索（DME）树（Dynamic Morphological Exploration（DME）Tree）	澳大利亚国防科技集团开发的用于通用形态分析（General Morphological Analysis，GMA）的附加方法，通过形态空间创建最佳搜索路径的树形映射	用于检查战车的变化
联合对抗研讨裁决工具（JSWAT）2	用于研讨会兵推环境的基于计算机的工具，其中包括规划环境以帮助创建同步矩阵，以及用于裁定机动、后勤、作战和情报收集的模拟仿真	用于探索澳大利亚陆军实验框架，“空中力量”
Zing 便携式团队会议系统（Zing Portable Team Meeting System）	专为实时协作而设计的软件和硬件程序包，用户可以匿名提出评论，这样就不会知道评论是谁发表的	在兵棋推演中使用，以支持成员平等贡献

典型兵棋推演工具

先进作战仿真（Advanced Warfighting Simulation，AWARS）

概述

机构：美国陆军条令与训练司令部分析中心。

描述：一个典型的闭环（无人交互）、确定性（期望值）的部队级仿真，代表地面和两栖作战，分辨率低至排级。

政府赞助：美国陆军。

开发人员：美国陆军条令与训练司令部分析中心。

信息

重点：地面和水陆战的建模仿真。

业务级别：从排到联合特遣部队。

目的：一种分析工具，用于为有关概念开发、采办、部队设计方式、部队组合方式及战术、技术和程序开发的决策提供信息。先进作战仿真（AWARS）使分析人员能够了解能力或概念如何促进军事行动。

部队：地面和两栖；代表联合资产。

当前用途：陆军采办决策支持和条令制定。先进作战仿真用于比较备选行动方案、特定系统/系统属性和/或概念的比较分析，以及分析备选方案相对于基线如何对军事行动产生影响。先进作战仿真不用于预测分析。

局限性：美国陆军条令与训练司令部分析中心使用来自陆军装备系统分析活动的认证性能数据。作战数据来自各作战司令部、联合军种和美国陆军训练和条令司令部中的主题专家。

要求

设施：先进作战仿真“作战实验室”。

设备：多台计算机。

人员：美国陆军条令与训练司令部分析中心的20位专门的先进作战仿真（AWARS）编码员。

所需培训：重要；专门的推演团队使用先进作战仿真。

要点

常用于旅级、师级和军级分析。

传统上由利文沃思堡美国陆军条令与训练司令部分析中心用于作战级别的兵棋推演和分析。

美国陆军条令与训练司令部分析中心拥有20位致力于先进作战仿真（AWARS）的编码员和一个“作战实验室”。

雅典娜（Athena）

概述

机构：美国陆军训练和条令司令部（G2）。

说明：社会文化环境的计算机仿真。

开发人员：美国国家航空航天局喷气推进实验室。

信息

关键词：反恐、经济、机构间、政策和稳定。

作战级别：作战和策略。从理论上讲，由于是可扩展的系统，雅典娜的性能可能会降低，使交互元素的数量变得笨拙，并且很难找到可靠的数据来填充模型。

目的：裁决、分析和培训。

部队：任何部队，但对人口的关注使其与地面部队特别相关。

当前用途：美国特种作战司令部和中央司令部分析和智能推演支持。

局限性：模型的逼真度受输入数据可用性的限制。

要求

设施：无。

设备：标准计算机（不需要服务器）。

人员：G2 可能能够提供支持；需要主题专家，以及运行模型的团队。要求熟悉社会文化数据的人员。

所需的培训：学习解释模型的运行方式通常需要几个星期。系统需要时间来学习和掌握，这将导致建模速度变慢。可以使用 Python 完成新功能的构建。

要点

模型是政府拥有的软件，具有陆军网络指挥能力证书，包括秘密互联协议路由网（SIPRNet）批准——代码可在 GitHub 上获得，由约翰·霍普金斯大学应用物理实验室（JHU－APL）编译。

政治、军事、经济、社会、信息、基础设施、物理环境和时间（PMESII－PT）变量是影响外交、信息、军事、经济、金融、情报和执法的政策杠杆。

目前，由两个经验丰富的建模师组成的团队大约需要两周的时间来填充模型，并提交主题专家进行审核。数据需求包括参与者、团体、国际组织、非政府组织、邻里和信仰体系的需求。

雅典娜是一种确定性计算机生成的均衡类型模型，专注于不同研究人群和地理区域的信仰、参与者之间的关系以及大众情绪。

经常在虚拟国家进行培训的工具。

棋牌推演（Board and Card Games）

概述

机构：应用战略学习中心，美国陆军指挥参谋学院，美国海军分析中心，美国海军水下作战中心，兰德公司。

描述：几个中心开发了棋牌推演，旨在引入威慑与合作等抽象概念。更复杂的推演已用于传达战略和作战概念。

政府赞助商：美国国防大学组成的学院，兰德公司中东公共政策中心，美国陆军条令与训练司令部分析中心。

开发人员：应用战略学习中心，美国海军分析中心，兰德公司。

信息

重点：任何。

作战级别：作战和策略。

目的：设计。

部队：任何。

当前用途：美国国防大学在反叛乱上使用棋牌推演，兰德公司在教育方面使用“伊斯兰国”和黎凡特地区（ISIL）推演，而美国陆军条令与训练司令部分析中心在非常规战争中使用。美国陆军指挥参谋学院使用推演指导联合目标。美国海军水下作战中心使用舰队作战学校（Fleet Battle School）考察高战术/低作战水平海上作战的各个方面，美国海军水下作战中心和海底作战发展中心使用低分辨率战术模拟器（Low Resolution Tactical Simulator）（潜艇作战）进行战术和概念开发的实验。

局限性：对复杂性的有限容忍度使这些工具更适合于讲授抽象模式，而不是深入研究特定案例。

要求

设施：带桌子的单人间。

设备：板卡生产；理想情况下，使用绘图仪打印机和三维打印机。

人员：接触过这类推演的设计师；理想情况下，具有过去作为设计师的经验。

所需培训：无。

要点

一个中心提到的一个好的经验法则是，“严肃的”棋盘推演需要比大多数商业推演更“简单”的“数量级”，以适应缺乏时间和专业知识的需求。

一小撮专家负责特定推演的玩法，可以带领一组讨论“他们想做什么”的用户，而经验丰富的用户可以在推演中快速执行代表性动作，从而产生整个团队可以反馈的信息，以回到下一轮审议。

近距离交战环境（Close Action Environment，CAEn）

概述

机构：英国国防科学技术实验室。

说明：基于城市的作战环境的计算机模型，可用于对推演环境进行编程，玩互动推演，然后对结果进行随机分析。当需要战术参与的详细数据和基于物理的数据时，最好使用此方法。

政府赞助商：英国国防科学技术实验室。

开发人员：英国国防科学技术实验室。

信息

重点：城市。

作战级别：战术。

目的：可视化、裁定和分析。

部队：地面。

当前用途：城市战术参与的人在回路推演。

局限性：低质量的图形使其最适合用作分析工具而非教育工具。该工具需要花费大量时间才能使用，无法应对较大规模的实验环境。

要求

设施：最少。

设备：运行速度取决于可用的处理器。

人员：要求受过训练的人员进行设置和监督。

所需培训：目前没有培训计划。

要点

近距离交战环境是一种多方面的计算机化兵棋推演，可以模拟从单个士兵、平台到连或师级的全武器近距离战斗。近距离交战环境可以在各种天气和光照条件下对高度详细的农村和城市地形进行建模。

近距离交战环境最常作为人在回路中的封闭式兵棋推演来运行，指挥官仅知道其部队已经侦察到的情况。输出是定性的（如数据支持的见解）

和定量的（如参与度分析）。

近距离交战环境主要用于调查机动计划、能力和部队结构对连队及以下部队完成任务的能力的影响。

拒止环境下的作战行动（Combat Operations in Denied Environments）

概述

机构：兰德公司。

描述：一套包含4个模型的模型，详细列表出各种基础态势和场景的作战保障需求、战备物资的最佳位置，以及对国防资源的投资及其对空军在拒止环境下作战能力的影响。

政府赞助：美国空军。

发展商：兰德公司。

信息

重点：各种基础策略之间的建模仿真权衡。

作战级别：战区和战略。

目的：部队计划。这些模型的汇总确定了战斗场景中给定的基础态势所需的人力和设备要求；为快速部署而存储和维护保障资源的最佳位置；在模拟导弹攻击下，各种基础设施投资、防御方案、恢复能力和作战概念的表现如何；最有效率地提高出港次数。总体而言，它使决策者能够在不同的基础策略和资源投资之间进行权衡取舍。

力量：美国空军。

当前用途：为空军确定各种基础战略所需资源提供决策支持。

局限性：可能需要访问受限制的数据库，这些数据库被用作某些模型的输入。许多模型因素仅限于空军环境。扩大其中一些因素，如燃料、电力、物资交付和弹药，将需要联合投入，因为它们经常涉及军种间协调。

要求

设施：最少。

设备：能够运行 Excel 的计算机，通用代数建模系统和 Java 应用程序。

人员：单个人可用。

所需的培训：可通过相对简单的用户图形界面和配置文件访问模型，并且需要的培训最少。

指挥官：现代海军作战（Command：Modern Air Naval Operations）

概述

机构：公开发布。

说明：拥有越来越专业血统的商业计算机推演涉及到单用户“沙盒”，以实时方式创建和遍历海上战争场景，速度约为真实速度的 10 倍。Windows PC 软件应用程序，具有广泛的舰船、潜艇、飞机、航天器以及相关地面设施和防御设施的开源数据库。场景可以从大量的预构建平台和安装库中快速创建、改性和重新运行库。

政府赞助者：不适用；商用现货产品。

开发人员：WarfareSims. com。

信息

重点：无。

作战水平：从战术到低水平作战。

目的：机动探索和可视化方案。

部队：美国海军、空军和太空军；有限的地面（静态安装和防御）。

当前用途：独立的探索性分析工具，可了解跨平台的广泛协同功能以及相关功能/局限性。在时间/空间/力维度上将一组“机动方案”可视化。

局限性：目前只支持一个用户与“计划对手”计划对战。一方遵循设定的计划，而分析场景的分析师可以动态地参与另一方。

可以提供具有附加功能的专业版，但要支付大量费用。

要求

设施：适用于任何办公环境。

设备：具有中等图形功能的 Windows PC。

人员：无；独立软件应用程序。

所需的培训：逐渐熟悉推演需要大约两周的专用“坚持时间”来玩推演。它与商业计算机兵棋推演一样复杂。WarfareSims 可以提供培训来加快此进度，但该服务为有偿服务。

决定性行动（Decisive Action）

概述

机构：美国陆军指挥参谋学院。

描述：基于计算机的工具建模现代师级和团级的战斗和决策。

政府赞助：美国陆军指挥参谋学院。

开发人员：决定点公司（Decisive Point LLC）。

信息

重点：决策和员工锻炼。

作战级别：战术。

目的：教育。

部队：地面。

当前用途：美国陆军指挥参谋学院的教室支持。

局限性：旨在说明各种针对陆战的高强度冲突局势。

要求

设施：最少。

设备：手提电脑。

人员：很少。

所需培训：操作员培训为4小时。

体系元卡生成器资源（Enterprise Metacard Builder Resource）

概述

机构：美国国防部建模与仿真协调办公室。

描述：基于可扩展标记语言元数据的知识管理系统；重点关注美国国防部建模与仿真协调办公室的人员、资源和组织，但是表格是可定制的。该工具可以单独使用，也可以与建模仿真目录交互。可用于创建、修改和发布用于企业发现的记录。可能启用了通用访问卡。表单是可定制的，信息可导出到CSV文件。

政府赞助：美国国防部建模与仿真协调办公室。

开发人员：SimVentions，但软件为政府现货供应。

信息

重点：无。

操作级别：任何。

用途：数据收集，数据可视化，知识管理。

部队：任何。

当前用途：建模仿真目录知识管理系统，用于管理记录（位于 embr.msco.mil）。

局限性：没有用于兵棋推演的历史。

要求

设施：无。

设备：在不涉密的云服务上实施（SimVentions 维护云，安全补丁等）。国防信息系统局云上或机密服务器上的机密实例。

人员：SimVentions 人员可以为海军陆战队自定义企业元卡生成器资源并管理更新；对于建模仿真目录的改编，将需要 4 ~ 6 周的时间，而对于具有多个数据库的非常复杂的自定义，则可能需要 6 ~ 9 个月的时间。海军陆战队的工作人员一旦开发就可以维护，但是不再维护 SharePoint 网站。

所需的培训：培训和用户帮助指南；培训的用户能够在 1 小时内使用。可在网上或亲自获得培训和支持。

要点：

潜在的知识管理工具。

绿色乡村模式（Green Country Model，GCM）

概述

机构：约翰·霍普金斯大学应用物理实验室国家安全分析部。

描述：一种兵棋推演，模拟红方与蓝方冲突中的平民（绿色）效果。约翰·霍普金斯大学应用物理实验室设计了绿色乡村模式，以便对非常规、不规则战争和稳定期间的社会和社会因素进行建模。与大规模常规战争不同，这些行动可能取决于平民对国家和非国家行为者的相对影响和感知的合法性。绿色乡村模式适用于人在环推演。

政府赞助商：包括美国空军研究实验室，北方司令部和海军研究办公室在内的各种赞助商。

开发商：约翰·霍普金斯大学应用物理实验室。

信息

重点：社会文化建模仿真。

操作级别：全部。

目的：为了更好地理解和模拟在真实战争中发挥作用的外交、情报、军事、民政和经济方面的参数。通过在红队和蓝队之间的兵棋推演中模拟非用户角色，用户可以更好地理解实际战争经常依赖的“软”因素范围。尽管更多的传统模拟引发了消耗战，但绿色乡村模式试图纳入范围更广的因素，这些因素为协作与合作以及更多传统的武力冲突提供了选择。

部队：地面组织和非军事组织，如非政府组织、地方政府、宗教团体或犯罪集团。

当前用途：用于代表和了解中美洲地区的推演，尼日利亚在石油生产和出口中的作用，以及中国新兴的经济和商品市场。

局限性：需要主题专家的输入才能为所需的非用户角色准确地描述和校准模型。只能播放两个面（红方和蓝方）。绿色乡村模式是一款高级、随机、多方面的竞争影响力推演，擅长建模部门间动态。常规的强制冲突及其附带的武器系统和传感器的详细模型不适用于绿色乡村模式。

要求

设施：最低设施要求。投影推演地图以供所有用户查看的屏幕，并为所有参与者提供空间。

设备：绿色乡村模式基于一系列 Excel 的模型。

人员：推演过程中的主持人和裁判员。用户团队控制红方和蓝方力量，而非用户角色则由模拟器控制并在推演之前进行编程。主题专家可以对现实情况和 NPA 行为进行编程。

所需培训：未指定。

鱼叉（Harpoon）

概述

机构：美国海军分析中心。

描述：鱼叉是一款商业棋盘推演和电脑推演，可容纳 2 ~ 8 名用户，涵盖海上作战的各个方面，包括水面、水下和空中交战。它包含一个详尽而全面的规则集，涵盖了现代海军交战的许多方面。

开发人员：冒险推演/武器冲突推演。

信息

重点：推演设计。

作战级别：战术和运营。

目的：最新的武器和平台等级支持对场景进行相对真实的评估。

部队：美国海军。

当前用途：与其他经典棋盘推演一起，在设计阶段用作推演机制和灵感的潜在来源。

要求

设备：棋盘推演桌或电脑推演桌。

人员：2~8 名球员。

所需培训：无。

联合半自动兵力（Joint Semi - Automated Forces，JSAF）

概述

机构：美国空军人类效能总局，海军作战与发展司令部。

描述：联合半自动兵力是一个计算机生成兵力系统，可提供陆军、空军和海军部队的实体级仿真。它是正在进行的人类行为表征研究与开发的主要框架。它也可用于支持各种环境模拟仿真实验，包括动态地形（即陨石坑、战壕），天气以及化学/生化战防御。

政府赞助商：海军战争与发展司令部现任项目经理。

开发人员：联合半自动兵力是作为 DARPA 综合战区（Synthetic Theater of War）先进概念技术演示（Advanced Concept Technology Demonstration）的一部分而开发。

信息

重点：用于培训和实验的建模仿真，兵棋推演的裁决、可视化和计划。

操作级别：全部。

目的：联合半自动兵力是一种模拟仿真系统，用于生成实体级部队，如坦克、轮船、飞机和单个战斗人员，包括其相关的传感器系统和弹药。各个单元可以单独或集体控制。联合半自动兵力单元执行适合于该单元类型的任务和行为，并且用户可能会覆盖或中断许多自动行为。联合半自动兵力被设计为可扩展、可定制且符合高层体系结构（HLA），以支持与其他仿真系统的互操作。它还可以插入真实的工作站中，以便为军种成员提供更实际的培训。

部队：美国海军、空军和联合部队司令部。

当前用途：被美国联合部队司令部海军作战发展中心用于联合实验，被美国海军用于舰队作战实验，以及由美国空军研究实验室人体效能局用来支持分布式任务训练计划。它已用于在单个分布式仿真中模拟多达40000个实体。海军作战学院还将其用于兵棋推演的裁决、可视化和计划。

局限性：联合半自动兵力的复杂性可能使其不适合支持人员有限的更小、更动态的环境。

要求

设施：未指定。

设备：联合半自动兵力可以作为独立系统运行，也可以在网络环境中运行。

人员：熟悉 Linux 的系统操作员。可能需要大量的支持人员，包括气象人员，才能正确模拟插入联合半自动兵力的环境数据源。

所需的培训：Calytrix 是国防培训和仿真社区的受欢迎的咨询和培训提供者，提供为期两天半和4 天的课程，以培训操作员创建方案，加载实体并为部分项目量身定制程序。费用为每位学生 2500 美元，最多可容纳 8 人，进行现场培训的费用为每场 10000 美元。

要点

美国空军研究实验室赞助的一份技术报告指出了该软件的复杂性，以及有效使用该软件所需的大量人员和培训。北约的一份报告也指出了该系统的部分缺陷。

海军作战学院发现联合半自动兵力是一个很好的裁决工具，因为它是基于实际数据的。但是，由于它是具有当前数据的 POR，因此在将来的场景中可能更难使用。这是一个基于损耗的模型，可提供高逼真度场景来评判实兵对抗的情况，但是该模型的不可变性意味着在兵棋推演中使用存在局限性。

海军作战学院还使用联合半自动兵力进行兵棋推演可视化，但要注意它的运行非常复杂。

联合作战分析模型（Joint Wargame Analysis Model）

概述

机构：美国陆军分析中心，美国海军分析中心。

描述：联合兵推分析模型是在美国陆军分析中心上开发了10年的手动、计算机辅助、循序渐进、人在回路、实兵对抗的仿真方法。

政府赞助：美国陆军分析中心。

开发人员：美国陆军分析中心。

信息

重点：常规，网络作战和太空战。

作战级别：战术、作战和战略。

目的：分析和数据收集。

部队：全部。

当前用途：评估和比较行动方案，以支持各作战司令部作战计划和国防计划方案的制定。测试防御计划场景部队和作战概念是否满足要求。支持在战略分析（SSA）的组织内，就方案的战斗情况达成共识；帮助战役建模人员在编码为更高分辨率的计算机模型（如联合集成应急模型（Joint Integrated Contingency Model））之前，先了解战役流程和关键战役事件。充当新兴技术在作战层面有潜在影响的试验台。

限制：规则集未经校核、验证与确认（VV&A）；兵棋推演的结果需要是可量化的，因为它是由进入模型的需求驱动的。

要求

设施：最少。

设备：用于 Excel 分析，用于作战跟踪器的 Microsoft Access、白板、公告板。

人员：熟悉联合兵推分析模型的作战研究分析师。

所需的培训：没有正式的培训；需要在兵棋推演中进行6 个月的练习才能熟练掌握联合兵推分析模型方法。

要点

联合兵推分析模型是有目的手动的和纸质的、带有粘贴板图标，因为当美国陆军分析中心前往其他位置时，它需要是可靠的。美国陆军分析中心多年来一直致力于对其进行现代化改造，并考虑了诸如轻型表（light tables）、标准兵棋集成简化工具包和通用评估仿真工具（VAST）等工具。例如，标准兵棋集成简化工具包可自动记录移动并使用联合兵推分析模型战斗跟踪器。但是，美国陆军分析中心认为，过多的自动化联合兵推分析模型流程可能会导致对分支和续集的考虑不足，因此有意识地决定保持其低技术水平。

美国陆军分析中心还使用 Microsoft Access 进行联合兵推分析模型“战斗跟踪器”，并使用 Excel 进行推演分析。美国陆军分析中心还将 Google Earth 用于地图。

比赛过程中使用两个或更多对战队。它使用自由发挥和综合战术成果来获得作战层面的见解。该模型分为 13 个不同的步骤。重点是作战活动的第二阶段和第三阶段，具有24小时或72小时的时间步长。

这13个步骤如下：

①确定天气；②网络/太空/电子战操作；③情监侦行动；④综合防空系统分配；⑤战略性深度打击任务；⑥确定空中优势；⑦战略部署；⑧后勤充足性检查；⑨海军作战；⑩战术深度打击任务；⑪地面战斗；⑫战斗后；⑬转后洗净（Post - turn Hot Wash）。

地图感知非均匀自动机（Map Aware Non - Uniform Automata, MANA）

概述

机构：美国海军研究生院。

描述：地图感知非均匀自动机是基于代理的模型，它支持在最短的设置时间内探索各种问题。它的主要优点是简单易用。许多自然现象太复杂而无法在模型中准确捕获，这些现象的高度详细的模型必然是任意的。因此，美国海军研究生院提倡使用简单的模型，如地图感知非均匀自动机。

政府赞助：新西兰国防技术局。

开发人员：新西兰国防技术局。

信息

重点：模拟仿真。

作战水平：部队和战术水平的模拟，其中个人行为可能会明显影响结果。在部队可能遇到内乱和暴力的情况下模拟安全、稳定或重建行动，可能是该工具的用途。

目的：这种基于代理的建模仿真工具可用于高级概念开发的早期阶段

的探索性分析。它可以指出问题并产生问题，然后使用更高逼真度的模型进行探讨。

部队：地面（当前用途）。

当前用途：不清楚该工具的使用情况。海军陆战队作战实验室和外国军队以前使用过它。

局限性：地图感知非均匀自动机旨在提供一般的行为见解。定量结果可能没有用。感测、通信、高度和武器模型的局限性可能使该工具不足以用于某些作战模拟。地图感知非均匀自动机可能无法实现某些复杂的行为。这些限制中的某些已针对软件的未来版本解决。

要求

设施：最少。

设备：未知。

人员：模型的简单性可以使新用户在几小时内设置简单的模拟。

所需培训：未指定。

费用：未知。

要点

尽管地图感知非均匀自动机相对易于使用，但美国海军研究生院的讲师强调指出，没有用于教育目的的简单的即插即用战斗模拟器。

兰德公司实兵演练框架（RAND Framework for Live Exercises）

概述

机构：兰德。

描述：一种“实时兵棋推演”方法，通常由蓝队和红队组成（但并非总是如此)，并通过典型的透明裁决程序围绕共同的地图工作。裁定是通过柜台和骰子进行的。

政府赞助：各种。

发展商：兰德公司。

信息

重点：探索性分析。

作战级别：作战，多营作战及更高级别。

目的：用于揭示决策点、广泛的策略以及参与者如何思考和处理意外结果。透明的裁决程序鼓励利益相关者的认同。

部队：陆军、海军、空军和海军陆战队。

当前用途：最近由多军种（包括空军和海军陆战队）用于在波罗的海地区对各种美俄情况进行推演。

局限性：不能很好地适应战术级推演，因为简单化的规则集和战斗模拟会限制可用性。

要求

设施：会议桌，可容纳9～12名选手（标称）和裁判员。

设备：推演版地图打印机，支持团队成员协作和开发作战概念的演示设备。

人员：取决于推演的大小和尺寸。在涉及多种部队类型（陆、海、空、网络作战、太空）的推演中，每个区域都需要专业知识来进行裁决。记录者还需要跟踪裁决结果。

所需的训练：简单的规则集可让用户进行相对较快的训练。但是，这些推演的设计、执行和裁决需要专业知识，但是规则和推演应易于适应各种场景。

快速战役分析工具集（Rapid Campaign Analysis Toolset，RCAT）

概述

机构：英国国防科学技术实验室和克兰菲尔德大学。

描述：用于设计各种工作室和兵棋推演的手动仿真框架。该工具集包含一系列基线机制和规则，用于解决诸如演练作战，与地图和柜台一起使用的后勤问题等，以及涵盖特定主题的更完善的规则集。但是，该系统通常与专家判断相结合，并基于冲突的性质提供了相当大的灵活性。

政府赞助商：英国国防科学技术实验室。

开发商：LBS 咨询公司和克兰菲尔德大学。

信息

重点：全部。

作战级别：总体上用于交战级，但是该方法可能会适应于其他级别的战争。

目的：推演设计，通用作战图和裁决。

部队：全部。

当前用途：由英国国防科学技术实验室和 Cranfield 大学用于兵棋推演设计。

局限性：框架具有高度的灵活性，这意味着它可以应用于推演中无法解决的问题，或者由无法校准设计以满足推演目标的设计人员使用的框架。

要求

设施：最少。

设备：地图和柜台。

人员：相对省力，但至少需要设计师根据活动目的调整规则，并需要主持人来指导讨论。

所需的培训：最少的培训，但便利化的培训/经验可能是成功的必要条件。

标准兵棋推演集成和简化工具（Standard Wargaming Integration and Facilitation Tools）

概述

机构：成本评估与项目评估，美国海军分析中心。

描述：一种软件推演引擎，用于设计、播放、裁定和分析基于回合的推演。标准兵棋集成简化工具包是一个设计、播放、可视化、记录、播放和分析兵棋推演的环境。它还支持通过 *N* 个内部裁判员（包括手册）以及与外部裁判员的接口（如联合兵推分析模型的作战跟踪器）进行裁判。

政府赞助商：成本评估与项目评估办公室，美国国防部建模与仿真协调办公室，美国国防部部长办公室负责作战能源。

开发商：成本评估与项目评估。

信息

重点：知识管理、可视化、记录、裁决、自动化和数据分析。

作战级别：标准兵棋集成简化工具包中所有（不可知的）——从战略到战术级别的现有兵棋推演。

目的：标准兵棋集成简化工具包采用具有所需设计可访问性的基于计算机的兵推环境，从而限制了对软件开发人员的需求，并将强大的自动化功能交由分析人员、事件主持人和兵棋设计人员掌握。

部队：全部。

当前用途：兵推的可视化、记录和裁决，适用于当前年份和年度方案。各作战司令部在双边和多边战争中的使用；最近强调后勤作战。

局限性：软件界面支持任何兵棋推演，但并非针对特定的兵棋推演或目的而设计。在最近几年中，通过广泛使用和增强，已在某种程度上缓解这种情况。

要求

设施：最低设施要求。电脑工作站和投影/大屏幕显示器的空间。

设备：作为 Java 应用程序，标准兵棋集成简化工具包可以在大多数当前的笔记本电脑和 PC 上运行。

人员：人员需求从受过培训的分析师到软件开发人员，范围取决于所需自动化的复杂性。

所需的训练：学习曲线因角色而异，但点击界面可让用户快速掌握速度。

社会科学统计资料包（Statistical Package for Social Sciences, SPSS）

概述

机构：海军作战学院。

说明：一种预测性分析软件工具，可用于分析、数据管理（案例选择、文件重塑、创建派生数据）和数据文档。可通过用户图形界面和专有编程语言访问社会科学统计资料包的各种统计分析和建模工具。

政府赞助者：不适用；商用现货产品。

开发人员：IBM 公司。

信息

重点：知识管理与分析。

操作级别：全部。

目的：主题/情感分析，定量分析，预测建模，因子/聚类分析。

力量：海军、陆军和空军（目前使用）。

当前用途：海军作战数据分析。

局限性：个人许可证费用高。多个网络的潜在权限和许可问题。

要求

设施：最低设施要求；仅用于计算机的工作区。

设备：客户端/服务器体系结构。支持多种 Linux、Mac 和 Windows 平台。

人员：既掌握社会科学研究方法又掌握社会科学统计资料包软件的人员。

必需的培训：IBM 和第三方供应商可以提供涵盖社会科学统计资料包各个方面的各种收费的讲师指导的在线和面对面培训。视频和其他在线资源是免费提供的。社会科学统计资料包是一种复杂的分析工具，需要同时了解软件和基础理论知识才能有效使用。

费用：每位使用者每年 1170～11300 美元（视软体套件而定）。

要点

美国作战分析局使用社会科学统计资料包作为分析工具。

多功能评估仿真工具（Versatile Assessment Simulation Tool）

概述

机构：美国陆军条令与训练司令部分析中心。

说明：用于战争的可视化和裁决支持工具。能够“倒带”并重新判断主战场上的分支。可在带有鼠标和键盘的计算机上或在触摸屏设备上使用。基于数据库属性交互的工具。

政府赞助商：美国陆军条令与训练司令部分析中心。

开发人员：美国陆军条令与训练司令部分析中心。

信息

重点：常规。

作战级别：战术和作战。

用途：裁决、分析、数据收集和可视化。

部队：陆军。

当前用途：兵棋推演支持。

局限性：目前正在使用用户手册和单位输入界面；可以输入注释，但不能输入与推演相关的文档。

要求

设施：没有超过工作分类等级所需的特殊设施。

设备：PC或触摸屏设备。

人员：4~5个人来支持一个典型的事件；两个负责软件开发，另外两个（变量）支持事件（取决于事件大小）。

所需的培训：学习使用该工具需要1小时，但是学习开发则需要更多时间。

要点

可以通过涉及“第二十一届战斗（Combat XXI）”的现有协议备忘录的附加内容与海军陆战队共享。

使用部队和手段的相互关联来判断战斗结果。

虚拟世界（Virtual Worlds）

概述

机构：美国海军水下作战中心。

说明：基于开源软件 OpenSimulator 的政府现货供应虚拟现实工具。虚拟世界是美国海军认可的 OpenSimulator 版本。

政府赞助：美国海军。

开发人员：政府现货供应版的基于开源软件 OpenSimulator，该软件运行 SecondLife。

信息

重点：任何。

操作级别：任何。

目的：分析，数据收集和可视化。

部队：海军，陆军和空军（目前使用）。

当前用途：海军训练，海军作战支援，陆军训练。

局限性：未知。

要求

设施：最少。

设备：一种选择是在标准服务器和客户端上维护自己的实例；第二种选择是在美国海军水下作战中心服务器上租用空间，通过海军陆战队 Internet 访问，并让美国海军水下作战中心维护所有软件更新。

人员：在虚拟世界中受过训练的人员。

所需的培训：海军开发的为期两天的培训模块。

要点

在美国海军水下作战中心服务器上租用空间的商业案例可能会提供非常低的启动成本来测试该功能，特别是因为设施要求极低。

美国海军水下作战中心指出，适应虚拟现实世界很重要，但是所需的实际技术技能并不高。美国海军水下作战中心建议培训初级人员，使其等同于“PPT 高手”。

虚拟世界能够服务于知识管理和兵棋推演数据收集以及作为可视化平台。演示涵盖了从虚拟重新创建白板和集思广益练习到未来潜艇概念的虚拟原型到兵棋推演支持，以及使用外部建模仿真工具来支持兵棋推演分析的所有内容。

能够在动画逐步通过兵棋推演时重播兵棋推演讨论的文本；对于高级决策者来说，可用作战舰结果的极为强大的视觉提示方法，适用于船对岸连接器等。

能够处理联邦国防部模型并连接到其他外部模型（如白方运输）。

美国海军水下作战中心示范是在战术和系统层面上进行的，但在其他层面上的使用肯定是可能的。

兵棋基础设施和仿真环境：编队兵棋（Wargame Infrastructure and Simulation Environment：Formation Wargame）

概述

机构：英国国防科学技术实验室。

描述：基于计算机的人在回路中的兵棋推演以及针对战斗群的战术模拟（包括空中和海上支援）进行构造仿真。随机的、事件驱动的模型，支持播放器或软件进行决策。

政府赞助商：英国国防科学技术实验室。

开发人员：英国国防科学技术实验室。

信息

重点：陆军。

作战级别：师级作战小组（营）。

目的：测试机动，能力和部队结构方案的效果。

部队：陆军。

当前用途：英国国防科学技术实验室。

要求

设施：不适用。

设备：PC。

人员：信息不可用。

所需培训：信息不可用。

要点

完全封闭的兵棋推演，指挥官只知道他们的部队向他们报告了什么。输出是定性的（例如，数据支持的见解）和定量的（例如，参与度的分析）。主要用于测试变更对机动计划、能力和部队结构对战斗小组分裂部队完成任务的能力的影响。